경찰인사관리의 이해

최 종 술 지음

대 왕 사

경찰인사관리의 이해

머리말

학문적 연구성과를 저서로 출간하는 일은 저자의 입장에서 매우 신중을 요하는 작업이다. 이는 연구과정에서의 한계와 부족한 점들이 노출될 수 있으며, 그로 인해 연구자의 학문적 역량 수준이 드러날 수 있기 때문이다. 그럼에도 불구하고 그간 축적한 연구의 결과를 종합적으로 정리하고, 이를 토대로 경찰인사관리의 체계적 이해에 기여하고자 본서를 집필하였다.

본서는 저자가 지금까지 수행해온 경찰인사관리 분야의 연구성과를 정리・분석하고, 필요한 부분을 보완하여 구성한 것이다. 경찰인사관리 연구는 현재도 진행 중이며, 향후 새로운 연구성과가 축적됨에 따라 지속적으로 보완・증보될 필요가 있을 것 같다.

본서는 먼저 경찰인사관리의 기초 이론을 논의하고, 경찰인사관리 분야를 7개 영역 — ① 채용제도, ② 교육훈련제도, ③ 근무성적평정제도, ④ 성과평가제도, ⑤ 승진제도, ⑥ 보직공모제도, ⑦ 징계 및 보수제도 — 으로 구분하여 각 영역의 이론적 근거와 실제 운영을 체계적으로 서술하였다. 경찰 인사제도는 시대적 상황과 정부의 인사정책 변화에 따라 지속적으로 변동・조정되어 왔으며, 향후에도 제도적 변화가 불가피할 것이다. 따라서 본서는 특정 시점에서의 인사관리제도를 분석한 결과물이라는 점을 밝혀 둔다.

끝으로, 본서의 출간과정에서 직・간접적으로 도움을 주신 모든 분들께 심심한 감사를 드리며, 특히 본서의 출판에 협조해주신 도서출판 대왕사의 관계자 여러분께 깊은 사의를 표한다.

2025년 9월

저자 최종술

차례

제1장

경찰인사관리의 기초 이론

제1절

인사관리의 본질

01. 인사관리의 의미

1) 좁은 의미와 넓은 의미의 인사관리

(1) 좁은 의미의 인사관리

좁은 의미의 인사관리(人事管理, personnel management)는 일정한 조직의 구성원인 인적자원에 대한 체계적인 관리를 말한다. 조직의 목적달성이 효율적으로 이루어질 수 있도록 조직의 구성원을 관리하는 활동이다. 즉, 채용·교육훈련·근무성적·승진·보수 등의 효율적인 관리를 통해 구성원의 잠재능력을 최대한 발휘케 하여 최대한의 성과를 달성하도록 하는 일련의 체계적인 관리 활동이다.

(2) 넓은 의미의 인사관리

넓은 의미의 인사관리는 인간의 노동력에 대한 관리로서의 인력관리(人力管理, manpower management)에 그치지 않고, 나아가 인간을 전인적 존재(wholeman)로 이해하고, 인간으로서의 욕구까지도 충족시키기 위한 관리활동이다. 사기(morale)나 근로의욕을 높여 그들 스스로가 창의력을 발휘할 수 있는 자발적 협동체제가 형성·유지되도록 하는 관리활동이다.

이러한 측면에서 인사관리는 첫째 조직의 목적달성을 위한 것이고, 둘째 조직 내 이해관계를 조정하며, 셋째 인간적 측면을 충실히 하는 것을 중요시하고, 이것을 효과적으로 관리하는 기술의 체계이다.

오늘날 인사관리의 의미는 좁은 의미보다는 넓은 의미의 인사관리로 통용된다.

2) 목적과 내용

(1) 인사관리의 목적

인사관리의 목적은 다음과 같다.

첫째, 조직 목적의 효율적인 달성에 기여하는 것이다. 인사관리의 결과는 이익・업적・생산성・비용・품질・결근율・이직률 등으로 나타난다.

둘째, 구성원 각자의 욕구를 충족시켜서 조직활동에 대한 협동적 의욕을 높이는 것이다. 그 결과는 사기조사(morale survey) 등을 통해 측정된다.

셋째, 고용의 평등, 정실주의(情實主義)의 배제, 성별・학력별 차별의 폐지, 지역사회의 복지향상 등을 실현하는 것이다. 이것은 조직의 사회적 책임 수행과 밀접한 관련이 있다.

(2) 인사관리의 내용

인사관리는 고용관리, 노사관계관리, 인간관계관리로 구분된다.

첫째, 고용관리는 직무분석, 교육과 훈련, 선발과 배치, 직무평가, 보수제도, 징계관리 등 좁은 의미의 인사관리에 해당된다.

둘째, 노사관계 관리는 단체교섭・고충 처리・경영참가 등을 포함한다.

셋째, 인간관계 관리는 구성원 PR(Public Relationship)・제안제도・인사상담제도・동기부여・참가적 리더십 등을 포함한다.

3) 인사행정과의 관계

인사행정(人事行政, personnel administration)은 행정기능의 효과적인 수행을 위한 정부의 인적자원에 대한 관리를 말한다.[1] 즉, 정부기관 등 공공조직의 인적자원에 대한 관리를 의미

---

1) 오석홍, 인사행정론, 서울: 박영사, 2022, p. 3; 인사행정이란 정부조직에 필요한 인적자원을 동원하고 관리하는 체제이다.

한다. 반면, 인사관리(人事管理, management)는 주로 경영조직의 효율적인 인적자원 관리를 의미한다.

기업조직의 인사관리가 사적 이윤 추구 등 경제적 능률성을 보다 중시한다면, 정부의 인사행정은 공익성, 민주성이 더욱 강조된다. 그러나 정부조직과 민간기업조직 구별 없이 인적자원의 관리에는 능률성과 민주성이 동시에 고려되어야 한다.

오늘날 인사관리는 민간기업 조직에만 국한된 개념이 아니라는 점에서 인사행정 개념보다 포괄적으로 사용된다. 정치행정이원론(政治行政二元論)의 입장에서 경영과 행정의 구별, 즉 공행정(公行政)과 사행정(私行政)의 경계가 무너짐에 따라 인사관리는 공・사 행정을 구분하지 않고 널리 사용되고 있다. 이러한 의미에서 인사행정은 넓은 의미의 인사관리 개념에 포함된다.

02. 인사관리제도의 발달

인사관리제도는 역사적 시대의 변천에 따라 발전해 왔다. 인사관리제도의 발달을 시대별로 살펴보면 다음과 같이 구분된다.

1) 절대관료제

절대관료제는 16세기부터 18세기에 걸쳐 유럽의 전제군주제가 성립함에 따라 나타났다. 이 시대의 관료들은 상비군과 함께 전제군주의 기반으로서 봉건사회의 여러 세력을 통일하는데 기여하였고, 근대국가 형성의 결정적인 역할을 하였다.

이와 같은 절대관료제의 특징은 다음과 같다.

(1) 엄격한 계층제

전제군주제하에서 관료들은 군주의 사용인으로서 군주를 정점으로 하는 계층제를 형성하고 있었고, 관료조직 내부에서는 관료의 계급과 복무규율이 매우 엄격하였다.

(2) 특권적 지위

특권적 지위를 가진 관료들은 군주의 이름 아래 국가권력의 실질적인 행사자로 군림하고, 국민을 지배하는 특권적 지위를 누렸다.

(3) 신분보장

관료들은 온갖 특권을 그들만이 누리기 위하여 관료의 등용문을 제한하고 있었다. 비록 우리나라의 과거제도와 같은 임용시험제도가 있었지만, 그 응시자격을 엄격히 제한함으로써 그들의 특권이 침해되지 않게 비교적 확고한 신분보장을 받았다.

(4) 관직사유관

절대관료제는 관직을 개인의 소유물처럼 인식함으로써 권한을 자의적으로 행사하였고, 관직을 통해서 물질적 이익을 추구하는 부정도 자행하였다.

2) 정당관료제

영국의 정실주의는 정실적 요인에 의한 관리의 임용이 이루어졌으며, 미국의 엽관제도는 관리의 임용이 선거에서 승리한 집권정당에 의하여 정실에 따라 이루어졌다는 공통점이 있다. 이러한 의미에서 양자를 일컬어 정당관료제라 부른다.

(1) 정실주의(情實主義, Patronage System)

가) 등장 배경

정실주의는 영국에서 1688년 명예혁명 이후 시작된 제도로, 1714년 하노버 왕조(George I of Hanover, 1660～1727)에 이르기까지 군주의 절대권력에 맞선 의회와 정당제도의 발달과 함께 형성되었다. 이 과정에서 관료는 군주의 개인적 심복이 아닌 의회와 정당의 사용인으로 변모하였으며, 이는 은혜적 정실주의에서 정치적 정실주의로의 전환을 의미한다.

명예혁명 이후 영국에서는 절대군주제가 점차 쇠퇴하였고, 19세기 산업혁명의 결과로 교양과 재산을 가진 시민계급이 등장하여 의회의 실권을 장악하게 되었다. 이들은 정당을 구성하고 의회에 진출하면서, 선거에서 승리한 정당은 자신들과 협력한 시민이나 친분이 있는 사람들을 관직에 임명함으로써 관직 임용에서 정실주의(情實主義, patronage system)가 본격적으로 시작되었다.

나) 의미

정실주의는 일반적으로 인사권자와의 개인적 신임이나 친소관계를 임용기준으로 하는 인사제도를 말한다. 즉, 정치적 정실·혈연·지연·학연 및 개인적 친분 등과 같이 실적 이외의 요인을 고려하여 관직 임용을 행하는 제도를 의미한다. 정실주의(patronage system, nepotism, favoritism))를 임명권 제도, 후원제라고도 한다.

(2) 엽관주의[2](獵官主義, Spoils System)

가) 등장배경

엽관주의가 미국에서 시작된 것은 1801년 제3대 제퍼슨(Thomas Jefferson, 1743～1826) 대통령 시절부터 부분적으로 행한 바 있다. 그리고 1820년 제5대 제임스 먼로(James Monroe, 1758～1831) 대통령 시대에 법제화되고, 1829년 제7대 앤드류 잭슨(Andrew Jackson, 1767～1845) 대통령에 이르러 널리 활용되었다.

나) 의미

미국에서 1820년대 말경부터 선거에 승리한 정당이 마치 관직을 전리품처럼 여겨서, 선거에 협조하거나 지지한 인사를 관직에 임용하는 관행이 생겨났는데, 이것이 정실주의에 입각한 엽관제도(獵官制度, spoils system)이다.

미국의 엽관제도는 영국의 단순한 정실주의와는 달리, 국민이면 누구나 관직을 맡을 수 있는 기회를 부여하는 관료제의 민주화에 기초를 둔 것이며, 선거를 통한 정권교체가 있을 때마다 대폭적인 공무원의 인사교체가 단행되었다. 따라서, 미국의 엽관제도는 관료제의 민주화와 교체의 원칙을 특징으로 하는 점에서 영국의 정실주의와는 근본적으로 차이점이 있다.

엽관주의는 정당에 대한 공헌도, 인사권자와의 개인적 관계를 기준으로 공무원을 임용하는 인사행정제도이다. 즉, 엽관주의는 정치적 정실에 의하여 관직을 임용하는 제도를 의미한다.

---

2) '교체임용주의'(doctrine of rotation)라고도 하며, 선거에서 승리한 정당이 관직을 마치 전리품(spoils)처럼 취급하였다는데서 생겨난 속칭이다. 19세기 중엽 뉴욕 주 출신 상의의원 마시(William L. Marcy)가 "To the victor belongs the spoils of the enemy"(전리품은 승리자에게 속한다)라고 말한데서 유래되었다.

다) 엽관제의 장 · 단점

민주정치의 발전에 따른 평등적 사조는 공직을 새로운 대중에게 개방하는 것이 행정을 민주화한다는 인식이 보편화되었다. 또 미국 특유의 선거제도와 양대 정당이 운영되었던 점 등이 엽관주의의 발달을 촉진시키는 근본적 계기가 되었다. 당시의 행정은 법질서의 유지에 국한된 단순한 것으로서 전문적인 지식 · 교육 훈련을 필요로 하지 않았다.

엽관주의는 다음과 같은 장점이 있다.

① 정당 이념의 철저한 실현에 도움이 된다.

② 국민의 지지를 받은 정당의 당원이 관직에 임명됨으로써 민주통제의 강화와 행정의 민주화 및 정부 관료제의 민주화에 기여한다.

③ 대폭적인 공직 경질을 통하여 관료의 특권화 · 침체화 · 관료주의화를 방지할 수 있다.

④ 관직의 특권화를 배제함으로써 평등의 이념에 부합된다.

⑤ 공무원의 적극적인 충성심을 확보할 수 있다.

⑥ 정당정치의 발달에 공헌한다.

반면, 입법국가 시대에 민주정치 · 정당정치의 발전에 기여하였던 정실주의 또는 엽관주의는 행정국가 시대에 접어들면서부터 본래의 의의가 없어지고 변질되어 가면서 다음과 같은 병폐를 초래하였다.

① 행정능률의 저하이다. 자격이나 경험을 갖춘 유능한 인물이 배제되고 인사행정이 정실화됨으로써 행정능률이 저하되었다.

② 관료의 정당 사병화이다. 관료의 정당사병화로 말미암아 관료의 대표성과 책임성의 확보가 어렵게 되었다.

③ 불안정한 신분보장이다. 정권변동에 따른 공무원의 빈번한 교체와 불확실한 신분보장으로 행정의 안정성 · 계속성 · 중립성이 저해되고, 전문성 · 기술성의 확보 · 유지가 곤란하였다.

④ 예산의 낭비이다. 관직의 남설과 예산의 낭비를 초래하였다.

⑤ 부패와 무질서의 만연이다. 정치와 행정의 밀착 및 결탁으로 정치 · 행정의 부패와 행정기강의 문란을 초래하였다.

3) 실적주의 공무원제

(1) 등장배경

19세기 후반 관리임용제도는 큰 변화를 겪게 된다. 그 변화는 먼저, 영국에서 시작되었다. 즉, 산업혁명에 성공한 영국은 급격한 경제발전을 이루면서, 이에 맞는 행정기능의 확대·강화가 요구되었다. 그러나 정실주의에 의해 임용된 관리는 새로운 행정수요에 대응할 능력이 없었다. 이러한 상황을 배경으로 영국은 관리임용에 있어서 정실 배척 운동이 일어났다. 그 결과 1870년 추밀원령(樞密院令, order in council)에 의해 새로운 임용제도인 실적제(實績主義, merit system)가 실시되었다.

영국의 인사행정 개혁 운동의 영향은 미국으로 파급되어 엽관제도의 타파를 부르짖는 행정개혁운동이 전개되었다. 당시 미국은 산업이 급속도로 발달함에 따라 행정기능의 확대와 복잡화가 진행되어 새로운 행정수요를 충족시킬 전문적 인력이 필요하였다. 그러나 기존의 엽관제도는 이러한 시대적 요청에 부응할 수 없었고, 행정질서의 문란과 함께 부정부패까지 초래되었다.

이러한 상황을 타파하기 위한 행정개혁운동이 일어났다. 행정개혁운동에 결정적 영향은 준 것은 1883년의 펜들턴 공무원법[3](Pendleton Civil Service Act)과 1887년 윌슨[4](Woodrow Wilson)의 논문 "행정의 연구"(The study of Administration)이다. 특히, 펜들턴법은 실적주의 공무원제도를 확립시키는 초석을 마련하였고, 윌슨의 논문 "행정의 연구"는 인사행정에 정치적 간섭을 배제할 수 있는 이론적 근거를 제공하였다. 그 결과 등장한 것이 실적주의 공무원제이다.

(2) 의미

일반적으로 실적주의란 인사행정의 기준을 당파성이나 정실·혈연·학벌·지연 등이 아닌 개인의 능력·자격·실적에 두는 제도를 의미한다. 엽관제의 피해를 방지하고자 하는 소

---

3) 약칭하여 펜들턴법이라고 하며, 당시 상원 공무원제도 개혁위원회의 위원장인 G.H. Pendleton의 이름에서 따온 것이다.

4) 윌슨(Woodrow Wilson, 1865~1924)은 1890년 프린스턴 대학의 정치학·법률학 교수였으며, 1902년 같은 대학의 총장으로 선출되었다. 그리고 1912년 민주당 대통령 후보로 당선되어 미국의 제28대 대통령을 역임하였다. 대통령 재임 시 제1차 세계대전이 발발하여 1917년 미국도 참전하게 하였고, 1918년에 국제연맹의 수립과 민족자결주의를 주창하였으며, 세계평화에 대한 공헌으로 1919년에 노벨 평화상을 받았다.

극적 성격에서 비롯되었지만, 오늘날에 이르러 적극적 성격으로 변모되었고, 직업공무원제도 확립의 기반이 되었다.

실적주의 공무원제는 엽관제하에서 인사행정에 대한 정당의 간섭을 배제하고, 능력과 자격 위주로 공무원을 임용하며, 정권의 교체와는 관계없이 공무원으로 하여금 행정사무에 전념할 수 있도록 신분을 보장하는 제도이다.

실적제도는 공무원이 집권당의 시녀가 아니라, 국민 전체의 봉사자임을 강조한다. 또 공무원의 임용은 공개경쟁시험을 통해 이루어져야 하고, 공무원의 정치적 중립과 신분보장을 그 특징으로 한다.

그러나 실적제도는 어디까지나 정당의 간섭을 방어하기 위한 소극적인 제도에 불과하여, 보다 적극적인 봉사와 정책의 효율적 집행을 위해서는 불충분하였다. 이후 실적주의는 공무원의 능력을 최대로 발휘할 수 있도록 동기를 부여하고, 적극적인 유인을 제공해야 한다는 적극적·발전적 인사행정으로 변모하게 된다. 이를 위해 인사행정은 유능한 인재의 적극적 모집, 임용에의 기회균등, 재직자훈련, 근무환경의 개선 등을 강조한다.

이와 같은 적극적 인사행정을 적극적 실적제라고 하며, 초기의 실적제를 소극적 실적제 또는 반엽관주의라고 부른다.

(3) 성립배경

실적주의가 성립한 배경을 살펴보면 다음과 같다.

가) 행정국가의 대두

행정국가화로 인하여 행정기능이 양적으로 증대되고 질적으로 변동하게 됨으로써 전문적 능력을 갖춘 유능한 관료가 필요하였다.

나) 엽관주의의 폐해와 정당정치의 부패

정당정치의 변질·타락 현상이 나타나면서 공직의 경질정책이 본질적으로 민주적 성격을 상실하게 되고, 엽관주의의 여러 병폐가 뚜렷해짐으로써 이를 극복하기 위한 실적주의의 채택이 불가피하였다.

다) 시민의식 향상과 행정개혁

시민의 정치의식 수준 향상으로 공무원에 대하여 능률적인 행정을 강력히 요청하게 되었다. 이러한 배경 하에 실적주의 수립을 위한 공무원제도 개혁운동이 전개되었다.

(4) 주요 내용

실적주의의 주요 내용을 살펴보면 다음과 같다.

가) 능력 · 자격주의

공무원의 임용 등의 인사관리는 능력 · 자격 · 실적을 기준으로 하며, 정실이나 당파성은 배제된다.

나) 공직 임용상의 기회균등과 공개경쟁시험

공직은 모든 국민에게 개방되면 성별 · 종교 · 사회 신분 · 출신 지역 · 학벌 등에 의한 차별을 받지 않는다. 이러한 의미에서 공개경쟁시험은 필수적이다.

다) 정치적 중립

공무원은 어떤 정당이 집권하든지 당파성을 떠나 전문적 지식과 경험에 의하여 공평하게 봉사하고, 특수이익이 아닌 일반이익을 추구해야 한다.

라) 공무원의 신분보장

공무원은 법령에 저촉되지 않는 한 부당한 정치적 영향력 등으로 인한 신분위협을 받지 않아야 한다.

(5) 장점과 단점

가) 장점

첫째, 시험제도를 통하여 무자격자나 정치적 부정행위자를 배제함으로써 엽관제의 폐해를 극복하고 행정의 능률성 제고에 기여한다.

둘째, 공직 임용의 기회를 균등히 보장해 줌으로써 진정한 민주주의적 평등이념의 실현에 기여한다.

셋째, 유능한 인재의 충원을 가능케 하여 공무원의 질적 수준을 향상시켜 준다.

넷째, 공무원의 신분보장을 통하여 행정의 계속성·안정성을 확보할 수 있고, 나아가 행정의 전문화를 촉진시키며, 직업공무원제의 발전에 기여한다.

다섯째, 공무원의 정치적 중립성이 확립됨으로써 행정관료가 공익의 대변자로서의 역할을 수행한다.

나) 단점

첫째, 소극성과 집권성이다. 인사행정에 대한 정치적 간섭을 배제하고 정권교체에 의한 영향을 받지 않도록 공무원의 신분을 보장하는 데 중점을 둔다. 이로 인하여 공무원의 소극적 태도와 인사행정의 집권화를 초래한다.

둘째, 행정관리적 측면을 등한시한다. 행정책임자가 적재적소의 인사배치를 통하여 업무의 효율성을 추구해야 하는 행정관리적 측면이 등한시된다.

셋째, 지나친 과학성·기술성을 강조한다. 엽관제와 정실주의의 폐해 배제에만 급급하여 지나치게 인사관리의 과학성·기술성을 강조한다. 이에 따라 법규·절차·기준에 대한 위반 여부만을 따지게 됨으로써 목적보다 수단에 치중하는 지나친 형식화·경직화를 초래하며, 비융통성·비인간성이 나타난다.

넷째, 관료주의와 관료의 특권화·보수화이다. 공무원의 지나친 보호주의는 결국 관료주의와 관료의 특권화 및 보수화를 초래할 우려가 있으며, 이것은 민주통제를 어렵게 한다.

다섯째, 정당 이념의 실현과 정당 정책의 추진이 곤란하다. 정치적 중립성을 정책에 대한 중립성으로 잘못 인식하여 정당 이념 및 정책의 효과적인 집행이 곤란할 수 있다.

4) 직업공무원제

(1) 개념

직업공무원제(職業公務員制, career civil service system)는 공무원으로 일단 임용되면 공직(公職)을 보람 있는 평생의 직업이라 생각하고 장기간 근무할 수 있도록 조직·운영되는 공무원제도이다. 즉, 공직(公職)에 종사하는 것을 일생의 직업으로 생각하고, 이에 긍지를 갖도록 조직·운영되는 공무원제도이다.[5] 직업공무원제는 실적주의와 함께 발달되어 왔다.

---

5) (사)한국행정학회 편, 행정학사전, 2000.

(2) 장 · 단점

직업공무원제의 장점은 다음과 같다.

첫째, 행정의 안정성 · 계속성 유지이다. 직업공무원제는 공무원의 장기근속을 장려하여 행정의 안정성 · 계속성을 유지 · 확보해 준다.

둘째, 행정의 중립성 확보이다. 정권교체나 정쟁에 의한 영향을 받지 않고 행정의 중립성을 확보함으로써 국가의 통일성을 유지할 수 있다.

셋째, 유능한 인재의 유치이다. 직업공무원제는 유능한 인재를 공직에 유치하는 데 도움을 준다.

넷째, 동기부여의 촉진이다. 공무원의 성장 · 발전을 위한 동기부여가 되며, 더 나아가 성공감의 충족과 사기 및 능률성을 높인다.

직업공무원제의 단점은 다음과 같다.

첫째, 관직의 폐쇄화와 전문가의 임용 곤란이다. 외부인사의 중 · 고위직에로의 임용을 금지하는 폐쇄제를 채택하는 경우, 관직의 폐쇄화를 초래하며, 특정 분야의 전문가 채용이 어렵다.

둘째, 민주통제의 곤란성이다. 공직자에 대한 민주통제를 어렵게 하여 특권 집단화 · 관료주의화를 초래할 우려가 있다.

셋째, 환경에의 적응력 부족이다. 동태적 환경에의 적응력이 약하고 변동과 발전에 대하여 무관심하고 저항하는 경향으로 인하여, 공직사회의 침체화를 가져오기 쉽다.

넷째, 공직 임용 기회의 불균등 초래이다. 학력 · 연령을 엄격히 제한하는 경우, 공직 임용의 기회균등을 제약하여 민주주의의 평등원칙에 위배된다.

다섯째, 공직 이외의 직업전환 곤란성이다. 공무원이 정부에서만 필요한 인력으로 육성되므로 정부에서만 필요한 직업인으로 굳어져, 쉽게 직업전환을 하기 어렵다.

5) 한국의 인사행정 발달

오늘날 인사관리제도는 실적제(實績制, merit system)와 엽관제(獵官制, spoils system) 및 정실제로 구분된다. 실적제는 개인능력 · 업무실적 · 자질 · 성과 등을 인사관리의 기초로 삼는다. 엽관제는 관직 임명을 전쟁에서의 전리품처럼 간주하고, 경쟁에서 승리한 정당 또는 당선자가 관직을 임명하며, 정실제는 혈연·학연·지연 등 정실적 요소를 기준으로 공직 임용이 이루어진다.

우리나라에서 엽관주의와 정실주의 그리고 실적주의의 등장과 변천을 과정을 살펴보면 다음과 같다.

먼저, 일제시대와 미군청정시대는 정실주의의 인사관리체제였다. 그리고 정부수립 초기와 1949년 국가공무원법 제정 이후 우리나라도 실적주의 인사관리체제가 출발하였으나, 1952년 이후 자유당의 장기집권으로 엽관주의가 대두하게 되었다. 즉, 인사권자의 개인적 정실에 의한 인사행정이 지속되다가 이후에는 자유당으로 대표되는 정당정치에 의한 엽관제가 등장하였고, 4·19 혁명으로 민주당이 정권을 장악한 후에도 엽관제는 사라지지 않았다.

그러나 1963년 「국가공무원법」 개정 이후 실적주의로 전환되었고, 제3공화국부터 「국가공무원법」의 개정, 직업공무원제의 확립, 공무원의 신분보장, 임용기준의 강화 등 인사행정의 실적제로의 전환을 위해 노력하였다. 1970년대 유신체제를 거치면서 또다시 엽관주의로 전환되었고, 30여 년에 걸친 독재정권의 지속으로 별다른 효과를 거두지 못하였다. 그러나 1993년 문민정부의 등장과 함께 민주화가 진전되면서 민주적 인사행정은 차츰 그 틀을 잡기 시작하였고, 실적주의 인사관리제도로 변화되어 현재에 이르고 있다.

제2절

경찰인사관리의 본질

01. 경찰인사관리의 의의

경찰인사관리(police personnel management)는 경찰의 목적을 효과적으로 달성하기 위해 경찰인력을 효율적이고 공정하게 운용하는 동태적인 과정이다. 이를 통해 개인의 발전을 유도하고, 경찰조직의 발전을 도모한다.

경찰인사관리는 체계적이고 합리적인 기준에 따라 경찰관을 분류하고, 채용, 임용 그리고 내부관리 등을 해나가는 과정이다.[6] 경찰인력을 합리적 기준에 따라 공정하게 관리해 나가는 것은 경찰의 목적을 달성하기 위한 중요한 기능이다.[7]

6) 경찰대학 편, 경찰경무론, 경찰대학 교재편찬위원회, 2003, p. 132.
7) 신현기, 경찰인사관리론, 법문사, 2016 참조.

02. 경찰인사관리의 내용과 목적

1) 내용

경찰인사관리는 동태적인 과정으로 이루어진다. 그 내용을 살펴보면, 먼저 경찰활동의 수요와 공급에 관한 예측을 통해 최적의 경찰관 수급방안을 수립하는 것부터 시작된다. 적정한 경찰관 수급계획을 세우는 것은 현재 경찰이 수행하고 있는 업무의 증가나 감소에 대한 예측과 장래에 필요한 경찰활동의 내용 및 전문성에 대한 예측을 통해 이루어진다. 인력 규모와 질에 대한 장기적인 계획을 세워야 합리적인 인사관리가 가능하다.

둘째, 경찰인력의 수급 계획에 근거하여 경찰관을 모집・채용하고 내부관리를 해나가게 된다. 내부관리는 배치전환・교육훈련・동기부여・행동 통제 등을 포함하여 경찰인력을 관리하는 것이다.

따라서, 경찰인사관리의 내용은 크게 장・단기적 경찰관 수급계획의 수립, 경찰관의 채용과 임용, 그리고 임용 후의 관리를 의미하는 내부관리로 이루어진다.

2) 목적

경찰인사관리는 합리적인 기준에 따라 개개인의 능력을 최고로 발휘하도록 하고, 공정한 보상이 이루어지도록 해야 한다. 경찰인사관리의 목적을 살펴보면 다음과 같다.[8)]

(1) 경찰인력의 효율적 운영

경찰관을 효율적으로 관리하기 위해서는 개개인의 능력과 자격 및 경력을 고려한 합리적인 수급계획을 세우고 적정한 분류에 의해 관리해 나가야 한다. 이를 통하여 경찰관을 적재적소에 배치하고, 근무의욕과 사기수준을 높여야 한다.

---

8) 경찰대학 편, 전게서, pp. 133~134.

(2) 인사관리의 공정성 확보

인사관리의 공정성을 확보하기 위해서 실적에 기반을 둔 인사관리가 되어야 한다. 인사관리의 공정성 확보는 구성원의 욕구 충족, 동기부여, 능력 발전뿐만 아니라, 조직의 발전을 위해서도 매우 중요하다.

(3) 조직과 개인의 요구 조화

조직이 지향하는 목표와 개인목표 간에는 괴리가 생길 수 있다. 이러한 조직목표와 개인목표 간의 괴리는 조직의 효율성을 떨어뜨린다. 효율적인 인사관리를 통해 개인의 요구와 조직의 목표가 상호 조화되도록 조정해 나가야 한다.

(4) 우수한 인력의 확보와 활용

인사관리는 우수한 인력을 확보하고, 이들의 능력을 지속적으로 발전시키는 것이다. 조직의 구성원들이 열의와 성의를 가지고 조직의 목표 달성에 기여하도록 유도하는 것이다.

(5) 환경변화에 대한 적응

인사관리는 급변하는 사회적 환경변화에 대처할 수 있어야 한다. 만약 경찰조직이 사회환경의 변화에 적응해 나가지 못한다면 유능한 인재의 선발과 보유가 어렵게 된다. 따라서, 사회변화에 따라 적합한 인사관리기준이 마련되어야 한다.

제3절

공무원의 분류와 임용

01. 공무원의 분류

공무원의 의미나 범위는 각 나라에 따라 매우 다양하다. 인사관리의 대상인 공무원은 정부로부터 보수·연금·신분보장을 받으면서 법률 또는 실적주의의 적용을 받는 사람이다.

1) 분류기준

인사관리의 효율성을 높이기 위해서 공무원들을 일정한 기준에 따라 분류·관리한다. 공무원을 분류하는 기준은 다음과 같다.

(1) 임용주체

임용주체가 누구인가에 따른 분류이다. 임용주체에 따라 국가에 의하여 선임되는 공무원을 국가공무원, 지방정부 또는 지방자치단체에 의하여 선임되는 공무원을 지방공무원이라고 한다.

(2) 사람의 특성 또는 일의 특성

사람의 특성 또는 일의 특성에 중점을 두느냐에 따른 분류이다. 즉, 공무원 분류의 기본모형으로서 사람의 특성에 중점을 두는 계급제와 일의 특성에 중점을 두는 직위분류제로 구분된다.

(3) 실적제와 신분보장

실적과 자격에 의해서 임용되고 신분이 보장되는가에 따른 분류이다. 실적과 자격에 의하여 임용되고 신분이 보장되는 공무원으로서 평생토록 공무원으로 근무할 것이 예정된 공무원을 경력직 공무원이라고 한다.

반면, 공무원법 또는 실적주의의 획일적 적용을 받지 않으며, 정치적 임용이 필요하거나 특수한 직무를 담당하는 공무원을 특수경력직 공무원이라고 한다.

2) 현행법상 공무원의 분류

(1) 국가공무원과 지방공무원

공무원은 그 임용주체가 누구인가에 따라 국가공무원과 지방공무원으로 분류된다. 이에 관한 법령으로서 「국가공무원법」[9]과 「지방공무원법」[10]이 있다.

먼저, 「국가공무원법」은 각급 기관에서 근무하는 모든 국가공무원에게 적용할 인사행정의 기준을 확립하여 공정을 기하고, 공무원으로 하여금 국민 전체의 봉사자로서 행정의 민주적·능률적인 운영을 기하게 함을 목적으로 한다.

한편, 「지방공무원법」은 지방자치단체의 공무원에게 적용할 인사행정의 기준을 확립하여 지방자치행정의 민주적이며 능률적인 운영을 도모함을 목적으로 한다.

국가공무원은 국가 사무를 수행하고 그들에 대한 보수는 국비로 지급되는 공무원이다. 이들은 「국가공무원법」의 적용을 받게 된다. 반면, 지방공무원은 「지방공무원법」의 적용을 받으면서 지방자치단체의 경비로써 부담하는 지방공무원을 말하며, 지방자치단체에 의해 임명되거나 선거에 의해 지방자치단체에 취임하는 공무원을 말한다. 그리고 그들의 보수는 지방비에서 지급되는 것이 원칙이다.

(2) 우리나라 공무원의 수

우리나라 공무원 수를 보면, 2023년 현재 총 1,171,413명이다. 그 중에서 국가공무원 수는 757,627명이며, 지방공무원 수는 388,309명으로서 국가공무원 수보다 적다.

---

9) 국가공무원법[시행 2023. 10. 12.] [법률 제19341호, 2023.4.11., 일부개정].
10) 지방공무원법[시행 2024. 3. 19.] [법률 제20377호, 2024.3.19., 일부개정].

[그림 1-1] **우리나라 전체 공무원 수**(2022년 12월 31일 기준)[11]

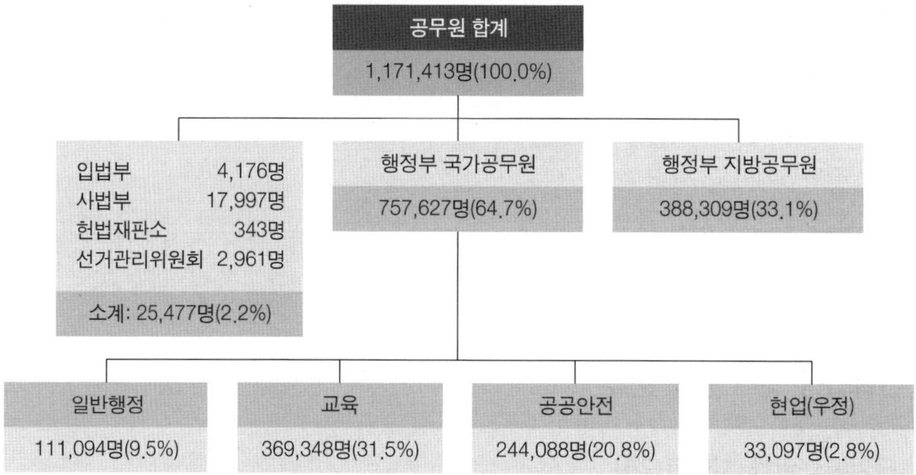

국가공무원과 지방공무원의 직종별 인원을 살펴보면 〈표 1-1〉과 같다.

〈표 1-1〉 **국가공무원 직종별 현원**[12](2022년 12월 31일 기준)

구분			국가공무원			〈참고〉 지방자치단체공무원		
			전체	여성	여성비율	전체	여성	여성비율
합계			765,090	370,758	48.5%	308,820	152,504	49.4%
정무직 계			130	15	11.5%	279	8	2.9%
일반직 계			180,024	70,369	39.1%	306,935	152,084	49.5%
	행정·기술·관리운영 직군	고위공무원	1,131	122	10.8%			
		1급				5	1	20.0%
		2급				92	3	3.3%
		3급	855	137	16.0%	418	39	9.3%
		4급	6,576	1,589	24.2%	3,315	548	16.5%
		5급	16,432	4,762	29.0%	19,525	5,681	29.1%
		6급	34,972	12,755	36.5%	83,899	38,500	45.9%

11) 정부조직관리정보시스템 공무원정원분석표(https://www.org.go.kr/psncpa/pbsvnt/analysisPage.do, 2024.08.24.).
12) 인사혁신처, 2022년 국가공무원 인사통계(현원 직종별 직급별), 2022(https://www.mpm.go.kr/mpm, 검색일 2024.08.21.).

구분						
7급	45,434	21,487	47.3%	81,490	41,461	50.9%
8급	22,575	11,172	49.5%	55,406	32,354	58.4%
9급	16,126	7,744	48.0%	43,897	24,368	55.5%
전문직	218	52	23.9%			
연구직	6,155	2,865	46.5%	4,275	2,204	51.6%
지도직	125	46	36.8%	4,449	1,968	44.2%
우정직	23,417	4,403	18.8%			
전문경력관	1,156	452	39.1%	583	71	12.2%
시간선택제	1,511	1,278	84.6%	2,099	1,567	74.7%
일반임기제	2,062	891	43.2%	7,351	3,300	44.9%
전문임기제	952	355	37.3%	131	19	14.5%
한시임기제	327	259	79.2%			
합계	765,090	370,758	48.5%	308,820	152,504	49.4%
특정직 계	584,413	300,184	51.4%	934	256	27.4%
외무	2,186	931	42.6%			
경찰	144,697	20,982	14.5%	157	24	15.3%
소방	64,498	6,642	10.3%			
검사	2,163	727	33.6%			
교육	370,869	270,902	73.0%	777	232	29.9%
별정직 계	523	190	36.3%	672	156	23.2%

주: '지방에 두는 국가공무원'은 국가공무원 합계에 포함시킴.

(3) 경력직 공무원과 특수경력직 공무원

경력직과 특수경력직의 분류는 국가별로 명칭이 다양하다. 일본의 경우 일반직과 특별직으로 분류하고, 영국은 항구직(established service)과 비항구직(unestablished service)으로 구분되며, 미국의 경우는 경쟁직(competitive service, career service)과 제외직(excepted service) 또는 비분류직(unclassified service, uncareer service)으로 분류된다.13)

우리나라는 「국가공무원법」 제2조와 「지방공무원법」 제2조에 따라 공무원을 경력직 공무

13) 김규정, 행정학원론, 박영사, 2000, p. 579.

〈표 1-2〉 **외국 공무원 분류 사례 비교**

한국	경력직	특수경력직
일본	일반직	특별직
영국	항구직(established service)	비항구직(unestablished service)
미국	경쟁직(competitive / career service)	제외직 / 비분류직(excepted/unclassified service)

원과 특수경력직 공무원으로 구분한다. 이것은 임용자격, 담당직무 성격, 신분보장, 보수 등의 기준에 따른 분류이다.

가) 경력직 공무원

경력직 공무원이란 실적과 자격에 의하여 임용되고, 그 신분이 보장되며, 평생토록 공무원으로 근무할 것이 예정되는 공무원을 말한다. 경력직 공무원에는 일반직·특정직으로 구분된다.[14)]

일반직 공무원 기술·연구 또는 행정 일반에 대한 업무를 담당하며, 직군·직렬별로 분류되는 공무원을 말한다. 통상적으로 말하는 공무원으로 기술적인 업무와 연구 및 농어촌 지도 업무, 그리고 행정 일반에 관한 업무를 담당하는 공무원이다.

국민의 일상생활과 가장 밀접하게 연결되는 공무원으로, 1급에서 9급까지의 직급으로 구분된다. 일반행정기관, 즉 중앙관서·도청·시군구청·동사무소에서 근무하는 행정직 공무원 그리고 공안직 공무원이 이에 해당된다. 연구직·지도직 공무원은 연구관 및 연구사, 지도관 및 지도사의 2계급으로 분류되며, 역시 일반직 공무원에 속한다.

특정직 공무원 특정직 공무원이란 법관·검사·외무공무원·경찰공무원·소방공무원·교육공무원·군인·군무원 및 국가정보원의 직원과 특수분야의 업무를 담당하는 공무원으로서 다른 법률이 특정직 공무원으로 지정하는 공무원을 말한다. 특히, 특정직이란 일반직과 다른 '특수한 신분'이라는 뜻이 아니고, 업무가 특수한 영역에 속한다는 뜻이다.

14) 이전 「국가(지방)공무원법」에서는 기능직 공무원도 경력직 공무원으로 분류되었지만, 현재는 폐지되었다. 이전 기능직 공무원이란 기능적인 업무를 담당하며, 그 기능별로 분류되는 공무원이었다. 「국가기술자격법」에 의해 기능 자격증을 취득하고 사무보조원이나 철도·체신업무 및 운전 등 기능적인 업무를 담당하는 공무원이었다. 일반적으로 계급 구분이 1등급에서 10등급까지로 구분되었다.

나) 특수경력직 공무원

특수경력직 공무원은 경력직 공무원을 제외한 나머지의 공무원을 지칭한다. 특수경력직 공무원은 정무직 · 별정직으로 구분된다.[15)]

<u>**정무직 공무원**</u> 정무직 공무원이란 선거에 의하여 취임하는 공무원, 국무총리, 감사원장, 각 부처의 장 · 차관 등 주로 정치적 판단이나 정책결정을 담당하는 고급 공무원을 말한다. 즉, 이들은 선거와 국회 동의 및 정치적 동기에 의해 임용되는 차관급 이상의 공무원이며, 이에 해당하는 공무원은 신분보장이 되지 않고 임용권자가 언제라도 교체할 수 있다.

정무직 공무원을 살펴보면 다음과 같다. 감사원장, 감사위원 및 사무총장, 민주평화통일자문회의 사무총장, 국회 사무총장 · 차장, 헌법재판소장 · 상임재판관 및 사무총장, 중앙선거관리위원회 상임위원 및 사무총장, 국무총리, 국무위원, 처의 처장, 각원 · 부 · 처의 차관 또는 차장 · 청장(중앙행정기관이 아닌 청은 제외), 행정조정실장, 서울특별시장, 광역시장, 도지사, 차관급 상당 이상의 보수를 받는 비서관, 기타 법령이 정무직으로 지정하는 공무원 등이다.

<u>**별정직 공무원**</u> 별정직 공무원이란 국회전문위원, 감사원 사무차장, 비서관 등 주로 정치적으로 임명되는 공무원이다. 주로 업무 내용상 일반직 공무원으로 채우기 곤란한 경우 특별한 자격요건을 갖춘 자를 임용하는 경우를 말하며, 법적인 신분보장은 받지 못한다. 즉, 계급 구분이 없고, 보수지급의 기준으로 일반직 상당 계급 개념으로 운영되며, 승진 · 전보 · 전직 · 강임 등의 개념이 없고, 임용 및 징계 절차는 일반직에 준한다.

별정직 공무원을 살펴보면 다음과 같다. 국회전문위원, 감사원 사무차장, 서울특별시 · 광역시 · 도선거관리위원회의 상임위원, 각급 노동위원회 상임위원, 비서관, 비서 기타 법령이 별정직으로 지정하는 공무원 등이다.

---

15) 이전 「국가(지방)공무원법」에서는 계약직 · 고용직 공무원도 특수경력직 공무원으로 분류되었지만, 현재는 폐지되었다. 이전 계약직 공무원이란 국가와 채용계약에 의하여 일정한 기간 동안 연구 또는 기술업무에 종사하는 전문가들이었다. 다시 말하면, 국가와 채용계약에 의하여 일정한 기간 동안 전문지식이 요구되는 업무에 종사하는 공무원이었다. 예를 들면, 문화재 발굴 · 보존, 헬기조종, 우표 디자인 등에 종사하는 경우에 해당된다. 이전 고용직 공무원이란 정부 내에서 단순한 노무에 종사하는 사람들이었다. 즉, 단순한 노무에 종사하는 공무원으로 타자원이나 운전기사 · 방호원 · 경비원 등 고용직들이 기능직으로 대거 신분전환이 된 후에는 사환을 제외한 고용직 공무원들은 거의 없어졌다.

〈표 1-3〉 **경력직 공무원과 특수경력직 공무원 비교**

구분	분류	주요 직무	직급 또는 계급	비고
경력직	일반직 공무원	기술, 연구, 농어촌지도, 행정일반	1～9급 (연구직 / 지도직: 2계급)	행정직 · 공안직 · 연구직 · 지도직 등
	특정직 공무원	법관, 검사, 외무, 경찰, 소방, 교육, 군인, 군무원 등	법률로 지정	특수한 분야의 전문직무 수행
특수 경력직	정무직 공무원	국무총리, 장 · 차관, 광역자치단체장 등	계급 없음	선거 또는 정치적 임용, 신분보장 없음.
	별정직 공무원	국회 전문위원, 비서관 등	일반직 상당 개념	특별한 자격요건 필요, 보수 기준만 유사

02. 공무원의 직급체계

공무원은 담당직무의 책임도와 난이도를 반영하여 직급체계를 형성하고 있다. 일반직 공무원은 1급부터 9급까지의 9계급 체계이다. 단, 연구직 · 지도직 · 의료직은 제외된다.[16] 특정직 공무원의 경우 각 개별 법률에 의하여 별도의 직급체계를 유지하고 있다. 그러나 정무직 · 별정직의 특수경력직 공무원의 경우 계급 또는 직급의 구분이 없다.

공무원의 직급과 직명을 보면, 직급이 1급인 경우 직명은 관리관이다. 관리관의 경우 해당 부처에서의 직위는 중앙부처 차관보 · 실국장 등을 맡고 있다. 광역시와 도인 경우 각각 부시장과 부지사의 직위에 해당된다.

직급 2급은 직명이 이사관이고, 중앙부처의 경우 공보관 · 감사관 등이 해당된다. 광역시와 도인 경우 실장 등의 직위에 해당된다.

직급 3급은 직명이 부이사관이고, 중앙부처의 경우에는 과장 등에 해당된다. 광역시와 도인 경우는 부구청장 등의 직위에 해당된다.

직급 4급이면 직명이 서기관이고, 중앙부처의 경우에는 담당관 · 과장 등에 해당된다. 광역시와 도인 경우는 과장 등의 직위에 해당된다.

16) 이전 기능직 공무원은 1등급에서 10등급까지 10등급 체계로 되어 있었다.

〈표 1-4〉 **공무원의 직급 및 직위**[17)]

직급	직명	해당 부서			
		중앙부처	서울특별시	광역시	지방시·도
장관급		장관, 대통령비서·경호실장, 국정원장, 평통사무총장, 감사원장, 국회사무총장	시장		·
차관급		평통사무차장, 감사원사무총장, 행정조정실장, 소청위원장, 중앙교육원장, 공정거래위원장, 경찰청장	부시장	시장	도지사
1급	관리관	차관보, 실장, 감사원사무차장, 실국장, 소청위원, 행정조정관, 통계청장	기획관리실장, 종합건설본부장, 공무원교육원장	부시장	부지사, 시·도부교육감
2급	이사관	공보관, 감사관, 비상계획관, 국장	공보관, 감사관, 국장, 구청장	실장	인구 25만 이상시·부시장
3급	부이사관	국장, 감사원과장, 심의관	부구청장	공보관, 교육원장, 국장, 실장, 구청장, 부구청장	실장, 인구 25만 이상 시·부시장, 이하 시장
4급	서기관	과장, 담당관	담당관, 과장, 구청국장	국장, 담당관과장, 구청국과장, 교육원장, 부구청장	시·도국장, 교육원장, 군수, 인구 25만 이하 시·부시장, 구청장
5급	사무관	계장	계장, 구청과장, 동장	과장, 담당관, 계장, 동장, 구청과장	시·도과장, 부군수, 구청과장, 면장
6급	주사	행정실무자	동사무장	계장, 구청계장	시·도계장
7급	주사보	행정실무자	동계장, 주임	동계장, 주임	읍·면계장
8급	서기	행정실무자	행정실무자	행정실무자	행정실무자
9급	서기보	행정실무자	행정실무자	행정실무자	행정실무자

주: 직급과 해당 부서를 대략적으로 정리한 것이며, 사정에 따라 다를 수 있음.

17) 총무처, 행정통계연보, 2010 참조.

직급 5급인 경우 직명은 사무관이고, 중앙부처의 경우에는 계장 등에 해당된다. 광역시와 도인 경우는 동장 등의 직위에 해당된다. 직급 6급인 경우 직명은 주사이고, 중앙부처의 경우에는 행정실무자 등에 해당된다. 광역시와 도인 경우는 구청의 계장 등의 직위에 해당된다. 직급 7급인 경우 직명은 주사보이고, 직급 8급인 경우 직명은 서기이며, 9급인 경우는 서기보이다.

경찰공무원의 경우 계급체계는 모두 11개 계급이다. 순경・경장・경사・경위・경감・경정・총경・경무관・치안감・치안정감・치안총감으로 이루어져 있다.

경찰공무원은 보통 비간부급・초급간부・중급간부・고급간부로 구분된다. 비간부급은 주로 순경・경장・경사의 계급에 해당되는 경찰공무원이다. 초급간부는 경위에 해당되는 계급으로서 과거 파출소의 소장급이었지만, 현재 순찰지구대의 순찰팀장급이다. 그러나 현재 경위급은 경찰공무원 계급 인플레이션 현상으로 인하여 실무자급으로 분류된다. 중간 간부급은 경감・경정에 해당되는 계급으로 경감의 경우는 순찰지구대장급이며, 경정은 일선 경찰서의 과장급, 시・도경찰청의 계장급에 보해진다.

고급 간부는 총경 이상의 계급에 해당되는 경찰공무원으로 일선 경찰서의 서장급이며, 시

▶▶ 참고

공무원의 직업상 특징

공무원은 다른 직종에 비해서 여러 가지 특징을 가지고 있다. 먼저, '안정된 직장'이며 '보람된 직업'이다. 또한 연금제도에 의한 노후보장이 다른 어느 직업보다 더 잘되어 있다. 이러한 장점들로 인하여 취업희망자들 사이에서 공무원 시험에 대한 관심은 매우 높다.

공무원 직종이 높은 인기를 누리고 있는 이유는, 우선 공무원은 신분이 보장되는 안정된 직업이라는 사실이다. 공무원이 되면 다른 직업에 비해서 신분보장이 철저하다. 직업공무원제도를 시행하고 있기 때문이다.

그동안 공무원이라는 직종의 가장 큰 난점이 보수가 적다는 것이었다. 그러나 보수와 복지후생도 최근 일반 기업체 수준으로 개선되었다. 7・9급 및 하위 공무원직급 채용시험에 고학력자들이 대거 몰리고 있는 현상은 학력・직업에 따른 사회적 편견이 줄고, 공무원으로서 사회에 참여하는 것이 가장 보람된 직업 중의 하나라는 인식이 확산되었기 때문이다.

· 도경찰청의 경우 과장급에 보해진다. 또 경무관의 계급인 경우 시 · 도경찰청 부장급(제주도의 경우 차장급)에 보해진다.

치안감은 시 · 도경찰청장 또는 본청 국장급에 보해지는 계급에 해당된다. 그리고 치안정감은 경찰청 차장, 경찰대학장, 서울특별시경찰청장, 경기도남(북)부경찰청장, 부산광역시경찰청장, 인천광역시경찰청장 등에 보해진다. 끝으로 치안총감은 경찰청장에 보해진다.

그러나 계급과 직위와의 관계에 있어서, 특히 경찰서의 급지에 따라 해당 계급이 조정되기도 하는데, 예를 들면 2개 이상의 경찰서를 통합한 대단위 통합경찰서의 경우에는 경무관이 서장에 보해지기도 한다.

03. 공무원의 임용

1) 의의

임용은 공무원을 충원하고 관리하는 활동이다. 즉, 여러 가지 이유로 정원이 증가되었거나 결원이 생겼을 때 규정된 충원 방법에 의해 결원을 충원하는 활동이다. 넓은 의미에서 공무원의 임용은 신규채용 · 승진 · 강임 · 전환 · 복직 그리고 전보까지 포함하는 보다 포괄적인 개념이다.

2) 방법

결원을 보충하기 위한 임용의 방법은 크게는 외부임용과 내부임용으로 나눈다. 외부임용은 공개채용과 특별채용이 있고, 내부임용은 배치전환으로서 전직 · 전보 · 파견근무 그리고 승진 · 강임 · 겸직 · 직무대행 등이 있다.

외부임용은 신규채용이며, 공개채용과 특별채용으로 구분된다. 실적주의 체제를 채택하는 인사제도하에서 공무원 채용은 공개경쟁채용에 의하는 것이 원칙이다. 우리나라 「국가공무원법」 제28조에서 "공무원의 채용은 공개경쟁채용시험에 의한다"고 규정하고 있다.

특별채용은 임용제도의 융통성과 적응성을 부여하기 위한 제도로서 공개경쟁채용제도를 보완하기 위한 것이다. 특히, 임용구조의 경직성이 지나치면 정부의 인력수요에 적절히 대응하지 못하기 때문에 특별채용제도를 부분적으로 도입하고 있다. 그러나 특별채용제도의 남용을 막기 위해서 요건과 절차를 엄격히 규정하여야 한다.

3) 외부임용

공개경쟁채용으로서 신규채용과정의 주요 활동단계는 모집, 시험, 채용후보자명부 작성, 추천 요구, 시보임용, 임명의 과정을 거치게 된다. 이와 같은 과정을 거쳐서 최종적인 임용이 이루어진다.

(1) 모집

모집이란 공무원에 적합한 후보자들을 임용하기 위해 지원・경쟁하도록 유도하고 권유하는 활동이다. 모집활동은 유능한 인재를 행정조직에 끌어들이기 위한 임용과정의 초기 활동이다. 현대사회가 점점 복잡해짐에 따라 지식과 특성을 갖춘 우수한 인재가 요구되므로 단순히 시험의 요건만을 공고하는 정도로는 효율적인 유인활동이 될 수 없다. 따라서, 응시자의 요구를 충족시킬 수 있는 다양한 유인활동이 필요하다.

일반적으로 모집을 위해서 선발예정인원, 시험과목, 시험방법, 응시자격, 응시원서 접수기간 및 시험일정 등을 명시하고 있다. 그러나 적극적인 모집을 위해서는 채용예정직무, 승진기회, 근무예정부서, 근무예정지역, 보수 및 고용조건을 명시하는 것이 필요하다. 특히, 인력수요를 정확히 예측하여 선발 후에 임용이 지연되거나 근무조건 등이 달라지는 일이 없도록 모집 단계부터 신중한 계획을 세워야 한다.

(2) 시험

시험이란 공무원을 지망하는 자가 직무수행능력을 가지고 있는가의 여부를 상대적으로 판정하는 것이며, 실적주의 인사관리체제의 기초가 된다. 정실주의를 배제하기 위한 공개경쟁시험은 공직에의 기회균등을 통하여 행정의 민주성과 능률성을 확보하고, 평등의 원칙과 실적주의의 확립에 기초가 된다.

공무원 시험제도는 지망자의 직무수행능력을 판정하는 데 효용성을 가져야 한다. 시험 효용성을 판정하는 기준에는 다음과 같은 기준들이 있다.

가) 시험의 효용성 요건

시험 효용성의 요건은 다음과 같다.

첫째, 타당성(validity)이다. 타당성은 시험이 무엇을 측정하는가에 관한 기준으로, 시험이 측정하려고 하는 바를 실제로 측정할 수 있는 정도를 나타낸다. 타당성의 유형으로는 기준타당성(criterion validity), 내용타당성(content validity), 구성타당성(construct validity)이 있다.

둘째, 신뢰성(reliability)이다. 신뢰성은 시험이 측정도구로서 가지는 일관성을 의미하며, 시험이 측정하는 결과가 얼마나 일관성 있게 나타나는가에 대한 기준이다.

셋째, 객관성(objectivity)이다. 객관성은 시험결과가 채점자의 편견에 좌우되지 않고, 외적 요인이 채점에 개입되지 않는 정도를 의미한다.

넷째, 난이도(difficulty)이다. 난이도는 시험이 어느 정도 어려운가에 관한 기준으로, 적정한 난이도를 유지하여 응시자의 득점이 골고루 분포되는 것이 중요하다.

다섯째, 실용도(practicality)이다. 실용도는 시험의 실시와 채점이 용이하고 관리비용이 저렴하며, 이용가치가 높은지를 평가하는 기준이다.

나) 효용성 판정기준

효용성의 판정기준은 다음과 같다.

타당도 타당도(validity)는 시험에서 측정하고자 하는 내용을 어느 정도 정확하게 측정하고 있는가를 나타내는 기준이다. 다시 말하면, 시험이 직무수행능력을 가진 사람을 얼마나 정확하게 식별하고 있는가 하는 정도이다. 이와 같은 타당도는 기준이 얼마나 정확한가에 대한 기준의 타당성, 지식 등을 정확하게 측정할 수 있느냐에 대한 내용의 타당성, 직무수행과 상관되어 있느냐에 대한 구성의 타당성으로 구분된다.

신뢰도 시험이 얼마나 일관성을 가지고 있느냐 하는 것이다. 즉, 동일한 직무수행능력을 가진 사람이 동일한 시험을 치른다면 그 성적이 유사하게 나와야 한다. 이러한 경우 시험의 신뢰도(reliability)가 유지될 수 있다.

객관도 채점의 기준이 객관성(objectivity)이 있어야 한다. 즉, 채점자에 따라서 시험성적에 심한 차이가 생긴다면, 객관도는 상실된다. 동일한 시험에 대해서 어떤 사람이 채점하더라도 동일한 시험성적이 산출되어야 한다.

난이도(Difficulty) 시험의 내용이 우열을 가리기가 어렵게 돼서는 안 된다. 즉, 득점 치이가 골고루 적당하게 분포되어야 한다. 너무 쉽게 출제되거나 너무 어렵게 출제된다면, 시험성적으로 우열을 구분할 수 없게 된다.

실용도(Practicality) 시험의 실용도를 높이기 위해서는 시험의 실시와 채점이 용이해야 하며, 관리비용이 저렴하고 이용가치가 높은 것이어야 한다.

다) 공무원 시험의 형태

공무원 시험의 형식은 크게 필기시험・실기시험・면접시험으로 분류된다.

필기시험 가장 일반적인 시험방식으로서 시험관리가 용이하고, 시간・경비 등이 절약된다. 필기시험의 방식에는 보통 주관식과 객관식(선다형), 논문형・단답형・자유해답식 등이 있다.

실기시험 직무수행능력을 측정함에 있어서 필요한 지식과 기술을 실습 또는 실기의 방법에 의하여 측정・검증한다. 이 방법은 실기 또는 실습의 방식을 통하여 측정하는 것이기 때문에 많은 응시자를 한꺼번에 측정할 수 없다는 단점은 있으나, 시험의 타당도는 매우 높다.

면접시험 응시자의 자질이나 직무수행에 필요한 능력과 적격성 및 사고의 논리성 등을 알아보기 위한 것이며, 필기시험이나 다른 시험방식으로 측정하기 어려운 경우에 사용된다. 그러나 이 시험방식은 시험관의 주관이나 편견이 개입할 수 있으며, 신뢰성과 객관성을 보장하기 어려운 측면이 있다.

4) 공무원 채용제도의 종류

우리나라는 일정한 자격요건을 갖추면 공무원 채용시험에 응시할 수 있다. 따라서, 공무원이 되기 위해서는 먼저 채용시험을 치러야 한다. 우리나라 공무원 채용시험의 장점은 응시기회가 모든 국민에게 개방되어 있고, 선발과정에서 객관성・공정성이 철저히 보장되고 있다는 점이다.

채용시험에는 공개경쟁 채용시험과 제한경쟁 채용시험, 그리고 특별채용시험이 있다. 공무원의 채용은 공개경쟁채용을 원칙으로 하되, 공개경쟁 채용시험에 의한 충원이 곤란한 분야에 한해 제한적으로 제한경쟁 채용시험 및 특별채용시험으로 선발한다. 공개채용시험은 일반공무원 시험의 경우 사무관급인 5급 공채, 중견실무직급인 7급 공채 그리고 하위직급인 9급 공채시험으로 나누어진다.

(1) 공무원 공개경쟁체용 제도

가) 제도의 목적

공무원 신규채용 시 불특정 다수인을 대상으로 경쟁시험을 실시하여 공무원으로 채용하는 제도로서, 균등한 기회보장과 보다 우수한 인력의 공무원 선발을 위한 것이다.

나) 근거

법적 근거는 국가공무원법 제28조, 공무원임용령 제2장 제1절, 공무원임용시험령 제21조 내지 제25조이다.

다) 공채 시험의 종류

5급 공채　행정직 · 기술직, 외교관후보자선발시험이 있다.

5급 국가공무원 공개채용시험 행정직은 각 행정부서에서 5급 사무관으로 일할 사람을 선발하는 행정고등고시로서 과거 사법고시 · 외무고시와 함께 3대 고시로 분류된다.

5급 기술직은 다른 시험의 선발인원보다 훨씬 적은 규모의 소수 인원을 선발하고, 근무처도 기술직 공무원을 필요로 하는 행정부의 요구에 따라 골고루 나뉘어 배치된다.

외교관 후보자 선발시험은 외무부와 재외공관원에서 근무할 외교관을 선발하기 위한 시험이다. 선발시험에 합격하면 국내의 외교부 각 부서에 근무하거나 외국의 공관에 파견되어 근무한다.

7급 공채 / 9급 공채　7급 공채는 행정직 · 기술직 시험 등이 있으며, 9급 공채는 행정직 · 기술직 시험 등이 있다.

라) 시험 실시 기관

5급 공채 및 외교관선발시험는 인사혁신처가 실시기관이다. 7 · 9급 공채에서 인사혁신처는 교정 · 보호 · 검찰사무 · 마약수사 · 출입국관리 · 일반행정 · 교육행정직류 · 세무 · 관세 · 사

[그림 1-2] **5급 · 7급 · 9급 공채 채용절차**[18]

회복지 · 감사 · 공업(일반기계 · 전기 · 화공직류) · 농업(일반농업직류) · 시설(도시계획 · 일반토목 · 건축 · 교통시설 · 도시교통설계직류) · 전산직렬 공채시험을 실시하며, 인사혁신처가 실시하는 시험을 제외한 기타 채용시험은 소속장관이 실시기관이 된다.

(2) 공무원 경력경쟁채용제도

가) 제도의 목적

공개경쟁채용시험에 의하여 충원이 곤란한 분야에 대하여 채용하는 제도로서 관련 직위의 우수전문인력 및 유경험자를 채용하기 위한 제도이다.

나) 법적 근거

국가공무원법 제28조, 공무원임용령 제16조 내지 제18조, 공무원임용시험령 제26조 내지 제30조에 근거하고 있다. 현행법은 경력경쟁채용 등 요건 및 시험방법을 규정하고 있다.[19]

---

18) 나라일터 홈페이지(https://www.gojobs.go.kr/mainIndex.do, 검색일 2024.07.09.).

이 제도는 다수인을 대상으로 경쟁의 방법으로 채용하는 '경력경쟁채용시험'과 다수인을 대상으로 하지 아니하는 '비다수인대상채용시험'으로 구성된다.

다) 시험실시 기관

5급 · 7급 민간경력채용시험은 인사혁신처가 실시기관이며, 그 밖에 경력경쟁채용 등은 각 중앙행정기관이다.

(3) 공무직 등 채용제도

이 채용제도는 각 정부기관에서 채용하는 기간제 근로자, 대체인력, 일용직(인턴) 등 행정지원인력을 선발하는 제도이다. 채용기관은 각 정부기관(중앙행정기관, 지방자치단체, 공공기관 등)이며, 신분은 「국가공무원법」상의 공무원이 아닌 민간인으로 근로기준법 등 관련 법령이 적용된다.

(4) 공모직위제도

가) 개념

이 제도는 효율적인 정책수립 또는 관리를 위해 특정직위에 행정부 내 당해기관 내부 또는 외부 공무원간 상호경쟁을 통해 최적격자를 선발 · 임용하는 제도이다.

나) 지정기준

지정기준은 다음과 같다.

직무공통성 타 기관의 일부 기능과 업무성격이 유사하여 인적 교류가 용이한 직위이다.

정책통합성 기관 간 이해관계 조정 또는 정책공조 등이 필요하여 인적 교류를 통해 정부정책의 효과를 높일 수 있는 직위이다.

민주성 정책결정 또는 집행에 객관성 · 공정성이 요구되어 다양한 국민 시각의 반영이나 국민의 참여가 필요한 직위이다.

19) 상게 홈페이지 참조.

변화 필요성 타 기관 공무원의 유치를 통해 기관의 업무와 정책 또는 인적자원 변화를 도모할 필요가 있다고 판단한 직위이다.

다) 운영방법

첫째, 공고는 결원발생 예정일의 2월 전부터 7일 이상(접수기간 포함)이다. 둘째, 매체는 당해 기관 및 인사혁신처 홈페이지(나라일터)에서 하며 셋째, 선발시험위원회는 위원장을 포함하여 5인 이상이고, 타 기관 공무원 또는 민간위원(국공립대학 교원 포함)은 1/2 이상 포함한다.

5) 정규 임용

시험을 통하여 합격자가 결정되면 시험실시기관에서는 먼저 채용후보자명부를 작성한다. 즉, 합격자의 명단을 만드는데, 이것이 채용후보자명부가 된다. 특히, 채용후보자명부의 작성과 유지관리는 능률적인 절차에 따라서 이루어져야 한다. 예를 들면, 명부의 확정까지 너무 오랜 시간이 걸리게 되면 합격자가 이탈할 가능성이 있기 때문이다. 명부의 길이는 근본적으로 결원보충의 소요인원수에 기초하여 결정되어야 하며, 노동시장의 상태나 시험실시의 시기 등도 고려되어야 한다. 명부의 유효기간도 따로 정하여 적정한 기간 내에 채용될 수 있어야 한다.

채용후보자명부가 작성되면 다음으로 시험실시기관은 임용권자 또는 임용제청권자에게 자기 기관의 결원을 보충하기 위한 채용예정직 후보자를 추천해줄 것을 요구한다. 후보자의 추천 요구를 받은 임용권자들은 이를 받아들이거나 거부하게 된다.

임용권자 또는 임용제청권자는 추천을 받은 신규채용 후보자를 바로 정규공무원으로 임명하는 것이 아니라 시보(probationer)로 임용하여 시보기간을 거치게 한다. 즉, 임용권자는 신규 임용된 사람이 공무원으로서의 적격성을 보유하고 있는지를 확인하기 위해, 그리고 실무를 습득하도록 하기 위해 일정 기간 동안 시험보직을 명하게 된다. 시보 기간은 보통 6개월에서 1년 사이이다. 그러나 대상직위의 성격이나 기타 조건에 따라 더 짧거나 길어지기도 한다.

시보 기간을 마친 채용후보자는 정규 공무원으로 임명된다. 임명이 이루어지면 초임 보직을 부여하게 된다. 결과적으로 임명은 공무원의 신분을 획득하는 행위이며, 보직의 부여로서 일정한 직위에 배치받는 것이다.

제4절

경찰공무원의 분류

경찰공무원은 「국가공무원법」상 직업공무원제 성격이 강한 경력직 공무원에 속하면서 특정직으로 분류된다. 경찰공무원의 분류는 계급·경과·특기 등으로 분류된다. 일반적으로 계급은 직책의 난이도와 보수의 차이를 두기 위한 것이고, 경과와 특기는 개인의 능력·적성·자격 등을 활용하기 위한 목적을 가지고 있다. 현행 우리나라 경찰공무원의 분류기준은 계급·경과의 2가지 기준에 의한다.

01. 계급제도

1) 계급제도의 의의

일반적으로 계급제는 그 사람의 일반적인 능력과 자격을 기준으로 공무원을 계급으로 분류하는 제도이다.[20] 공무원의 개인적인 특성, 즉 학력, 경력, 자격 등을 기준으로 계층을 구분하여 관리하는 시스템이다. 이를 통해 공무원의 자격과 능력을 체계적으로 평가하고, 직무 수행의 곤란도와 책임도에 따라 적절히 배치하는 것이 그 목적이다.

경찰공무원은 신분상 지위나 자격에 중점을 두고 개인의 특성을 고려하여 계급체계를 구성

20) 신현기, 전게서, p. 34.

하며, 임용의 중요한 기준이 된다. 보통 계급이 높을수록 직무수행의 곤란도 · 책임도가 높은 직책에 배치된다. 또한 계급의 상승에 따라 경찰관의 보수가 증가하며, 보수의 차이는 기본급에서 획일적인 차이를 둔다.

경력직 공무원인 경찰공무원의 계급체계는 1급에서 11급까지 계층을 두고 있다. 즉, 순경에서 치안총감까지 11개 계급으로 상하로 체계화되어 있다. 경찰관의 계급체계는 다음과 같다.

> ① 치안총감 → ② 치안정감 → ③ 치안감 → ④ 경무관 → ⑤ 총경 → ⑥ 경정 → ⑦ 경감 → ⑧ 경위 → ⑨ 경사 → ⑩ 경장 → ⑪ 순경

계급제도는 영국, 프랑스, 독일, 일본 등 여러 나라에서 채택하고 있으며, 폐쇄형 인사관리 방식을 주로 사용한다.

2) 계급제도의 장점

(1) 체계적인 인사관리

공무원의 학력, 경력, 자격 등을 기준으로 계층을 나누어 체계적으로 관리하므로 각 공무원의 능력과 자격을 명확히 파악하여 적절한 배치가 가능하다.

(2) 명확한 승진체계

계급제도는 승진체계가 명확하여 공무원들이 자신의 경력 개발과 목표 설정에 유리하다. 계급이 올라갈수록 책임도와 직무의 곤란도가 증가하므로 공무원들이 자신의 능력을 향상시키려는 데 동기부여가 된다.

(3) 임용기준의 일관성

공무원의 신분상 지위나 자격을 기준으로 계급체계를 구성하므로, 임용기준이 일관되게 적용되어 공정성과 투명성의 확보가 가능하다.

(4) 보수체계의 명확성

계급에 따라 보수가 증가하므로, 공무원들은 자신의 직무수행에 대한 보상을 명확히 인식

한다. 업무성과 향상에 긍정적 요인으로 작용한다.

3) 계급제도의 단점

(1) 폐쇄형 인사관리의 한계

폐쇄형 인사관리 방식을 채택하고 있어 외부 인재의 유입이 어렵고, 내부에서만 인재를 발굴하고 육성하는 경향이 있다. 그래서 조직의 유연성을 저해하고, 변화하는 환경 적응이 어려울 수 있다.

(2) 계급 간 차별

계급 간 차별이 존재하여 낮은 계급의 공무원들이 승진기회를 얻기 어려울 수 있다. 이로 인해 조직 내 불만을 초래하고, 인재 유출의 원인이 된다.

(3) 능력과 자격의 불일치 문제

공무원의 개인적 특성을 기준으로 계급을 나누지만, 실제 직무수행에 요구되는 능력 및 자격과 계급수준이 일치하지 않는 경우가 있다. 이는 관리의 효율성을 낮추고, 업무성과에 부정적인 영향을 준다.

따라서, 직무수행에 요구되는 능력이나 자격이 계급수준과 조화를 이룰 때 운영의 효율성을 기할 수 있지만, 계급수준에 능력이나 자격에 적합하지 않은 경우 직무수행의 효율성이 떨어진다.

(4) 획일적인 보수체계

보수가 계급에 따라 획일적으로 정해지므로 개별 공무원의 성과나 기여도에 따른 보상체계가 미흡하여 공무원들의 사기를 떨어뜨릴 수 있다.

요컨대, 계급제도는 공무원의 자격과 능력을 체계적으로 평가하고 관리하는 데 유용하지만, 폐쇄형 인사관리 방식과 계급 간 차별, 능력과 자격의 불일치 문제 등 단점도 있다. 이러한 단점을 보완하고 장점을 극대화하기 위해서는 보다 유연한 인사관리 방식과 공정한 승진체계, 성과 기반의 보상체계를 도입할 필요가 있다.

02. 경과와 특기

일반직 공무원과는 달리 경찰공무원은 경과와 특기에 따라서 하는 일이 달라진다. 경찰업무의 특성에 따라 경과와 특기를 기준으로 적합한 경찰관을 모집하고 채용한다. 경과와 특기는 능력과 경력의 전문성을 발전시켜 경찰업무의 효율성을 높이기 위한 제도이다.

계급제는 경찰공무원을 수직적으로 분류하는 반면, 경과와 특기는 개별 경찰관의 특성, 자격, 능력, 그리고 경력을 바탕으로 수평적으로 분류하는 방식이다.

1) 경과

경과는 직무의 성격에 따라 구분되므로 경찰관이 부여받는 경과에 따라서 그 개인이 담당하는 직무의 종류가 결정된다. 임용권자 또는 임용제청권자는 경찰공무원을 신규채용할 때 경과를 부여하여야 한다.[21]

채용 구분에 따라 경과를 부여하되, 일반 요원으로 채용된 자는 일반경과를, 수사요원으로 채용된 자는 수사경과를, 보안요원으로 채용된 자는 보안경과를, 특수기술요원으로 채용된 자는 해당 특수경과를 부여한다.

총경 이하 경찰공무원에게 부여하는 경과의 종류는 다음과 같다.[22]

① 일반경과

② 수사경과

③ 보안경과

④ 특수경과

ⓐ 해양경과(2016. 12. 30. 삭제)

ⓑ 운전경과(2016. 12. 30. 삭제)

ⓒ 항공경과

21) 경찰공무원법 제4조[시행 2025.1.7.] [법률 제20646호, 2025.1.7., 일부개정].

22) 경찰공무원임용령 제3조[시행 2025.1.31.] [대통령령 제35236호, 2025.1.31., 일부개정].

ⓓ 정보통신경과

여기서 수사경과와 보안경과는 경정 이하 경찰공무원에게만 부여하고, 특수경과의 운전경과는 경사 이하 경찰공무원에게만 부여하였지만, 폐지되었다.

경찰공무원의 경과별 직무의 종류는 다음과 같다.[23]

① 일반경과는 기획·감사·경무·생활안전·교통·경비·작전·정보·외사나 그 밖에 수사경과·보안경과 및 특수경과에 속하지 아니하는 직무
② 수사경과는 범죄수사에 관한 직무
③ 보안경과는 보안경찰에 관한 직무
④ 특수경과 중 항공경과는 경찰 항공기의 운영·관리에 관한 직무, 정보통신 경과는 경찰 정보통신의 운영·관리에 관한 직무이다.

신규채용된 경찰공무원에게는 일반경과를 부여한다. 다만, 수사, 보안, 항공, 정보통신 분야로 채용된 경찰공무원에게는 임용예정직위의 업무와 관련된 경과를 부여한다.

한편, 경과를 변경하는 전과제도가 있다.[24] 전과는 일반경과에서 수사경과·보안경과 또는 특수경과로의 전과만 인정한다. 다만, 정원감축 등 경찰청장이 정하는 사유가 있는 경우, 보안경과·수사경과 또는 정보통신경과에서 일반경과로의 전과를 인정할 수 있다.

또한 경과가 신설 또는 폐지되는 경우에도 전과를 인정할 수 있다. 그 내용을 보면 다음과 같다.

첫째, 경과가 신설되는 경우는 일반경과·수사경과·보안경과 또는 특수경과에서 신설되는 경과로의 전과가 인정된다.

둘째, 경과가 폐지되는 경우는 폐지되는 경과에서 일반경과·수사경과·보안경과 또는 특수경과로의 전과가 인정된다.

2) 특기제도

특기제도는 과거 경찰공무원에게 특정한 전문성을 부여하여, 그 전문성을 바탕으로 임무를 수행하도록 하는 제도였다. 그러나 이 제도는 2002년 이후 실질적으로 운영되지 않아 사문화

23) 경찰공무원임용령 시행규칙 제19조[시행 2025.1.1.] [행정안전부령 제510호, 2024.8.14., 일부개정].
24) 경찰공무원임용령 시행규칙 제27조.

되었고, 결국 2016년 12월 30일에 「경찰공무원임용령」의 개정을 통해 공식적으로 폐지되었다.

특기제도의 폐지는 사실상 운영되지 않던 제도를 공식적으로 종료한 것이며, 그 대신 경찰공무원의 전문성을 유지하고 발전시키기 위해 전문직위제도가 도입되었다. 전문직위제도는 경찰공무원의 특정 전문분야에 대한 전문성을 보장하고, 체계적으로 관리하기 위한 제도로서, 경찰청장이 필요한 사항을 정하여 운영하고 있다. 이러한 변화는 경찰공무원의 전문성 강화와 함께 효율적인 인사관리를 목표로 하고 있다.

(1) 폐지 배경

2002년 이후 새로 특기를 부여받은 경찰공무원이 없었기 때문에 특기제도는 사실상 운영되지 않았다. 이에 따라 2016년 「경찰공무원임용령」 개정을 통해 특기 부여 규정을 삭제하고 관련 규정을 정비하였다.

(2) 전문직위제도의 도입

특기제도의 폐지와 함께 경찰공무원의 전문성을 보장하기 위해 전문직위제도가 도입되었다. 이는 특정 전문분야에 대한 경찰공무원의 전문성을 유지하고 발전시키기 위한 제도이다. 전문직위에 임용된 경찰공무원에 대한 전보 제한 등을 규정하고 있다. 전문직위제도의 주요 내용은 다음과 같다.[25]

가) 전문직위의 전보 제한

전문직위에 임용된 경찰공무원은 해당 직위에 임용된 날로부터 3년의 범위 내에서 전보할 수 없다. 경찰청장이 정하는 기간이 지나야 다른 직위로 전보가 가능하며, 이는 「공무원임용령」의 일반 규정과는 다르게 경찰공무원에게 특화된 규정이다. 다만, 직무수행요건이 같은 직위 간의 전보 등 특정한 경우에는 기간에 관계없이 전보가 허용된다.

나) 전문직위의 지정 및 관리

「공무원임용령」에서 규정한 사항 외 전문직위의 지정, 전문직위 전문관의 선발 및 관리 등 전문직위의 운영에 필요한 사항은 경찰청장이 따로 정하도록 하였다. 이는 경찰공무원의 전문성을 지속적으로 관리하고 발전시키기 위한 조치이다.

25) 경찰공무원 임용령 제25조 [시행 2025.1.31.] [대통령령 제35236호, 2025.1.31., 일부개정].

▶▶ 참고

이전의 특기제도

특기제도는 경찰공무원에게 특정 분야의 직무를 전문화하여 부여하는 제도였다. 임용권자 또는 임용제청권자는 경위 이상의 경찰공무원에게 경과별로 직무분야에 따라 일반특기 또는 전문특기를 부여하였다.

• 특기 분류
- 일반특기: 기획, 감사, 경무, 생활안전, 형사, 수사, 교통, 경비, 작전, 정보, 보안, 외사 분야
- 전문특기: 형사, 조사, 과학수사, 정보관리, 정보분석, 보안수사공작, 보안수사신문, 외사, 기술(정보통신, 항공, 해양) 분야

• 전문특기 부여 범위
- 전문특기는 일반특기 분야의 정원의 30% 이내로 부여할 수 있었다.
- 전문화 교육과정이 설치된 분야에 한하여 전문특기를 부여할 수 있었으며, 해당 교육을 받은 자에 한해 적용되었다.

• 특기부호: 특기부호는 3자리 숫자로 구성되었다.
- 첫째 자리: 경과번호
- 둘째 자리: 일반특기번호
- 셋째 자리: 전문특기번호

• 전문특기별 직무
- 형사전문특기: 범죄 수사 및 수사 기획 직무
- 조사전문특기: 범죄 조사 직무
- 과학수사전문특기: 화재, 지문, 발자국 등의 감식 및 기술 직무
- 정보관리전문특기: 정보 기획, 수집, 관리 직무
- 정보분석전문특기: 정보 분석 및 판단 직무
- 보안수사공작전문특기: 보안수사 기획 및 분석 직무
- 보안수사신문전문특기: 보안수사신문 직무
- 외사전문특기: 외사 정보 수집, 분석, 공작, 외국어 번역 직무
- 기술전문특기: 정보통신, 항공, 해양 기술 관련 직무

• 특기 분류 절차
- 예비분류: 적성에 맞는 기능 분야에서 육성하기 위해 미리 분류하고, 해당 분야 지식을 개발하며, 적성 여부를 확인한다.
- 확정분류: 예비분류기간 동안 적성에 맞는 기능을 확정짓는 과정이다.

제2장

경찰공무원의 채용제도

제1절

채용제도의 이론적 고찰

01. 채용제도의 의의

1) 채용의 개념과 절차

일반적으로 채용은 경찰관이 될 수 있는 자격을 갖춘 사람에게 균등한 기회를 제공하여 동일한 조건 아래에서 공정한 선발과정을 거쳐 적재적소에 배치하는 것이다. 이러한 채용과정은 모집 · 시험 · 임용의 순서에 따라 이루어진다.[1)]

먼저, 모집은 경찰조직이 원하는 인력을 확보하기 위한 유인활동이다. 종래 모집은 임용 시 정실적 요소를 제거하고, 부적격한 사람을 배제하는 목적을 가지고 있었다. 그러나 오늘날 모집은 보다 유능한 사람을 채용하고, 적극적으로 많은 사람으로 하여금 공직에의 흥미를 끌게 하는 유인활동이다.

따라서, 적극적 모집활동은 경찰인력 수요예측을 정확히 하고, 선발 후에 임용이 지연되거나 근무조건이 달라지는 일이 없도록 해야 한다. 모집시기와 인원을 규칙적으로 정하고, 언론매체나 인터넷을 통한 홍보는 물론 인턴십과 취업설명회 등을 적극적으로 활용하며, 지망자들이 예측하도록 하여 우수한 인력이 지원할 수 있도록 해야 한다.

1) 이황우 외 3인 공저, 경찰인사행정론, 법문사, 2022, p. 167 참조.

2) 임용의 의미

임용은 경찰기관의 결원을 보충하는 제반 활동을 의미한다. 임용은 정원이 증가되었거나 여러 가지 이유로 결원이 생겼을 때 규정된 충원방법에 의해 결원을 충원하는 활동이다. 공무원의 임용은 일반적으로 신규채용이 포함되지만, 법제도상으로는 그보다 포괄적인 개념이다.

실적주의 기준에 입각하여 시험성적과 근무성적 또는 기타 능력의 실증에 의하는 것을 원칙하고, 인사의 공정성을 도모하며, 채용관리체제의 효율성을 높기 위한 것이다.

조직에 외부 인력을 채용하는 것은 조직의 미래와 발전에 핵심적인 역할을 한다. 특히, 매년 대규모로 경찰공무원을 임용하는 경찰조직의 경우, 공정하고 객관적인 관리 시스템이 필수적이다.

3) 임용의 유형

임용은 임용대상자를 경찰조직의 내・외부 중 어디에서 선발하느냐에 따라 외부임용과 내부임용의 두 가지 유형으로 구분된다. 외부임용은 주로 경찰조직 밖에서 적격자를 선발하는 공개경쟁채용과 특별(제한경쟁)채용의 방법이 있다.[2)]

「경찰공무원법」과 「경찰공무원임용령」을 보면, 임용은 신규채용・승진・강임・전직・복직 그리고 전보까지 포함하고 있다. 따라서, 임용은 크게 외부임용(신규임용)과 내부임용으로 나누어진다. 외부임용은 공개채용과 특별(제한경쟁)채용으로 구분되며, 내부임용은 배치전환으로서 전직・전보・파견근무・승진・강임・겸직・직무대행 등이 있다.

[그림 2-1] **임용의 분류**

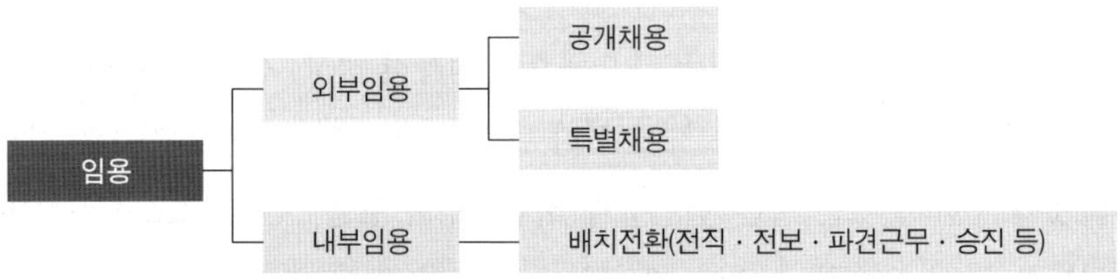

2) 상게서, p. 167 참조; 「경찰공무원 임용령」[시행 2024.1.16.] [대통령령 제34141호, 2024.1.16., 일부개정] 제2조의 2, 제4조, 제5조, 제6조 등에서 임용이라는 용어를 사용하고 있다. 임용은 더 광범위한 개념으로서 채용, 강등, 전보, 휴직, 승진, 면직 등을 포함하는 개념으로 본다.

외부임용은 우수한 인력의 확보가 중요하고, 내부임용은 구성원의 욕구 충족과 능력 발전 및 효율적인 인사관리를 통한 경찰업무 지원이 중요한 과제이다.

외부임용으로서의 채용은 보통 신규채용을 의미하며, 신규채용은 크게 공개채용과 특별(제한경쟁)채용으로 구분된다. 일반적으로 공개채용은 모집, 시험, 임용의 과정을 거친다. 여기서 임용은 채용의 한 과정으로 모집에 응한 사람이 소정의 시험에 합격하여 완전한 공무원으로 근무하기 전에 가지는 절차이다.

특별채용은 공채에 의한 채용이 부적당하거나 곤란한 경우 특별한 자격을 가진 사람을 채용하는 경우의 채용방법이다. 공개채용이건 특별채용이건 모두 채용이라는 일정한 과정을 거치게 된다.

02. 경찰공무원 채용제도

현행 경찰공무원의 채용제도는 크게 공개경쟁채용과 경력경쟁채용으로 구분된다. 경력경쟁채용은 특별채용 또는 제한경쟁채용이라고도 한다.

1) 공개경쟁 채용제도

공개경쟁채용은 「경찰공무원법」에 규정된 경찰공무원이 될 수 있는 자격을 갖춘 사람에게 균등한 기회를 제공하며, 동일한 조건 하에서 공정한 경쟁과정을 거쳐 경찰공무원으로 임용하는 제도이다.[3]

경찰공무원의 공개경쟁 채용제도에는 경위 공채채용, 순경 공채가 있다. 순경 공채에는 남자순경 공채, 여자순경 공채, 101단 공채가 있다.

2) 경력경쟁 채용제도

경찰공무원의 경력경쟁 채용제도는 일정은 자격과 요건을 가진 경력자를 채용하는 제도이다.

3) 김충남, 경찰학개론, 박영사, 2008, p. 271.

경력채용제도에는 계급과 직무의 특수성에 따라 경위 이상 경채와 경사이하 경채가 있다. 따라서, 현행 경찰공무원 계급별 입직 경로는 순경 · 경장 · 경사 · 경위 · 경감으로의 입직이 가능하다. 현행 경력경쟁채용은 순경 경채부터 경감 경채까지 계급별로 다양하다.

[그림 2-2] **경찰관의 계급별 입직경로**

순경 → 경장 → 경사 → 경위 → 경감

현행 계급별 경력경쟁채용 분야를 보면 〈표 2-1〉과 같다. 변호사 경력경쟁 채용은 경감으로 임용되며, 공인회계사 경채도 경감으로 임용된다. 그리고 항공 등 다양한 분야에서 경채가 실시되고 있다.

〈표 2-1〉 **경채모집 세부분야와 계급**[4)]

분야	세부분야	계급
변호사		경감
공인회계사		경감
항공	조종	경위
	모의장치운용	
	정비	순경
서이버수사		경위
피해자심리		경장
뇌파분석		경장
교향악단	바이올린	순경
	비올라	
전의경		순경
재난사고	건축 · 토목	경장
	기계	
	전기	
	화학	

4) 경찰청 인터넷 원서접수 홈페이지(https://public.jinhakapply.com, 검색일 2024.08.15.); 뇌파분석은 대상자의 뇌파를 측정하여 특정 정보가 저장되어 있는지를 탐지하는 과학수사기법이다. 범죄혐의를 부인하는 피의자에게 범행도구나 현장사진을 제시하고, 뇌파의 변화를 분석하여 범죄와 관련된 정보를 파악한다. 예를 들어, 칼을 사용한 살인사건에서 피의자에게 칼, 도끼, 망치 등의 사진을 보여주고, 범행도구인 칼을 볼 때 다른 뇌파반응이 나타나는지를 확인하는 방식이다. 2023년 하반기 뇌파분석관 경력채용를 처음으로 시행하였다. 매일신문 2023년 10월 20일자 참조.

<table>
<tr><td colspan="2">치안분야 연구개발</td><td>경장</td></tr>
<tr><td rowspan="4">경찰특공대</td><td>폭발물 분석</td><td>경장</td></tr>
<tr><td>폭발물 처리</td><td>순경</td></tr>
<tr><td>전술(남)</td><td>순경</td></tr>
<tr><td>전술(여)</td><td>순경</td></tr>
<tr><td colspan="2">경찰청장기 무도 · 사격</td><td>순경</td></tr>
<tr><td rowspan="2">현장감식</td><td>일반감식</td><td>순경</td></tr>
<tr><td>화재감식</td><td>순경</td></tr>
<tr><td colspan="2">서이버수사</td><td>경장</td></tr>
<tr><td colspan="2">교통공학</td><td>순경</td></tr>
<tr><td colspan="2">세무회계</td><td>순경</td></tr>
<tr><td colspan="2">경찰행정</td><td>순경</td></tr>
</table>

03. 채용의 과정

1) 모집

모집은 조직이 원하는 인력을 확보하기 위한 경찰조직의 대외적 유인활동으로 유능한 인재를 경찰조직에 끌어들이기 위한 임용과정의 초기 활동이다. 현대사회가 점점 복잡해짐에 따라 지식과 덕성을 갖춘 우수한 인재가 요구되므로 과거에 단순히 시험의 요건만을 공고하는 정도로 끝내는 모집활동이 아니라, 응시자의 요구를 충족하도록 다양하게 접근할 필요가 있으며, 적극적인 모집활동이 요구된다.

따라서, 모집공고 시에는 채용예정직무, 승진기회, 근무예정부서, 근무예정지역, 보수 및 고용조건, 선발예정인원, 시험과목, 응시자격, 응시원서 접수기간 및 시험일정, 응시원서 교부 및 접수처, 제출서류 등에 관한 내용을 정확하게 공고하여야 한다. 특히, 인력수요예측을 정확히 하여 선발 후에 임용이 지연되거나 근무약속지역이 달라지는 일이 없도록 모집단계부터 신중한 계획을 세워야 한다.

2) 시험

시험은 실적주의 인사관리체제와 직업공무원제도 확립의 기초가 된다. 시험이 선발기능을 효과적으로 수행하기 위해서는 동일자격의 모든 응시자에게 동등한 기회를 부여하고, 지원자들의 우열을 판별해야 한다. 그리고 합격 후의 행동을 측정할 수 있고, 장래 근무능력의 발전성을 예측할 수 있어야 한다.

(1) 시험의 효용성 기준

시험은 그 목적이 적절하게 달성될 수 있도록 효용성을 갖추어야 하며, 이를 위해 기준 또는 요건이 충족되어야 한다. 효용성의 기준 또는 요건에는 타당성 · 신뢰성 · 객관성과 적정한 난이도 및 실용적 편의 등이 있다.[5] 시험이 실제로 평가하고자 하는 역량을 정확히 측정하고, 공정하며 실질적으로 운영 가능한 형태로 구성되어야 한다.

가) 타당성(Validity)

시험이 측정하고자 하는 능력이나 특성을 정확히 측정하고 있는지를 나타내는 지표이다. 즉, 시험이 설정된 목적에 비추어 적절한 내용을 포함하고 있는지를 평가해야 한다. 예를 들어, 경찰채용 체력검사의 경우, 실제 직무수행에 필요한 신체적 능력을 잘 반영하고 있는지가 중요하다. 내용타당도, 기준타당도, 구인타당도 등 다양한 하위 개념을 포함한다.

나) 신뢰성(Reliability)

동일한 대상자가 동일한 조건에서 시험을 반복했을 때 일관된 결과가 도출되는지를 의미한다. 신뢰성이 높다는 것은 측정결과에 우연이나 오류의 개입이 적음을 의미하며, 평가도구로서 시험의 안정성과 일관성을 보장해준다. 이는 표준화된 절차와 평가자의 통일된 기준 등에 의해 확보될 수 있다.

다) 객관성(Objectivity)

평가자의 주관적 판단이 개입되지 않고 누구나 동일한 기준으로 평가할 수 있는 정도를 말

5) 오석홍, 인사행정론, 박영사, 2022, pp. 196~207.

한다. 객관성이 확보되지 않으면 채점의 일관성이 떨어지고 공정한 평가가 이루어지지 않을 수 있다. 이를 위해 평가기준을 명확히 제시하고, 채점기준과 방법을 표준화하며, 가능하면 자동화 또는 기계화된 평가도구를 활용하는 것이 바람직하다.

라) 난이도(Difficulty)

시험문제나 과제가 피시험자의 수준에 비추어 적절한 수준의 도전과제를 제공하는 정도를 의미한다. 시험문제의 난이도가 지나치게 낮거나 높으면 변별력이 떨어지고, 우수인재의 선별이 어렵게 된다. 또한 체력검사의 경우 모집 대상자의 평균적 체력수준과 직무요구수준을 고려한 난이도 조절이 필요하다.

마) 실용성(Practicality)

시험이 실제 상황에서 시행 가능하고, 시간・비용・인력 등의 자원을 고려할 때 운영이 효율적인지를 의미한다. 아무리 타당성과 신뢰성이 높더라도 실제 운영에서 과도한 비용이 발생하거나 복잡한 절차가 요구된다면 실용성이 떨어진다. 따라서, 시험은 시행이 용이하고, 수험자와 평가자 모두에게 부담이 적은 형태로 설계되어야 한다.

(2) 시험의 방법

경찰공무원의 신규채용시험은 직무에 적합한 인재를 선발하기 위하여 신체검사, 체력검사, 필기시험, 종합적성검사, 면접시험, 실기시험, 서류전형 등의 다양한 시험방법을 종합적으로 활용하여 시행된다.

다만, 경력경쟁채용시험은 예외로 하며, 시험실시권자가 직무의 특수성 등을 고려하여 필요하다고 판단하는 경우에는 일부 시험과정을 생략할 수 있다.

가) 신체검사

신체검사는 경찰업무 수행에 필요한 신체조건과 건강상태를 검정하는 것으로, 채용대상자가 일정 수준의 신체적 건강을 갖추고 있는지를 판단하는 기초 단계이다.

신체검사는 경찰관으로서 직무를 수행하기에 적합한 신체조건과 건강상태를 평가하는 중요한 절차이다. 외형적인 신체조건뿐만 아니라, 지원자가 경찰업무를 수행하는 데 필요한 기본적인 건강상태를 갖추고 있는지를 확인하는 과정이다. 구체적으로는 신장, 체중, 흉위, 시력,

청력, 색각 검사 등을 포함하며, 심혈관계, 호흡기계, 소화기계 등 주요 장기의 건강상태도 점검한다.

시력이나 청력은 현장에서의 상황판단과 대처능력에 직접적인 영향을 미칠 수 있으며, 적절한 체격조건은 경찰관이 예상치 못한 물리적 상황에 효과적으로 대처할 수 있는 능력을 의미한다.

나) 체력검사

민첩성, 지구력 등 경찰 직무수행에 요구되는 체력요소를 측정하는 시험으로, 체력적 역량이 실제 업무에 미치는 영향을 고려하여 실시된다. 단, 경우에 따라 생략될 수 있다. 체력검사는 경찰관의 직무수행에 필수적인 체력요소들을 평가하기 위해 설계된 시험이다. 다양한 체력관련 능력을 측정하여, 지원자가 경찰업무에서 요구되는 신체적 조건을 충족하는지를 확인한다. 주요 검사항목은 다음과 같다.

민첩성 경찰업무는 신속한 반응과 정확한 동작이 필요한 상황이 많다. 민첩성 검사는 빠른 방향전환, 속도, 균형감각 등을 측정하여, 긴급상황에서의 신속한 대처능력을 평가한다. 예를 들어, 장애물 달리기나 특정 동작을 반복적으로 수행하는 테스트가 이에 해당된다.

지구력 경찰관은 장시간 동안 체력을 유지하며 업무를 수행해야 하므로, 지구력은 중요한 평가요소이다. 지구력 검사는 장거리 달리기나 지속적인 운동을 통해 체력을 유지하는 능력을 평가하며, 이는 긴급 상황에서의 체력소모를 견디는 데 필요하다.

근력 현장 경찰관은 물리적인 대처와 장비운용을 위해 충분한 근력이 필요하다. 근력검사는 팔굽혀펴기, 윗몸 일으키기, 체중을 이용한 다양한 운동을 통해 상체와 하체 근력을 평가할 수 있다.

유연성 다양한 상황에서 유연한 움직임이 요구되기 때문에, 유연성도 체력검사에 포함된다. 스트레칭과 유연성 테스트는 부상 방지와 효율적인 동작 수행에 도움이 된다.

체력검사는 이와 같은 요소들을 종합적으로 평가하여 경찰관이 현장업무에서 신속하고 효과적으로 대응할 수 있는 신체적 준비가 되어 있는지를 확인하는 것이다. 합격자는 체력적으로도 경찰업무를 잘 수행할 수 있는 적합한 후보자로 간주되며, 이것은 경찰업무의 특성과 요구사항을 충족하는 데 필수적인 요소이다.

다) 필기시험

교양부문과 전문부문으로 구성되며, 교양부문은 일반적인 교양수준을, 전문부문은 직무관련 지식과 그 응용능력을 평가한다. 일반적으로 선택형과 기입형이 혼합되어 출제된다.

필기시험은 지원자의 일반교양 수준과 직무수행에 필요한 지식, 그리고 그 지식을 실제 상황에 어떻게 응용할 수 있는지를 평가한다. 과거에는 다른 유사시험에 비해 출제수준이 상대적으로 낮다는 평가를 받았으나, 최근에는 시험의 난이도와 질적인 수준이 크게 향상되었다. 경찰업무의 복잡성과 다양성이 증가함에 따라 실무에 필요한 높은 수준의 지식과 문제해결 능력을 갖춘 인재를 선발하기 위함이다.

라) 종합적성검사

종합적성검사는 경찰관으로서의 적성을 검정한다. 종합적성검사를 통하여 직무수행에 필요한 적성과 자질, 즉 인성검사・신원조사를 종합 검정하는데, 그 결과는 면접시험의 기본 자료로서 사용된다.

즉, 경찰관으로서의 적성을 종합 검정하는데, 경찰종합 인성검사・적성검사 5항목, 즉 UK 검사,[6] 일반능력검사,[7] 성격검사, 흥미검사, 범인성 검사 등이 있다. 그리고 직무적격성검사(PMAT: Police Man Aptitude Test)는 공직윤리, 정보추론, 상황판단 검사를 실시한다. 적성검사의 결과는 비점수화하지만, 면접자료로 활용된다.

마) 면접시험

면접의 의의와 목적 면접은 지원자의 인격과 성격이 지원분야에 적합한가를 파악하기 위한 것이다. 경찰관들에 의한 사건・사고의 증가로 인하여 면접에 대한 중요성과 비중이 강화되고 있다.

면접의 목적은 먼저, 경찰관으로서의 부적격자를 배제하기 위한 것이며, 보다 우수한 자원

---

6) UK 검사는 수행검사(performance test)의 한 유형으로서 수검자가 일정한 시간 동안 연속적인 덧셈 수행을 할 때 얻어지는 작업량, 작업 특성 및 작업 곡선을 기초로 하여 수검자의 능력, 흥미 및 성격 특성을 진단하는 검사이다. 일본의 임상심리학자인 유사브로 우치다(1894~1966)에 의해 처음 개발・연구되었다; 경찰청 홈페이지(https://www.police.go.kr/index.do, 검색일 2024.05.01.).

7) 일반능력검사는 언어・추리・지각력 3개 항목의 측정을 통해 여러 직업에 대한 적성의 정도를 평가한다; 경찰청 홈페이지https://www.police.go.kr/index.do, 검색일 2024.06.01.).

의 선별・확보하기 위한 것이다.

면접의 기본 자료에는 ① 인적사항, ② 신원조회 결과 사항, ③ 신용조회 결과 사항, ④ 인성・적성검사와 직무적격성 검사 결과 사항, ⑤ 이력・경력 사항 등이 있다.

면접의 기술 면접대상자의 자세는 바르게 앉는 자세가 중요하며, 바르지 못하게 앉은 자세는 감점의 요인이 된다. 면접대상자의 말투(말씨) 또한 바른 말투를 구사해야 하며, 바르지 못한 말투, 예컨대 사투리의 구사, 비존대말 등은 감점요인이 된다. 또한 질문에 대한 답변 태도는 천천히 또박 또박 대답하고 논리정연하게 정리해서 대답하며, 명료하게 대답해야 한다. 그러나 바르지 못한 태도는 질문의 내용과 다르게 대답하거나 정확하지 못한 내용을 억지로 대답하거나 거짓말을 하는 경우 감점의 요인이 된다.

면접의 형식 면접의 형식에는 개별면접과 집단면접이 있다. 첫째 개별면접은 면접대상자의 개인적 특성, 신상 등에 대한 질문과 답변의 형식으로 진행되는 면접이다. 개인별 고유한 특성을 파악하기 위한 면접이다. 개별면접의 유형에는 일대일 면접이 있다. 이것은 면접대상자 1명에 대한 면접위원 1명에 의한 면접이다. 일대다 면접은 면접대상자 1명에 대한 다수 면접위원에 의한 면접이며, 경찰공무원 공채 면접시험의 경우, 1명의 면접대상자에 대해서 보통 4명의 면접위원이 면접을 한다. 다대다 면접은 다수 면접대상자에 대한 다수 면접위원에 의한 면접이다. 다수의 면접대상자에 대해서 다수의 면접위원들이 일대일로 면접대상자에게 질문하는 방식이다.

둘째, 집단면접이다. 집단면접은 다수의 면접대상자들과 다수의 면접위원들이 함께 진행하는 면접을 말한다. 다수의 면접대상자들이 다수의 면접위원들 앞에서 하나의 주제에 대해서 개인별 의견을 발표하고, 상호 토론하는 방식이다. 종종 다수의 면접대상자와 다수의 면접위원들이 면접대상자 개인별로 일정한 주제나 문제 또는 각 개인별로 다른 주제나 문제를 가지고 질문하고, 답변하는 형식으로 진행되기도 한다.

집단면접의 방식은 먼저, 면접위원은 하나의 주제를 제시하고, 개인별 일정시간을 부여한 후 의견을 제시하도록 한다. 개인별 발표가 끝난 후 발표한 내용을 근거로 면접대상자들 간에 질문과 답변을 주고받으면서 상호 토론을 한다. 토론한 결과를 근거로 면접대상자는 개인별로 자신의 최종적인 의견을 제시한다. 면접위원들은 면접대상자들 간의 토론에 개입하지 않음을 원칙으로 한다. 다만, 토론의 내용이 주제를 벗어나거나, 면접대상자 한 명이 지나치게 많은 발언을 한다거나, 토론이 공평하지 못하다고 생각되는 경우 개입하여 이를 시정할 수 있다.

그러나 집단면접시험의 경우 위와 같은 형식이 지키지 않는 경우도 있다. 특히, 면접대상자들 간의 토론이 원활히 이루어지지 못하는 경우, 다수의 면접대상자와 다수의 면접위원들이 면접대상자 개인별로 일정한 주제나 문제에 대해서 질문하고, 답변하는 형식으로 진행되기도 한다.

바) 실기시험

실기시험은 지원자의 실제 직무수행능력, 체력, 그리고 경찰업무에 필요한 기본 기술을 종합적으로 평가한다. 실기시험은 체력과 실무능력을 중시하며, 경찰관으로서의 자질을 실질적으로 검증하는 중요한 단계로 자리 잡고 있다. 이로 인해 최근 시험은 지원자의 전반적인 능력과 자질을 더욱 철저히 평가하는 방향으로 변화하고 있다.

사) 서류전형

응시자의 자격요건, 경력사항 등을 서면으로 심사하는 방식으로 필기 및 실기시험 이전 단계에서 지원자의 기본 요건을 검토하는 역할을 한다.

(3) 시험의 절차

채용절차는 통상적으로 1차 신체검사, 2차 체력검사, 3차 선택형 필기시험, 4차 논문형 필기시험, 5차 종합적성검사, 6차 면접시험의 순서로 진행되나, 시험실시권자의 판단에 따라 순서는 조정될 수 있다. 단, 순경 및 경위 공개경쟁채용시험에서는 논문형 필기시험(제4차 시험)을 생략한다.[8)]

또한, 시험은 단계별로 운영되며, 전 단계에서 합격하지 않으면 다음 단계에 응시할 수 없다. 다만, 필요하다고 인정되는 경우, 전 단계 합격자 결정 전에 다음 단계 시험을 실시할 수 있으나, 전 단계에서 불합격한 경우에는 해당 응시결과는 무효로 처리된다.

3) 임용

시험을 거쳐 채용이 결정되면, 바로 정규공무원이 되는 것이 아니라 일정한 시보기간을 거치게 된다. 각 국가의 공무원법은 예외 없이 이러한 제도를 택하고 있다. 시보는 실무를 수습

8) 경찰공무원 임용령 제36조[시행 2025.1.31.] [대통령령 제35236호, 2025.1.31., 일부개정].

시키기 위한 훈련으로서의 의의도 있지만, 보다 근본적으로 정규공무원의 적격성이 있는가를 알아보는 과정이다.

채용시험 성적은 직무 성공을 정확하게 예시하는 것은 아니므로, 시보임용을 통하여 불완전한 시험제도를 보완하고, 직무적격성을 판정한다. 채용 후에 공무원으로서의 성공, 즉 직무성공에 필요한 모든 요소들을 모두 그리고 정확하게 측정할 수 없기 때문에 시보임용을 통하여 직무에의 적격성을 판정한다.

시보 임용된 자를 관찰하여 그 결과 직무에 대한 적응력이 충분하다고 인정될 때, 시보기간의 완료와 더불어 비로소 정규 공무원이 된다. 결국 시보제도는 채용시험과정의 일환으로서 임용의 마지막 단계이다.

경찰공무원의 임용과정을 구체적으로 살펴보면 다음과 같다.

(1) 채용후보자 명부 작성

먼저, 임용권자는 신규채용시험 합격자를 성적순으로 채용후보자 명부에 등재해야 하며, 신규임용은 이 명부의 순위에 따라 이루어진다. 다만, 신임교육을 받은 경우, 교육성적 순위를 따른다.

명부의 유효기간은 2년이며, 임용권자는 필요에 따라 1년 이내에서 연장할 수 있다. 병역복무 등으로 임용되지 못한 기간은 유효기간에 포함되지 않는다. 결원 보충 시, 다른 임용권자가 작성한 경찰공무원의 후보자 명부를 활용할 수 있으며, 이 경우 임용권자 간 협의가 필요하다.

채용후보자 명부 작성 및 운영에 필요한 사항을 정하여, 임용 적격자만 명부에 등재되고, 등재 여부는 본인에게 통지한다.

(2) 시보임용

임용권자는 신규 임용된 경찰관이 경찰관으로서의 적격성을 보유하고 있는지를 확인하고, 경찰실무를 습득하도록 일정 기간 동안 시험보직을 명한다. 시보 임용기간은 계급별로 다양하지만, 일정 기간의 시보임용을 거친다.

경정 이하의 경찰공무원을 신규채용할 때에는 1년간 시보(試補)로 임용하고, 그 기간이 만료된 다음 날에 정규 경찰공무원으로 임용한다. 휴직기간, 직위해제기간 및 징계에 의한 정직

처분 또는 감봉처분을 받은 기간은 시보임용기간에 산입하지 아니한다. 시보임용기간 중에 있는 경찰공무원이 근무성적 또는 교육훈련 성적이 불량할 때에는 면직시키거나 면직을 제청할 수 있다.9)

그러나 다음의 경우 시보임용을 거치지 아니 한다.10)

첫째, 경찰대학을 졸업한 사람 또는 경위공개경쟁채용시험 합격자로서 정하여진 교육훈련을 마친 사람을 경위로 임용하는 경우

둘째, 경찰공무원으로서 상위계급으로의 승진에 필요한 자격요건을 갖추고 임용예정계급에 상응하는 공개경쟁 채용시험에 합격한 사람을 해당 계급의 경찰공무원으로 임용하는 경우

셋째, 퇴직한 경찰공무원으로서 퇴직 시에 재직하였던 계급의 채용시험에 합격한 사람을 재임용하는 경우

넷째, 자치경찰공무원을 그 계급에 상응하는 경찰공무원으로 임용하는 경우이다.

4) 정규임용

경찰기관의 장은 시보 경찰공무원의 시보기간이 끝나기 10일 전까지 임용심사에 필요한 서류를 작성하여 임용권자 또는 임용제청권자에게 제출하고 그 산하에 설치되어 있는 정규임용심사위원회의 심사를 거치도록 한다. 임용 의결은 재적위원 2/3 이상의 출석과 출석위원 과반수의 찬성으로 결정된다.

이상에서 살펴본 채용과정을 도식화하면 [그림 2-3]과 같다.

[그림 2-3] **채용과정**

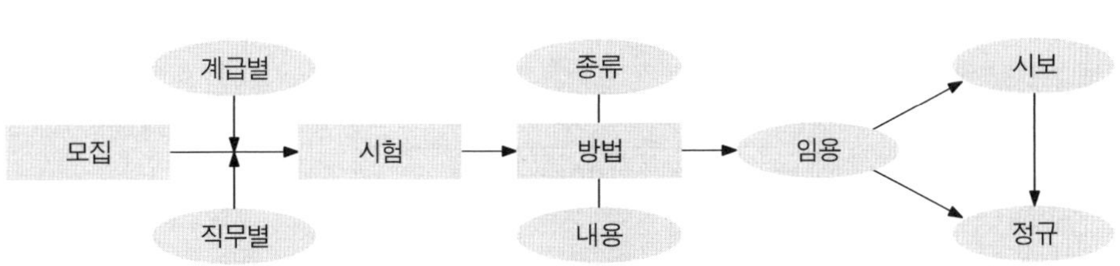

9) 시보경찰관을 면직시키거나 제청할 수 있는 요건을 보면, ① 징계사유에 해당할 때, ② 경찰교육성적이 60점 미만이거나 교육생활태도 점수가 극히 불량할 때, ③ 근무성적평정 제2평정요소의 점수가 5할에 미치지 못한 때이다(경찰대학, 전게서, 2002, p. 156).

10) 경찰공무원법[시행 2024.8.14.] [법률 제20267호, 2024.2.13., 일부개정] 제13조.

제2절

우리나라 경찰공무원의 채용제도

01. 순경 공개경쟁 채용제도

1) 모집

(1) 모집분야

순경 공채분야는 남자, 여자, 101단으로 모집한다.

〈표 2-2〉 **순경 공채분야**

분야	세부분야	비고
순경 공채	남자	1차, 2차에 걸쳐서 모집함.
	여자	
	101단	

(2) 응시자격

경찰공무원 임용에 결격사유가 되는 사람은 다음과 같다.[11]

① 대한민국 국적을 가지지 않은 사람　　② 복수국적자

11) 경찰공무원법 제8조 제2항.

③ 피성년후견인 또는 피한정후견인 ④ 파산선고 후 복권되지 않은 사람
⑤ 자격정지 이상의 형을 선고받은 사람
⑥ 자격정지 이상의 형의 선고유예 기간 중인 사람
⑦ 공무원 재직 중 직무관련 범죄로 300만 원 이상의 벌금형을 선고받고 2년이 지나지 않은 사람
⑧ 성폭력범죄로 100만 원 이상의 벌금형을 선고받고 3년이 지나지 않은 사람
⑨ 미성년자 대상 성폭력범죄나 아동·청소년 성범죄로 형이 확정된 사람
⑩ 징계로 파면 또는 해임된 사람.

경찰공무원임용령 제46조 등 시험 부정행위로 다른 법령에 의하여 응시자격이 정지 당한 자는 응시할 수 없다. 자격정지 이상의 형을 선고받은 응시자 중에서 사면·복권된 경우는 응시가 가능하다.

응시연령은 18세 이상 40세 이하이다. 다만, 군복무기간이 1년 미만은 1세, 1년 이상 2년 미만은 2세, 2년 이상은 3세 이상 각각 연장된다. 운전면허자격증은 제1종 보통운전면허 이상을 소지해야 한다.[12]

(3) 신체조건

신체조건을 살펴보면 〈표 2-3〉과 같다.[13]

〈표 2-3〉 **순경 공개채용의 신체조건**(2023년 하반기 기준)

신체조건	체격	• 국·공립병원 또는 종합병원에서 실시한 경찰공무원 채용 신체검사 및 약물(TBPE)검사결과 건강상태가 양호하고, 사지가 완전하며, 가슴·배·입·구강·내장의 질환이 없어야 함.
	시력	• 좌·우 각각 0.8 이상(교정시력 포함)
	색신	• 색신이상이 아니어야 함. 단, 국·공립병원 또는 종합병원에서 실시한 검사결과 약도색신으로 판정된 경우 응시자격 인정 ※색약 보정렌즈 사용금지(적발 시 부정행위 간주로 5년간 응시자격 제한)
	청력	• 청력이 정상(40dB 이하)이어야 함.
	혈압	• 고혈압·저혈압이 아니어야 함(확장기: 90~60mmHg, 수축기: 145~90mmHg).

12) 도로교통법 제80조.
13) 2023년 제2차 경찰공무원(순경) 공개경쟁채용시험 공고(경찰청 공고 제2023-93호); 경찰공무원 채용시험에 관한 규칙([시행 2024.8.14.] [경찰청예규 제626호, 2024.5.1., 일부개정].

2) 시험

〈표 2-4〉 **순경 공채시험 절차**

시험절차(합격결정 비율)	시험명
1차 시험(50%)	필기시험
2차 시험(25%)	신체 · 체력 · 적성 검사
3차 시험	응시자격 등 심사
4차 시험(25%)	면접시험

(1) 1차 시험(필기시험)

1차 시험은 필기시험이다. 시험과목은 능력검정시험과 필수과목이다. 능력검정시험은 한국사와 영어이며, 필수과목은 헌법(20문항 50점), 형사법(40문항 100점), 경찰학(40문항 100점)이다.

합격자를 결정하는 방법은 한국사능력검정시험과 영어능력검정시험에서 각각 기준점수 또는 기준등급 이상을 취득하고, 한국사 · 영어 과목을 제외한 나머지 과목별 만점의 40% 이상 득점자 중 고득점자 순으로 결정된다.

〈표 2-5〉 **헌법 · 형사법 · 경찰학 시험범위 및 출제비율**[14]

과목	출제비율
헌법	• 기본권 총론 · 각론 80% 내외 • 헌법총론, 한국 헌법의 기본질서 20% 내외
형사법	• 형법총론 35% 내외 • 형법각론 35% 내외 • 형사소송법 30% 내외(수사 · 증거 각 15% 내외)
경찰학	• 경찰행정법(경찰행정법의 기초, 경찰조직법, 경찰작용법, 경찰구제법 등) 35% 내외 • 경찰학의 기초이론 30% 내외 • 경찰행정학 15% 내외 • 분야별 경찰활동 15% 내외 • 한국경찰의 역사와 비교경찰 5% 내외

14) 2023년 제2차 경찰공무원(순경) 공개경쟁채용시험 공고(경찰청 공고 제2023-93호).

(2) 2차 시험(신체 · 체력 · 적성 검사)

가) 신체검사

신체검사관련 규정은 〈표 2-6〉, 〈표 2-7〉과 같다.15)

〈표 2-6〉 **경찰공무원 채용시험 신체검사 기준**(공통)16)

구분	내용 및 기준
체격	• 국립 · 공립병원 또는 종합병원에서 실시한 경찰공무원 채용시험 신체검사 및 약물검사의 결과 건강상태가 양호하고, 직무에 적합한 신체를 가져야 한다.
시력	• 시력(교정시력을 포함한다)은 양쪽 눈이 각각 0.8 이상이어야 한다.
색각 (色覺)	• 색맹 또는 적색약(赤色弱, 약도는 제외한다)이 아니어야 한다. 다만, 다음의 어느 하나에 해당하는 신규채용시험에 응시하는 사람은 색맹 또는 색약(色弱, 약도는 제외한다)이 아니어야 한다. - 영 [별표 1]에 따른 감식부분에 근무할 사람에 대한 신규채용시험 - 경찰특공대에 근무할 사람에 대한 신규채용시험
청력	• 청력이 정상[좌우 각각 40데시벨(dB) 이하의 소리를 들을 수 있는 경우를 말한다]이어야 한다.
혈압	• 고혈압[수축기 혈압이 145수은주밀리미터(mmHg)를 초과하거나 확장기혈압이 90수은주밀리미터(mmHg)를 초과하는 경우를 말한다] 또는 저혈압[수축기혈압이 90수은주밀리미터(mmHg) 미만이거나 확장기혈압이 60수은주밀리미터(mmHg) 미만인 경우를 말한다]이 아니어야 한다.
사시 (斜視)	• 복시(複視: 겹보임)가 없어야 한다. 다만, 안과전문의가 직무수행에 지장이 없다고 진단한 경우에는 그렇지 않다.
문신	• 내용 및 노출 여부에 따라 경찰공무원의 명예를 훼손할 수 있다고 판단되는 문신이 없어야 한다.

※비고
1. 위 표의 "체격" 항목 중 "약물검사," "직무에 적합한 신체"와 "문신" 항목에 대한 구체적인 기준은 경찰청장이 정한다.
2. 위 표의 "색각" 검사 시 응시자는 색각 교정기구를 사용할 수 없다.

〈표 2-7〉 **경찰채용 신체검사 세부기준**(제10조 제1항 관련)17)

평가 항목	내용	신체검사기준(불합격 판정기준)
직무에 적합한 신체	팔다리와 손 · 발가락	• 팔다리와 손 · 발가락이 강직, 절단 또는 변형된 기형으로 정형외과 전문의로부터 경찰 장비 및 장구 사용 등 직무수행에 적합하다는 진단을 받지 못한 사람
	척추만곡증 (허리 휘는 증상)	• X-RAY 촬영결과 20도 이상 허리가 기울어져 있는 자로 정형외과 전문의로부터 정상판정을 받지 못한 사람

15) 「경찰공무원임용령 시행규칙」 제34조의 2 〈별표 5〉; 「경찰공무원 채용시험에 관한 규칙」 제10조 〈별표 1〉
16) 「경찰공무원임용령 시행규칙」 경찰공무원 신규채용시험 신체검사 기준표(제34조의 2 제1항 관련)
17) 경찰공무원 채용시험에 관한 규칙[시행 2024.8.14.] [경찰청예규 제626호, 2024.5.1., 일부개정]

구분	항목		기준
직무에 적합한 신체	상지관절의 정상 여부		• 상지 3대 관절(손목 · 팔꿈치 · 어깨관절)을 앞과 위 아래로 이동시 자연스럽지 않은 사람 중 상지의 3대 관절이 불완전하거나 관절의 기능손실이 15퍼센트 이상이거나 3대 관절의 손실 합이 15퍼센트 이상으로 정형외과 전문의로부터 정상판정을 받지 못한 사람
	하지관절의 정상 여부		• 하지 3대 관절(발목 · 무릎 · 고관절)을 좌우로 돌리는 것이 자연스럽지 않은 사람 중 하지의 3대 관절이 불안전하거나 관절의 기능 손실이 15퍼센트 이상이거나 3대 관절의 손실 합이 15퍼센트 이상으로 정형외과 전문의로부터 정상판정을 받지 못한 사람
약물 검사	약물(마약류) 종류		• 필로폰(MA), 대마(THC), 케타민(Ketamine), 엑스터시(MDMA), 코카인(COC), 아편(OPI)의 검출
문신	내용	혐오성	• 사회 일반인의 기준으로 판단하여 폭력적 · 공격적이거나 공포감을 조성할 수 있는 내용
		음란성	• 사회 일반인의 기준으로 판단하여 성적 수치심을 야기할 수 있는 내용
		차별성	• 특정 인종, 종교, 성별, 국적, 정치적 신념 등에 대한 차별적 내용
		기타	• 범죄단체 상징 및 범죄를 야기 · 도발할 수 있거나 공직자로서의 직업윤리에 어긋나 경찰관의 이미지를 손상시킬 수 있는 내용
	노출 여부		• 모든 종류의 경찰제복(성하복 포함)을 착용하였을 경우 외부에 노출되어 경찰공무원의 명예를 훼손할 수 있다고 판단되는 문신(얼굴, 목, 팔, 다리 등 포함)

※비고: 위 신체검사기준(불합격 판정기준) 중에서 하나 이상 해당되는 경우에는 신체검사에 불합격한 것으로 본다.

나) 체력검사[18]

종목식 체력검사 시험종목은 윗몸일으키기, 팔굽혀펴기, 좌 · 우 악력, 100m 및 1,000m달리기이다. 다만, 어느 하나의 종목에서 1점을 취득하거나, 총점이 일정 점수(19점) 이하인 경우에는 불합격 처리된다.

순환식 체력검사 순환식 체력검사[19]는 경찰공무원의 직무수행을 반영한 체력평가로, 4.2킬로그램의 조끼를 착용하고 다음 다섯 가지 종목을 연이어 수행하여 완주시간을 측정한다.

① 장애물 코스 달리기: 매트를 넘고, 허들을 넘으며, 계단을 오르내리고, 장벽을 넘는 코스를 6회 반복하여 총 340미터를 달린다.

② 장대 허들 넘기: 엎드린 상태에서 일어나 장대를 넘고 뒤로 눕기를 3회 반복한다.

---

18) 2025년 경찰공무원 채용시험 일정등 공고(경찰청, 2025.01.02.); 2026년부터 경찰 전 채용분야에서 순환식 체력검사가 전면 시행된다.

19) 경찰공무원 임용령 시행규칙[시행 2025.1.1.] [행정안전부령 제510호, 2024.8.14., 일부개정]; 2025년 1월 1일부터 시행됨.

③ 당기기 · 밀기: 32킬로그램의 저항성 기구를 당기고 밀면서 반원을 그리며 3회 이동한다.

④ 구조하기: 72킬로그램의 모형 인형을 10.7미터 이동시킨다.

⑤ 방아쇠 당기기: 총구를 구조물의 구멍에 넣고 한 손으로 16회, 반대 손으로 15회씩 방아쇠를 당긴다.

체력검사는 완주시간에 따라 등급이 나뉘며, 4분 40초 이하가 우수, 4분 40초 초과~5분 10초 이하가 보통, 5분 10초 초과가 미흡으로 구분된다. 완주시간은 1초 단위로 기록된다.

평가방법은 우수등급이 합격, 보통 및 미흡 등급은 불합격이다. 다만, 특정성별의 합격인원이 초과될 경우, 보통등급 중 빠른 순서로 우수등급과 합산하여 합격자를 결정한다.

체력검사는 50점 만점이며, 합격 시 기본 48점을 부여한다. 무도자격증이 있으면 추가점수를 부여하는데, 2 · 3단은 1점, 4단 이상은 2점을 더한다. 인정되는 무도자격증의 종류는 경찰청장이 정한다.

다) 적성검사

적성검사는 인성검사 250문항을 30분, 적성검사 30문항을 30분으로 실시하고, 적성검사 결과는 면접위원에게 참고자료로만 제공한다.

(3) 3차 시험(응시자격 등 심사)

3차 시험은 응시자격 등 심사이다. 제출서류 검증을 통해 자격요건 등 적격성 심사를 실시한다. 응시자가 제출한 서류를 기준으로 응시자격 해당 여부를 판단하여 응시자격에 부합하는 응시자는 합격자로 결정한다.

(4) 4차 시험(면접시험)

면접시험은 각 면접위원이 평가한 점수를 합산하여 총점의 40% 이상 득점자를 합격자로 결정한다. 단, 면접위원의 과반수가 어느 하나의 평가요소에 대하여 2점 이하로 평가한 경우 불합격 처리한다. 그러나 2025년부터 면접평가요소가 기존 2개에서 5개 항목으로 변경되었다.

〈표 2-8〉 **면접평가 항목의 개선**(2025년 기준)[20]

기존(~2024년)		개선(2025년~)
• 집단면접 ① 의사발표 정확성, 논리성 및 전문지식 • 개별면접 ② 품행 · 예의, 봉사성, 정직성, 도덕성 · 준법성	→	• 개별면접 ① 상황판단, 문제해결능력 ② 의사소통능력 ③ 경찰윤리의식(공정, 사명감, 청렴성) ④ 성실성 · 책임감 ⑤ 협업 역량

그리고 기존에 실시하던 집단 · 개별면접 방식이 개선되어 개별면접으로 통합 실시되었다.

〈표 2-9〉 **개별면접시험 진행절차 흐름도**[21]

<table>
<tr><th colspan="2">면접 준비</th><th colspan="3">면접 실시</th></tr>
<tr><td rowspan="2">응시자 교육</td><td rowspan="2">①
발표준비(20분)</td><td colspan="2">②
발표면접(10분)</td><td>③
경험면접(15분)</td></tr>
<tr><td>발표</td><td>질의 · 응답</td><td>질의 · 응답</td></tr>
<tr><td></td><td>20분</td><td>3분</td><td>7분</td><td>15분</td></tr>
</table>

(5) 최종 합격자의 결정

최종 합격자의 결정은 필기시험 50%, 체력검사 25%(체력 24%+가산점 1%), 면접시험 25%의 비율로 합산하여 고득점자 순으로 결정된다. 동점자가 있는 경찰공무원 임용령 시험규칙 제37조의 순위에 따라 결정된다.[22]

---

20) 경찰청 인터넷 원서접수 홈페이지(https://public.jinhakapply.com; 검색일 2024.09.23).
21) 경찰청 인터넷 원서접수 홈페이지(https://public.jinhakapply.com; 검색일 2024.09.23).
22) 제37조는 경찰공무원 신규채용시험에서 동점자 처리 방안을 규정함.
- 필기시험에서 동점자 발생 시, 선발예정인원을 초과하더라도 동점자는 모두 합격 처리함.
- 최종 합격자 결정 시 동점자 발생 시, 순위를 매겨 우선순위자부터 합격 처리함.
- 우선순위는 다음과 같음.
  1. 취업보호대상자
  2. 필기시험 성적
  3. 면접시험 성적
  4. 체력검사 성적, 동점자 계산 방법: 소수점 이하 둘째 자리까지 계산함.

3) 임용

(1) 추가합격자 결정

최종 합격자가 임용 또는 입교를 포기할 경우, 성적 순서에 따라 추가합격자를 선발할 수 있다. 적격자가 없으면 일부만 채용하거나 채용하지 않을 수도 있다.

(2) 임용 유예

병역, 학업, 장기 요양, 임신·출산 등 부득이한 사유로 임용 유예가 가능하다.

(3) 임용절차

신임 교육 후 성적순으로 임용되며, 인력수급에 따라 임용 대기가 발생할 수 있다.

(4) 교육 및 근무 조건

신임 교육 중 적정 보수가 지급되고, 임용 후 10년간 타 시·도로 전보가 제한된다. 임용 후 2년간 기동대 또는 특별경비부서에서 근무해야 하며, 경비단 채용자는 적격 여부에 따라 101 경비단 또는 경찰서에서 근무할 수 있다.

02. 경위 공개경쟁 채용제도(경찰간부후보생)

1) 개요

경찰간부후보생 제도는 1947년 경찰의 민주화를 위해 도입된 고급 경찰간부 양성제도로, 한국 경찰사와 함께 발전해 왔다. 2019년부터는 경찰대학에서 선발 및 교육을 통합 운영하여 전문성과 국민과의 소통능력을 겸비한 인재를 양성하고 있다. 경찰간부후보생은 필기시험, 신체검사, 체력검사, 적성검사, 면접시험을 거쳐 선발되며, 1년간의 교육 후 치안현장에서 활동하게 된다.

경찰간부후보생은 교육기관에서 교육을 받으며, 1년 동안 수당과 교육에 필요한 물품을 지원받는다. 교육과정 중 수상인명구조자격증, 무도단증, 외국어 및 컴퓨터 능력 등을 습득하게 된다.

교육 수료 후 경위로 임용되어 3년 6개월 동안, 즉 지구대, 파출소에서 6개월, 경찰서 수사부서 경제팀에서 3년간 필수 현장에 보직되어 근무를 하고, 이후 적성에 따라 인사 배치된다. 필수현장보직 기간이 끝난 후 3년간 각각 세무회계 분야는 수사 · 재정 · 감사 부서에서, 사이버 분야는 사이버 · 수사 · 정보통신 부서에서 근무해야 한다.[23)]

2) 모집

(1) 모집분야

모집분야는 일반, 세무회계, 사이버 분야로 선발하고, 인원은 총 50명이다.

(2) 결격사유

첫째, 「경찰공무원법」 제8조 제2항에 해당하는 자는 결격사유에 해당한다.

둘째, 시험 부정행위이다. 「경찰공무원 임용령」 제46조 등 시험 부정행위로 인해 응시자격이 정지된 자는 결격사유에 해당한다.

셋째, 형 선고와 관련된 사항이다. 자격정지 이상의 형을 선고받은 자가 사면 · 복권된 경우 관련 증빙자료를 제출해야 응시가 가능하다.

▶▶ 참고

경찰공무원법 제8조 제2항의 결격사유

1. 대한민국 국적을 가지지 아니한 사람
2. 「국적법」 제11조의 2 제1항에 따른 복수국적자
3. 피성년후견인 또는 피한정후견인
4. 파산선고를 받고 복권되지 아니한 사람

23) 「경찰공무원 인사운영 규칙」 제32조 제1항 및 제35조.

5. 자격정지 이상의 형(刑)을 선고 받은 사람
6. 자격정지 이상의 형의 선고유예를 선고받고 그 유예기간 중에 있는 사람
7. 공무원으로 재직기간 중 직무와 관련하여 「형법」 제355조 및 제356조에 규정된 죄를 범한 자로서 300만 원 이상의 벌금형을 선고받고 그 형이 확정된 후 2년이 지나지 아니한 사람
8. 「성폭력범죄의 처벌 등에 관한 특례법」 제2조에 규정된 죄를 범한 사람으로서 100만 원 이상의 벌금형을 선고받고 그 형이 확정된 후 3년이 지나지 아니한 사람
9. 미성년자에 대한 다음 각 목의 어느 하나에 해당하는 죄를 저질러 형 또는 치료감호가 확정된 사람(집행유예를 선고받은 후 그 집행유예기간이 경과한 사람을 포함한다)
   가. 「성폭력범죄의 처벌 등에 관한 특례법」 제2조에 따른 성폭력범죄
   나. 「아동·청소년의 성보호에 관한 법률」 제2조 제2호에 따른 아동·청소년대상 성범죄
10. 징계에 의하여 파면 또는 해임처분을 받은 사람

(3) 응시연령과 병력·학력 등

응시연령은 21세 이상 40세 이하이다. 병력과 학력에 대한 제한은 없다. 제1종 운전면허 중 대형면허 또는 보통면허를 소지해야 한다.[24]

(4) 신체조건

신체조건은 〈표 2-6〉, 〈표 2-7〉과 같다.[25]

(5) 한국사·영어 검정제

한국사능력검정시험 2급 이상의 성적표를 제출해야 한다. 영어능력검정시험은 국내에서 실시된 시험으로, 필기시험 전날까지 발표된 점수만 인정된다.[26] 외국에서 실시된 시험은 TOEFL(모든 국가), TOEIC(일본), G-TELP(미국), TOSEL(베트남·미얀마) 성적만 인정된다. 유효기간이 2년인 시험의 경우 유효기간 만료 전 사전등록이 필수이다. 유효기간이 경과하고 사전등록 되지 않은 성적은 인정되지 않는다.

24) 「경찰공무원 임용령」 제39조 제4항.
25) 「경찰공무원 임용령 시행규칙」 제34조의 2 〈별표 5〉.
26) 2025년도 제74기 경위 공개경쟁채용시험 공고(경찰대학 공고 제2024-20호) 기준.

3) 시험

(1) 1차 시험(필기시험)

총 18개 과목으로 구성된 필기시험은 4지 선다형으로 과목당 40문항이다. 분야별로 공통 2과목, 필수 2과목, 선택 1과목 및 검정제 2과목이 포함되며, 총 400점 만점이다. 한국사 · 영어 과목은 별도의 시험을 치르지 않고, 한국사능력검정시험과 영어능력검정시험에서 기준점수 이상인 경우 합격한 것으로 보며, 필기시험 성적 산정에는 미반영된다.

필기시험 합격자는 한국사와 영어능력 검정시험에서 기준점수 또는 기준등급 이상을 취득하고, 나머지 과목에서 각 만점의 40% 이상, 전체 과목 총점의 60% 이상 득점한 자 중에서 성적이 높은 순서로 결정된다.[27)]

〈표 2-10〉 **필기시험 과목**

구분	일반		세무 · 회계		사이버	
	과목	배점(점)	과목	배점(점)	과목	배점(점)
공통 (2)	형사법	120	형사법	120	형사법	120
	헌법	60	헌법	60	헌법	60
필수 (2)	경찰학	120	세법개론	80	정보보호론	80
	범죄학	60	회계학	80	시스템 · 네트워크보안	80
선택 (택1)	행정법	40	상법총칙	60	데이터베이스론	60
	행정학	40	경제학	60	통신이론	60
	민법총칙	40	통계학	60	소프트웨어공학	60
			재정학	60		
검정제	한국사 · 영어					

27) 경찰공무원 임용령 제43조 제2항.

(2) 2차 시험(신체 · 체력 · 적성검사)

가) 신체검사

신체검사는 국 · 공립병원 또는 종합병원에서 발급한 '경찰공무원 채용 신체검사서'로 진행되며, 약물(TBPE) 검사도 필수로 실시된다. 합격 여부는 신체검사서, 신체검사 기준표, 신체검사 세부기준 모두를 충족한 경우 결정된다(〈표 2-6〉, 〈표 2-7〉).[28]

나) 체력검사 · 적성검사

체력검사는 순환식 체력검사로 진행되며, 완주 시간이 4분 40초 이하인 '우수 등급'이 합격 기준이다. 체력검사 응시자는 무작위로 도핑 테스트를 받아야 하며, 이는 검사 공정성을 확보하기 위한 조치이다.[29]

적성검사는 성격, 인재상, 경찰윤리 등을 평가하며, 결과는 면접 참고자료로 제공된다.

(3) 3차 시험(응시자격 등 심사)

제출서류 검증을 통해 자격요건을 심사하여 자격에 부합하는 응시자는 합격자로 결정된다. 불합격자는 개별 통보된다.

(4) 4차 시험(면접시험)

면접 합격자는 각 면접위원이 평가한 점수를 합산하여 총점의 40% 이상 득점한 자로 결정된다. 단, 면접위원의 과반수가 평가요소 중 하나를 2점 이하로 평가하면 불합격 처리된다(〈표 2-8〉 면접평가항목의 개선〈2025년 기준〉 참조).

(5) 최종 합격자 결정

최종 합격자는 필기시험 50%, 체력검사 25%, 면접시험 25%(자격증 5% 포함)의 비율로 합산하여 고득점자 순으로 결정된다. 동점자는 「경찰공무원임용령 시행규칙」 제37조의 순위에 따라 결정된다.[30]

---

28) 「경찰공무원 임용령 시행규칙」 제34조의 2와 「경찰공무원 채용시험에 관한 규칙」 제10조 제1항.
29) 「경찰공무원 임용령 시행규칙」 별표 5의 3, 제34조의 2 제2항 제2호; 순환식 체력검사 참조.
30) 주석 22) '경찰공무원 신규채용시험 동점자 처리 규정' 참조.

양성평등채용목표제는 선발예정인원이 5명 이상인 분야에 적용되며, 시험단계별로 합격예정인원에 15%를 곱해 채용목표인원을 계산한다. 동점자는 시험단계별 추가합격선에 해당하면 모두 합격자로 처리되지만, 최종 합격자는 선순위자를 우선으로 결정한다.

4) 임용

최종 합격자가 입교등록을 포기할 경우, 최종 성적 우수자 순으로 추가합격자를 결정한다. 적격자가 없으면 일부 선발하거나 미선발할 수 있다. 교육 입교 전 병역 복무, 학업, 장기요양, 임신・출산 등 사유로 임용 유예가 가능하다.

최종 합격자는 경찰대학에서 1년 교육 후 경위로 임용되며, 임용 시 근무지역은 교육성적에 따라 지정된다. 임용 후 3년 6개월 동안 필수 현장 보직, 즉 지구대 또는 파출소 6개월, 경찰서 수사부서 경제팀 3년을 수행한다.

세무회계 분야는 필수 현장 보직 종료 후 3년간 수사・재정・감사 관련 부서에서, 사이버 분야는 사이버・수사・정보통신 관련 부서에서 근무해야 한다.[31]

03. 경찰대학교 졸업과 경위 임용

경찰대학교를 졸업하면 경위로 임용된다. 경찰대학교 졸업생은 크게 신입생으로 입학하는 경우와 편입생으로 입학하는 경우가 있다. 이 두 가지 입학 경로를 통해 경찰대학교를 졸업한 사람들은 동일하게 경위로 임용되어 경찰 간부로서의 경력을 시작한다.

1) 신입생 모집

(1) 응시자격

고등학교 졸업자 또는 이에 준하는 학력 소지자는 경찰대학교에 신입생으로 입학해 4년간 교육을 받고 졸업 후 경위로 임용된다.

31) 「경찰공무원 인사운영 규칙」 제32조 제1항 및 제35조.

[그림 2-4] **경찰대학교 신입생 입학전형**32)

원서접수

일반전형 | 특별전형

1차 시험

국어	영어	수학
• 45문항(60분) • 문항별 2~3점 배점 • 출제: 독서, 문학	• 45문항(60분) • 문항별 2~3점 배점 • 출제: 영어 Ⅰ, Ⅱ • 듣기평가 미실시	• 25문항(80분) • 문항별 3~5점 배점 • 출제: 수학 Ⅰ, Ⅱ • 단답형 주관식 5문항 포함

2차 시험

신체 체력 적성 | 면접시험

최종사정

최종 (1,000점) = 1차 (200점) + 체력 (50점) + 면접 (100점) + 학생부 (150점) + 수능 (500점)

(2) 시험방법

신입생 선발 시 평가방법은 필기(20%), 체력(5%), 면접(10%), 학교생활기록부 성적(15%), 대학수학능력시험 성적(50%)으로 구성된다. 필기시험은 국어 · 영어 · 수학 과목을 평가하며, 전형은 일반전형과 특별전형(농어촌, 한마음 무궁화)으로 나뉜다.

32) 2025학년도 경찰대학 편입생 모집요강 안내, 경찰대학 홈페이지(https://www.police.ac.kr, 검색일 2024.06.13.).

2) 편입생 모집

(1) 편입생 입학 구분

경찰대학교 편입은 일반 대학에서 일정 학점을 이수한 경우와 재직 경찰관이 편입하는 경우로 나뉜다.

〈표 2-11〉 **전형 구분**(2025년 입학기준)

전형 구분	모집인원
일반대학생	25명
제직경찰관 (행정안전부 경찰청 소속 현직 경찰관)	25명
계	50명

(2) 전형 절차

가) 일반 대학생 전형

<u>전형절차</u>

① 일반 대학생 전형은 1차 시험의 경우 영어, 언어논리가 시험과목이다.
② 2차 시험의 경우 신체검사, 체력검사, 적성검사가 진행되며, 기준 미달 시 불합격 처리된다. 적성검사 결과는 면접자료로 활용된다.
③ 면접시험은 신체·체력 검사 합격자에 한해 개인별로 1일간 면접이 실시된다.

<u>응시자격</u>

① 일반대학생·재직경찰관 공통사항으로, 학력은 「고등교육법」에 따른 국내·외 학교에서 2학년(정규 4학기) 이상 수료하고 63학점 이상 취득 또는 학점은행제로 70학점 이상 취득하거나 전문대학을 졸업한 사람 및 이와 동등한 학력이 있다고 인정되는 자이다.
② 성적은 전적대학 성적 평균(백분위 점수 기준) 80점 이상이다.
③ 연령은 만 17세 이상 44세 미만이며, 군복무 기간 1년 미만은 1세, 1년 이상~2년 미만 2세, 2년 이상 3세 연장된다.
④ 국적은 대한민국 국민(대한민국 국적을 가진 사람)이다.

[그림 2-5] **경찰대학 편입생 입학전형**33)

원서접수

일반 대학생 / 재직 경찰관

1차 시험

일반대학생		재직경찰관
영어	언어논리	형사법
• 40문항(60분) • 100점 만점 • 문항별 2.5점	• 25문항(60분) • 100점 만점 • 문항별 4점	• 40문항(60분) • 100점 만점 • 문항별 2.5점

2차 시험

구분	내용
신체 · 체력 · 적성	• 신체검사 결과 기준 미달 시 불합격 • 순환식 체력검사 기준 미달 시 불합격 • 적성검사 결과는 면접자료로 활용
면접시험	• 신체 · 체력검사 합격자에 한해 조를 나누어 진행(개인별 1일) • 세부 일정은 체력검사 이후 경찰대학 홈페이지에 공지

최종사정

합산성적(100점) = 1차 시험(60점) + 체력(20점) + 면접(20점)

나) 재직 경찰관 전형

전형절차

① 1차 시험의 경우 재직경찰관 전형은 형사법이 시험과목이다.

② 2차 시험의 경우 신체검사, 체력검사, 적성검사가 진행되며, 기준 미달 시 불합격 처리된다. 적성검사 결과는 면접자료로 활용된다.

③ 면접시험은 신체 · 체력 검사 합격자에 한해 개인별로 1일간 면접이 실시된다.

33) 2025학년도 경찰대학 편입생 모집요강 안내, 경찰대학 홈페이지(https://www.police.ac.kr, 검색일 2024.06.13.).

<u>응시자격</u>

① 응시자격에서 학력, 성적, 연령 등은 일반 대학생 전형과 공통사항이다. 근무경력은 편입학 전년도 말 기준 3년 이상 근무한 자이다. 실제 근무에 종사한 기간을 의미하며, 휴직(공무상 질병휴직 제외) · 직위해제 및 징계처분 기간은 제외된다.

② 재직경찰관 전형은 징계처분 종료일로부터 1년이 경과하지 않은 경우, 최근 3년간 2회 이상 치안성과평가에서 개인 최하위 등급(C)을 받은 경우 응시가 제한된다.

(3) 최종 합격자 결정

최종 사정은 1차 시험 60점, 체력검사 20점, 면접 20점을 합산해 총 100점 만점으로 최종 합격자가 결정된다.

04. 경력경쟁 채용제도

1) 모집

경력경쟁 채용에서는 변호사, 공인회계사, 뇌파분석, 재난사고 등 다양한 전문분야의 인력을 계급별로 모집한다.

(1) 모집분야

2024년 기준 경력경쟁 채용의 모집분야와 계급은 〈표 2-12〉와 같다.[34]

〈표 2-12〉 **2024년 하반기 경찰공무원 경력경쟁채용시험 모집분야와 계급**

채용분야	변호사	공인회계사	뇌파분석	재난사고	치안R&D	경찰특공대		경찰청장기		현장감식	사이버수사	교통공학	세무회계	경찰행정
								무도	사격					
400명(계급)	19(경감)	3(경감)	2(경장)	10(경장)	3(경장)	1(경장)	45(순경)	29(순경)	3(순경)	25(순경)	60(경장)	30(순경)	20(순경)	150(순경)

34) 2024년 하반기 경찰공무원 경력경쟁채용시험공고, 2024.06.28., 경찰청.

(2) 응시자격

경력경쟁채용 대상이 될 수 없는 사람은 다음과 같다.[35)]

① 이전 재직기관에서 감봉 이상의 징계를 받은 사람

② 경찰공무원법 제30조 제1항 제2호에 따라 정년퇴직한 사람

또한, 경력경쟁채용 대상은 관련직무 분야에서 3년 이상의 근무 또는 연구경력을 가진 사람이어야 하며, 특정 기술분야의 경우 2년 이상이 필요하다.

경력경쟁채용 시 특정한 경우에는 근무경력 및 연구경력 요건을 적용하지 않을 수 있는데, 해당 경우는 다음과 같다.

① 의무경찰 복무를 마친 사람을 순경으로 임용하는 경우

② 4년제 대학의 경찰행정관련 학과에 재학 중이거나 재학했던 사람으로서 경찰행정학 전공 이수로 인정될 수 있는 과목을 45학점 이상 이수한 사람

③ 안보업무 관련자를 경장 이하의 경찰공무원으로 임용하는 경우

④ 전문지식을 가진 사람을 경찰공무원으로 임용하는 경우

〈표 2-13〉 **경찰행정학 전공 이수로 인정될 수 있는 과목**[36)]

인정 과목	
필수 이수과목	경찰학, 범죄학, 경찰수사론, 범죄예방론, 형법, 형사소송법
선택 이수과목	경찰행정학, 경찰행정법, 헌법, 민사법 및 기타법, 자치경찰론, 비교경찰론, 범죄심리학, 범죄통계학, 피해자학, 형사정책론, 연구방법론, 경찰인권론, 경찰윤리론, 경찰사회론, 경찰경무론, 경찰관리론, 경찰생활안전론, 여성범죄론, 청소년범죄론, 특수범죄론, 사이버수사론, 과학수사론, 경찰교통론, 경찰경비론, 경찰정보론, 경찰외사론, 경찰안보론, 첨단경찰론, 경찰실습, 경찰무도

※비고

1. 필수 이수과목 및 선택 이수과목의 각 과목에는 해당 과목과 유사하다고 인정되는 과목이 포함되며, 각 과목과 유사하다고 인정되는 과목은 경찰청장이 정한다.
2. 각 과목(제1호에 따른 유사 과목을 포함한다)당 인정 학점의 상한은 3학점으로 한다.

응시연령은 〈표 2-14〉와 같다.[37)]

---

35) 「경찰공무원 임용령」 제16조(경력경쟁채용 등의 요건).

36) 「경찰공무원 임용령」 제16조 제4항 제2호 관련 [별표 1의 2].

37) 「경찰공무원 임용령」 제39조 제1항 〈별표 1의 3〉.

〈표 2-14〉 **경력경쟁채용 분야별 응시 연령**

채용분야	채용계급	응시연령
변호사 · 공인회계사	경감	23세 이상 40세 이하
그 외 전 분야	경장 · 순경	20세 이상 40세 이하

※비고

1. 군복무기간 1년 미만은 1세, 1년 이상~2년 미만은 2세, 2년 이상은 3세 각각 연장
2. 군복무: 제대군인, 사회복무요원, 공중보건의사, 병역판정검사전담의사, 국제협력의사, 공익법무관, 공중방역수의사, 전문연구요원, 산업기능요원

(3) 신체요건 등

신체검사 불합격 판정기준은 〈표 2-15〉와 같다.[38]

〈표 2-15〉 **신체검사기준**

평가항목	내용		신체검사기준(불합격 판정기준)
직무에 적합한 신체	팔다리와 손 · 발가락		팔다리와 손 · 발가락이 강직, 절단 또는 변형된 기형으로 정형외과 전문의로부터 경찰 장비 및 장구 사용 등 직무수행에 적합하다는 진단을 받지 못한 사람
	척추만곡증 (허리 휘는 증상)		X-RAY 촬영 결과 20도 이상 허리가 기울어져 있는 자로, 정형외과 전문의로부터 정상판정을 받지 못한 사람
	상지관절의 정상 여부		상지 3대 관절(손목 · 팔꿈치 · 어깨관절)을 앞과 위 아래로 이동시 자연스럽지 않은 사람 중 상지의 3대 관절이 불완전하거나 관절의 기능손실이 15퍼센트 이상이거나 3대 관절의 손실 합이 15퍼센트 이상으로, 정형외과 전문의로부터 정상판정을 받지 못한 사람
	하지관절의 정상 여부		하지 3대 관절(발목 · 무릎 · 고관절)을 좌우로 돌리는 것이 자연스럽지 않은 사람 중 하지의 3대 관절이 불안전하거나 관절의 기능 손실이 15퍼센트 이상이거나 3대 관절의 손실 합이 15퍼센트 이상으로, 정형외과 전문의로부터 정상판정을 받지 못한 사람
문신	내용	혐오성	사회일반인의 기준으로 판단하여 폭력적 · 공격적이거나 공포감을 조성할 수 있는 내용
		음란성	사회 일반인의 기준으로 판단하여 성적 수치심을 야기할 수 있는 내용
		차별성	특정 인종 · 종교 · 성별 · 국적 · 정치적 신념 등에 대한 차별적 내용
		기타	범죄단체 상징 및 범죄를 야기 · 도발할 수 있거나 공직자로서의 직업윤리에 어긋나 경찰관의 이미지를 손상시킬 수 있는 내용
	노출 여부		모든 종류의 경찰 제복(성하복 포함)을 착용하였을 경우 외부에 노출되어 경찰공무원의 명예를 훼손할 수 있다고 판단되는 문신(얼굴, 목, 팔, 다리 등 포함)

38) 「경찰공무원 임용령 시행규칙」 제34조의 2와 「경찰공무원 채용시험에 관한 규칙」 제10조 제1항 〈별표 1〉.

운전면허는 제1종 보통운전면허 이상을 소지해야 하며, 허위 면허를 제출할 경우 시험이 무효화된다. 단, 경감 계급으로 채용되는 변호사 및 공인회계사 분야는 운전면허 제출이 필요 없다.

병역요건은 일반적인 응시자는 병역요건이 필요 없으나, 군 경력과 관련된 분야에 지원하는 경우 병역요건을 충족해야 한다.

2) 시험

(1) 시험의 방법

시험의 방법은 1차 시험은 서류전형과 실기시험, 그리고 필기시험으로 구분된다. 2차 시험은 신체・체력・적성검사이고, 3차 시험은 응시자격 등 심사이다. 4차 시험은 면접시험이다.

채용분야별 1차 시험, 2차 시험, 3차 시험, 4차 시험의 종류는 〈표 2-16〉과 같다.[39]

〈표 2-16〉 **채용분야별 시험의 종류**(경찰청 선발분야)

<table>
<tr><th>시험</th><th colspan="2">채용분야</th><th>시험 종류</th></tr>
<tr><td rowspan="5">1차 시험</td><td colspan="2">변호사, 공인회계사</td><td>서류전형</td></tr>
<tr><td colspan="2">뇌파분석, 재난사고, 치안 R & D, 현장감식</td><td>구술실기</td></tr>
<tr><td colspan="2">경찰특공대</td><td>실기시험</td></tr>
<tr><td rowspan="2">경찰청장기</td><td>무도</td><td rowspan="2">실기시험</td></tr>
<tr><td>사격</td></tr>
<tr><td rowspan="4">2차 시험</td><td colspan="2">변호사, 공인회계사
뇌파분석, 재난사고
치안 R & D, 현장감식</td><td>신체・체력・적성검사</td></tr>
<tr><td colspan="2" rowspan="2">경찰특공대</td><td>필기시험</td></tr>
<tr><td>신체・적성검사</td></tr>
<tr><td colspan="2">경찰청장기, 무도・사격</td><td>신체・적성검사</td></tr>
<tr><td>3차 시험</td><td colspan="2">전 분야</td><td>응시자격 등 심사</td></tr>
<tr><td>4차 시험</td><td colspan="2">전 분야</td><td>면접시험</td></tr>
</table>

39) 2024년 하반기 경찰공무원 경력경쟁채용시험공고, 2024.06.28., 경찰청.

〈표 2-17〉 **채용분야별 시험의 종류**(시 · 도경찰청 선발분야)

시험절차	채용분야	시험 종류
1차 시험	경찰행정	필기시험 (출제: 경찰청, 진행: 시도청)
	사이버수사, 교통공학, 세무회계	
2차 시험	경찰행정, 사이버수사, 교통공학, 세무회계	신체 · 체력 · 적성검사
3차 시험	경찰행정, 사이버수사, 교통공학, 세무회계	응시자격 등 심사
4차 시험	경찰행정, 사이버수사, 교통공학, 세무회계	면접시험

필기시험의 경우 채용분야별 시험방법은 〈표 2-18〉과 같다.[40]

〈표 2-18〉 **채용분야별 시험방법**

시험유형	채용분야	시험방법
필기시험 (과락: 총점의 60% 미만)	사이버수사 (경장)	• 필수과목(2): 정보보호론(20문제), 시스템네트워크보안(20문제) • 선택과목(1): 데이터베이스론, 정보보안관리 및 법규, 디지털포렌식개론(각 20문제)
	교통공학	• 필수과목(2): 경찰교통론(20문제), 교통공학원론(20문제)
	세무회계	• 필수과목(2): 형법(20문제), 형사소송법(20문제)
	경찰행정	• 능력검정시험으로 대체: 영어 • 필수과목(3): 형사법(40문제), 경찰학(40문제), 범죄학(20문제)
	경찰특공대	• 과목(3): 형법(20문제), 형사소송법(20문제), 경찰학(20문제)

(2) 합격자의 결정

채용분야별 최종 합격자의 결정은 〈표 2-19〉와 같다.[41]

40) 2024년 하반기 경찰공무원 경력경쟁채용시험공고, 2024.06.28., 경찰청.
41) 상게 공고문.

〈표 2-19〉 **채용분야별 최종 합격자의 결정**

채용분야	최종 합격자 결정
변호사 공인회계사	면접시험 합격자 중에서 체력검사 성적 25%, 면접시험 성적 75%의 비율로 합산하여 고득점자 순으로 결정
뇌파분석 재난사고 치안 R&D 현장감식	면접시험 합격자 중에서 실기시험 성적 50%, 체력검사 성적 25%, 면접시험 성적 25%의 비율로 합산하여 고득점자 순으로 결정
경찰특공대	면접시험 합격자 중에서 실기시험 성적 45%, 필기시험 성적 30%, 면접시험 성적 25%의 비율로 합산하여 고득점자 순으로 결정
경찰청장기 무도·사격	면접시험 합격자 중에서 실기시험(대회) 성적 75%, 면접시험 성적 25%의 비율로 합산하여 고득점자 순으로 결정
사이버수사 교통공학 세무회계 경찰행정	면접시험 합격자 중에서 필기시험 성적 50%, 체력검사 성적 25%, 면접시험 성적 25%의 비율로 합산하여 고득점자 순으로 결정

3) 임용

최종 합격자가 입교를 포기할 경우 성적순으로 추가합격자를 선발할 수 있으며, 적격자가 없을 경우 채용을 일부만 하거나 아예 하지 않을 수 있다.

일부 채용인원은 입교 대기자가 될 수 있으며, 임용 시 인력수급에 따라 대기상태가 발생할 수 있다. 신임교육 전 병역, 학업, 질병, 임신·출산 등 부득이한 사유로 임용유예가 가능하다.

최초 임용 후 10년간 전보가 제한되며, 단 변호사 채용분야는 5년간 전보를 제한한다. 통합 선발 분야는 교육성적에 따라 시·도경찰청 배정이 결정되며, 임용유예나 채용인원 미달 시 일부 지역에 미배치될 수 있다.

제3절

우리나라 경찰공무원 채용제도의 특징과 개선방향

01. 모집

1) 채용규모

2013년 이후 치안인력의 확대에 따라 경찰공무원 채용규모가 지속적으로 증가해 왔다. 2015년에는 약 7천여 명을 선발하며 대규모 채용이 이루어졌다. 그러나 2016년과 2017년에는 국가 예산문제로 인해 채용인원이 4천 명 미만으로 줄어들었다.

2018년에는 추가경정예산을 통해 7천 명 이상을 선발하였고, 2019년에는 채용인원이 3,706명으로 다시 줄어들었다. 하지만 2020년에는 채용인원이 5,825명으로 증가하여 수험생들에게 대규모 채용기회를 제공했다.[42]

채용규모의 변화는 경찰력 충원의 필요성에 따라 결정되며, 전투경찰 및 의무경찰의 폐지와 증가하는 치안수요를 충족하기 위해 인력충원이 이루어지고 있다.

42) 박상진, "경찰공무원 채용제도 인식 및 시사점 연구: 수험생을 중심으로," 한국경찰학회보, 제22권, 제1호, 한국경찰학회, 2020, pp. 39~63 참조.

2) 여자경찰관 채용목표제

현대사회에서는 여성의 사회적 지위가 향상되고 사회진출기회가 확대됨에 따라 여성의 사회적 역할이 크게 증가하고 있다. 이러한 변화는 다양한 직업분야에 걸쳐 여성의 참여를 확대하고 있다.

특히, 경찰분야에서도 여자경찰관의 역할이 점점 중요해지고 있으며, 이를 반영하여 2005년부터 '여자경찰관 채용목표제'가 시행되고 있다. 이 제도에 따라 매년 전체 경찰관 충원인력의 20~30%를 여자경찰관으로 선발하도록 목표를 설정하고 있다.[43)]

이러한 정책추진은 성별에 관계없이 공정한 채용기회를 제공하고, 경찰조직 내에서 여성의 참여를 늘리기 위한 노력의 일환이다.

3) 경력경쟁 채용

일정한 전문적 자격요건을 갖춘 분야별 경력경쟁채용과 경찰행정 경력경쟁채용이 강조되고 있다. 이러한 채용방식은 전문적인 지식과 직업의식을 갖춘 인재를 경찰공무원으로 선발하여 우수한 경찰인력을 확보하려는 것이다.

특정 분야에서의 전문성을 가진 경력자나 경찰행정에 대한 경험이 있는 인재를 채용함으로써 경찰조직의 필요 역량과 자질을 충족시키고 있다. 이를 통해 경찰조직의 효율성과 전문성을 높이고 있다.[44)]

4) 응시자격

응시자격의 특징으로 입직기회를 보다 넓히기 위해 연령과 신체조건 등의 기준을 완화한 것이다. 이러한 완화는 더 많은 사람들이 경찰공무원 채용에 응시할 수 있도록 한다. 특히, 군복무를 마친 사람들에게는 응시연령을 연장하여 군복무로 인해 시험준비기간이 부족한 점을 고려하고 있다.

그러나 수험생들이 혼란을 겪지 않도록 하기 위해 응시자격이나 가산점에 대한 자격취득요

43) 장기현, "한국 여자경찰의 직무역할 제고 및 확대방안에 관한 연구," 한국경찰연구학회 · 국가위기관리학회 · 한국치안행정학회 · 한국민간경비학회 공동학술대회 자료집, 2015, pp. 235~253.
44) 최응렬 · 박상진 · 김연수, 경찰행정 경력경쟁채용제도개선에 관한 연구, 서울: 경찰청, 2017.

건을 통일할 필요가 있다. 모든 응시자들이 동일한 기준에 따라 평가받을 수 있도록 자격요건을 일관되게 실정해야 한다. 이것은 채용과정의 공정성을 높이고, 응시자들에게 명확한 기준을 제공해줄 것이다.[45]

02. 시험

1) 체력시험의 비중

경찰공무원의 업무는 범죄예방, 수사, 진압 등 다양한 분야를 포함하며, 이들 업무를 효과적으로 수행하기 위해서는 강인한 체력이 필수적이다. 경찰관이 신체적으로 뛰어난 능력, 즉 근력, 지구력, 민첩성을 갖추어야 하므로 체력검사를 통해 이러한 신체적 자원을 선발하는 것이 중요하다. 이에 체력시험의 불합격 기준이 강화되었으며, 체력시험에서 일정 수준에 미치지 못하는 응시자는 불합격 처리된다.

한편, 체력시험의 중요성을 반영하여 체력시험의 배점비중을 확대할 필요가 있다. 체력검사의 결과가 채용에 더 큰 영향을 미치도록 하여, 신체적으로 준비된 인재를 선발하는 것이 필요하다.[46]

2) 사전조사서의 활용성

현재 시행 중인 사전조사서의 활용성에 대한 인식이 높지 않다. 즉, 사전조사서가 채용과정에서 충분히 활용되지 않고 있거나 그 중요성이 제대로 반영되지 않고 있다. 따라서, 사전조사서의 내용을 보다 구조화하고 체계적으로 만들어야 한다. 다양한 질문을 통해 응시자의 과거 행동사례를 조사하고, 이를 바탕으로 미래의 행동과 성향을 예측할 수 있는 방식으로 구성하도록 해야 한다.

사전조사서는 면접시험단계에서 적극적으로 활용되어야 하며, 이를 통해 사전조사서의 활

45) 박상진, 전게논문, 2020 참조.
46) 배철수 · 박동균, "한국 경찰공무원 채용시험제도의 개선방안," 자치경찰연구, 5(1), 2012, pp. 40~74.

용성을 높여나가야 한다. 사전조사서가 단순한 형식적인 절차가 아닌 채용과정에서 실질적으로 중요한 역할을 하도록 만들어야 한다.[47]

3) 면접시험의 신뢰성 확보 필요

경찰업무의 특성상 정서적으로 안정되고, 대인기술(interpersonal skill), 공감능력(empathy), 그리고 실용지능(practical intelligence)을 갖춘 인재를 선발하는 것이 중요하다. 이러한 능력들은 면접시험을 통해 측정될 수 있다. 경찰관은 다양한 상황에서 사람들과 소통하고 문제를 해결해야 하므로, 이러한 능력들이 필수적이다.[48]

그러나 현재의 면접시험은 경찰공무원 채용시험의 전 과정 중에서 신뢰성이 가장 낮다는 문제점이 있다. 그 주요 원인으로는 다음과 같은 세 가지가 있다.

첫째, 한정된 짧은 시간이다. 면접 시간이 너무 짧아 피면접자의 능력을 충분히 평가하기 어렵다.

둘째, 기본적인 기초자료의 부족이다. 면접에서 피면접자의 성향이나 배경에 대한 충분한 자료가 제공되지 않아 평가가 어렵다.

셋째, 형식적인 질문 문항이다. 면접에서 질문이 형식적이고, 피면접자의 깊이 있는 평가가 이루어지지 않는다.

이와 같은 문제를 해결하기 위해 경찰관 채용의 목표를 지성, 체력, 그리고 인성의 검증으로 하며, 특히 경찰관으로서의 인성이 중요한 판단요소가 되어야 한다.

또한 우수한 면접위원을 선발하여 다양한 질문지를 구성하고, 충분한 면접시간을 제공해야 한다. 또한, 피면접자의 품행, 봉사성, 정직성, 성실성, 발전가능성, 인성 등을 평가하기 위해 충분한 기초자료를 제공해야 한다.

이를 통해 면접시험의 신뢰성을 높이고, 경찰관으로서 필요한 인재를 보다 정확하게 선발하도록 해야 한다.

---

47) 임창호, "경찰관 채용시험제도의 효과성 인식에 관한 연구," 경찰학논총, 9(3), 2014, pp. 35~69.
48) 박상진, 전게논문, 2020.

4) 적성검사의 신뢰성 강화 필요

경찰업무의 특성상 비정기적이고 예측할 수 없는 상황에 자주 직면하며, 심리적으로 긴장된 상태에서 국민과 밀접하게 접촉하게 된다. 이 과정에서 직권남용이나 유혹의 기회를 접할 수 있는 상황이 많기 때문에, 심리적으로 부적응하거나 유혹에 약한 사람을 선별하여 배제하는 것이 중요하다. 이를 위해 적성검사가 필수적이다.

현재 적성검사의 신뢰성과 정당성이 높게 평가되지만, 그 중요성에 대한 인식은 낮은 상황이다. 이는 적성검사 결과가 점수로 반영되지 않고, 면접 시 참고 자료로만 활용되기 때문이다. 즉, 적성검사가 단순한 참고 자료로만 사용되면서 그 중요성이 떨어진다는 인식이 형성된 것이다.

따라서, 적성검사 결과를 통해 심층면접 대상자를 명확하게 구분할 수 있도록 해야 한다. 다양한 문항을 포함한 검사지를 개발하고, 같은 형태의 검사를 반복하지 않도록 해야 한다. 또한, 질문지가 외부로 유출되어 사전에 연습할 수 없도록 철저히 관리해야 한다.[49]

요컨대, 적성검사의 신뢰성과 중요성을 높이고, 경찰공무원으로서 적합한 인재를 선별할 수 있도록 해야 한다.

03. 임용

1) 최종 합격자 평가비율

현재 경찰공무원 채용에서 우수한 인재를 선발하기 위해 지성, 체력, 인성이라는 3가지 대표적인 요소가 평가된다. 이러한 요소들은 필기시험, 체력검사, 면접시험에서 각각 측정된다.

2011년 2차 시험 이후, 공개경쟁채용의 경우 체력과 인성의 중요성을 반영하기 위해 필기시험 50%, 체력검사 25%, 면접(가산점 포함) 25%의 비율로 합산하여 최종 합격자를 결정하는 방식이 채택되었다. 즉, 필기시험이 전체 평가에서 절반을 차지하며, 체력검사와 면접이

49) 배철수・박동균, 전게논문, 2012.

나머지 절반인 각각 25%씩 차지하고 있다. 물론 경력경쟁 채용의 경우는 채용분야에 따라 반영비율이 차이가 있다.

그러나 이 반영비율에 대한 개선의 필요성이 있다. 특히, 체력과 인성의 중요성을 더욱 강조하기 위해 현재의 비율보다 이들 요소의 반영비율을 높여야 한다. 구체적으로는 필기시험의 비중을 낮추고 체력검사와 면접의 비중을 높이는 것이다. 이러한 조정은 경찰업무의 특성상 체력과 인성이 중요한 요소임을 반영하여, 더 적합한 인재를 선발하기 위한 것이다.[50)]

미국의 경우를 보면, 필기시험 성적은 다음 시험단계를 치를 수 있는 자격만을 부여하고 있다. 실제로 뉴욕 경찰의 경우 필기시험에 합격한 지원자 4명 중 최종 합격자는 1명 정도 합격한다.

플로리다주 포트 로더데일(Fort Lauderdale) 경찰기관의 경찰 채용과정에서 영역별 반영비율을 보면 다음과 같다.[51)]

① 필기시험: 최종 점수 중 40%
② 신체적 민첩성 검사: Pass / Fail
③ 구두면접: 최종 점수 중 60%
④ 거짓말탐지기 검사: Pass / Fail
⑤ 최종 배경조사: Pass / Fail
⑥ 심리검사: Pass / Fail
⑦ 약물검사를 포함한 의료검사: Pass / Fail
⑧ 수영검사: Pass / Fail

위의 반영비율에서도 보는 것처럼 필기시험이 최종합격 여부를 결정하는 데 큰 영향을 미치지 않는다.

우리나라의 경우도 최종 합격자 결정 시 영역별 반영비율에서 필기시험 성적비율을 줄이고, 면접과 체력검사 등의 비율을 점차 높여야 한다.

50) 박상진, 전게논문, 2020.
51) 임창호, 전게논문, 2014.

2) 양성평등 채용목표제

'양성평등 채용목표제'는 경찰공무원 채용에서 성별 간의 평등을 도모하기 위해 시행된 제도이다. 이 제도는 채용과정에서 특정 성별이 과도하게 불리하거나 유리하지 않도록 조정하는 역할을 한다.

채용목표 비율은 15%로 설정되어 있다. 시험실시 단계별로 합격예정인원을 계산할 때, 해당 단계에서의 합격예정인원에 15%를 곱한 수가 채용목표인원이 된다. 이 계산에서 나온 인원수는 소수점 첫째 자리에서 반올림하여 최종 채용목표인원이 결정된다. 성별 간의 형평성을 유지하며 채용이 이루어지도록 규정하고 있다.[52)]

이러한 정책을 통해 전체 경찰관 중 여자경찰관의 비율을 10%로 확충하는 것을 목표로 하고 있다.

3) 시보임용의 면제

현행 경찰공무원법 상 경찰대학 출신 경위와 간부후보 출신 경위는 시보기간이 면제된다. 또한 퇴직한 경찰공무원이 퇴직 당시의 계급에 복직하는 경우에는 시보기간이 면제된다.

시보임용은 신규 임용된 경찰관이 경찰관으로서의 적격성을 보유하고 있는지를 확인하기 위한 것이며, 경찰실무를 일정기간 동안 습득하기 위한 목적으로 시험보직을 명하고 있다. 따라서, 시보기간 동안에 경찰관으로서의 자세, 전문지식과 응용능력, 기타 창의력 · 의지력 · 발전가능성 등을 평가하고 경찰조직에의 적응기간을 주는 것이다.

일반적으로 시험보직(probation)이란 새로운 직원이 정규직으로 적합한지 평가하는 시험기간을 의미한다. 실무적인 능력을 습득하는 목적도 있지만, 새로운 직장에서 근무하는 것에 대한 적응 정도, 적성, 직업에 대한 만족 등을 종합적으로 관찰하는 목적도 있다. 이러한 목적에 부합되도록 시보기간을 운용하여야 한다.

따라서, 누구나 시보임용 기간이 필요함에도 불구하고 시보 기간을 면제하는 것은 검토되어야 한다. 물론 간부후보생의 경우, 교육훈련 기간 중에 실제 현장에서 업무를 수행하도록 하지만, 경찰 업무와 특성을 이해하는 데 부족한 측면이 있다. 또한 경찰관으로서 적성에 맞

---

52) 경찰공무원임용령 제43조의 3, 경찰공무원 채용시험에 관한 규칙 제3조의 2 및 제24조의 2.

는가 등에 대한 것도 판단하여야 한다. 경찰대학 출신 경위의 경우도 학기 중 실습기간이 있긴 하지만 그것만으로 현장적응에 어려움이 있다.

따라서, 경찰대학 출신과 간부후보생에 대한 시보임용을 통하여 현장적응능력을 높이고, 경찰관으로서의 적격성을 확인하기 위한 평가가 강화되어야 한다. 시험제도를 통하여 선발되었더라도 경찰관으로서의 적격성 보유를 확인하기에는 부족하므로 시보임용기간을 두고, 그 기간 동안 평가를 통하여 이를 보완해야 한다.

4) 특별채용 영역의 전문화 필요

특별채용이란 공채에 의한 채용이 부적당하거나 곤란한 경우 또는 특별한 자격을 가지고 있는 사람을 특별채용을 통하여 임용하는 제도이다. 현재 공채시험을 통하지 않고 전문적 지식과 기술을 가진 자를 채용하는 특별채용이 경력경쟁채용이라는 명칭으로 확대되고 있다. 경찰의 전문성을 높이고, 교육훈련의 부담을 줄이기 위해서 필요하다.

경찰공무원 특채의 조건은 임용예정직에 상응한 근무실적 또는 연구실적이 있거나 전문지식을 가진 자이다. 실제로 전문성을 근거로 특채되도록 신중히 운용되어야 한다. 인력조달의 융통성과 전문 고급인력의 확보 등 공개채용에 의한 임용으로 얻을 수 없는 많은 이점이 있다. 일반행정직 공무원의 경우, 고위직에 외부전문가를 임용하는 개방형 직위제도를 실시하고 있음을 비추어볼 때 경찰조직에도 이와 같은 제도의 확대가 필요하다.

그러나 공무원 채용에 있어서 개방형이든 폐쇄형이든 각기 장・단점이 있을 수 있다. 철저한 계급사회인 경찰조직에서 충원구조를 개방형에 그 근거를 둔다면 조직의 통합성을 해치고 위화감을 조장하는 단점도 있다. 철저한 직무분석을 통해서 그 직위가 가지는 전문지식이나 특별한 능력의 요구에 따라 충원이 이루어지는 직위분류제가 정착되어 있다면 개방형은 장점이 있다.

전통적으로 계급제에 의해서 움직이는 경찰조직의 성향에서 볼 때, 또한 경과제도 자체도 합리적으로 분화되어 있지 않은 상황에서 개방형의 채택은 조직의 발전은 물론이고, 조직구성원인 경찰공무원의 사기를 저하시켜 조직의 효과성을 낮게 하는 원인이 되기도 한다. 따라서, 특별채용의 이점을 살리면서 신중한 운용이 필요하다.

제3장

경찰공무원의 교육훈련제도

본질적으로 인간은 완벽할 수 없으며, 비록 일정한 상황 하에서 완벽하다 할지라도 장기적으로 변동되는 모든 미래상황에 대처할 수 있는 능력을 갖춘 사람은 없다. 그래서 인간은 의식적인 노력을 통하여 자신의 능력을 개발해야 하며, 개인의 능력 발전은 자신은 물론 개인이 속해 있는 조직을 위해서도 바람직하다. 이것이 교육훈련을 실시해야 하는 당위성이다.

따라서, 교육훈련은 직무수행에 필요한 지식 및 기술을 주입하거나 직무수행에 적합한 태도 및 가치관을 가지도록 개인을 발전시키는 기능을 수행한다. 즉, 교육훈련은 경찰관으로 하여금 직무지식과 기술을 함양하고 가치관을 정립하여 경찰업무를 원활히 처리하는 것은 물론이고, 경찰관 개인의 능력과 경력발전을 도모하려는 것이다. 교육훈련을 통하여 경찰지식과 가치의 학습이 이루어지고, 관리에 있어서나 업무수행에 있어서 효율성을 높일 수 있다.

또한 경찰관이 과거의 교육훈련과 경험 또는 능력이 현재의 직책이 요구하는 지식과 기술에 미달할 때에는 이에 능률적으로 대처하기 위하여 새로운 지식과 기술 및 관리기법을 습득하여 활용할 수 있는 교육훈련이 필요하다. 결국 쇄신적이고 창조적인 엘리트가 사회발전의 역군으로서 국가발전과 안정에 구심점 역할을 담당해야 하므로 관리능력을 가진 경찰 엘리트의 계속적인 확보를 위해서도 교육훈련은 반드시 필요하다.

▶▶ 참고

숲속 학교 우화를 통해 본 교육의 본질

옛날 어느 숲속에 다람쥐, 토끼, 두더지가 함께 다니는 학교가 있었다. 이 학교에서는 학생들에게 세 가지 과목을 가르쳤다. 그것은 나무타기, 굴파기, 달리기였다. 학교는 모든 동물들에게 이 세 과목을 똑같이 가르치고, 동일한 기준으로 평가하며 시험을 치르게 했다.

그러나 교육이 진행될수록 학교는 이상한 문제에 부딪혔다. 아무리 열심히 가르쳐도 성적의 향상은 거의 없었고, 항상 같은 동물들이 특정 과목에서만 우수한 결과를 보였다. 예를 들어, 나무타기는 다람쥐가 항상 1등, 굴파기는 두더지가 탁월한 능력을 보였고, 달리기는 토끼가 단연 앞섰다.

이러한 결과는 아무리 동일한 교육을 반복해도 바뀌지 않았다. 오히려 동물들은 자신이 잘하지 못하는 과목에서 스트레스를 받고, 좌절하고, 자신감을 잃어갔다. 학교는 고민 끝에 교육방식을 근본적으로 바꾸기로 결정했다.

이에 학교당국은 기존의 하나의 학교를 세 개로 나누었다. 각각 동물의 특성과 잠재력에 맞춘 전문화된 교육기관을 세운 것이다. 나무타기 학교는 다람쥐 전용으로, 나무를 타는 능력을 더욱 정교하고 다양하게 발전시키는 교육을 실시하였다. 굴파기 학교는 두더지만 입학하여, 지하 굴을 더 빠르고 효율적으로 파는 법, 복잡한 지형을 인식하는 능력을 교육하였다. 달리기 학교는 토끼를 위한 곳으로, 속도와 체력을 극대화하며, 장애물 경주, 전략적 출발법 등 보다 고차원적인 달리기 훈련이 이루어졌다.

그 결과는 놀라웠다. 각 동물은 자신이 본래 가지고 있던 고유한 능력과 자질을 인정받고, 그에 맞는 교육을 받으면서 놀라운 성장과 발전을 보이기 시작했다. 다람쥐는 이전보다 훨씬 더 빠르고 복잡한 나무 동작을 소화했고, 두더지는 효율적인 굴 시스템을 만들어 숲속의 환경을 개선했으며, 토끼는 민첩성과 전략을 익혀 공동체의 전달자로 활약하게 되었다.

이 우화가 주는 교훈은 교육의 본질은 획일이 아니라 개인의 잠재력 실현이다. 진정한 교육이란 모든 인간에게 똑같은 능력을 기대하며 동일한 방식으로 가르치는 것이 아니다. 교육은 각자가 타고난 고유한 재능과 잠재력을 발견하고, 이를 계발하도록 돕는 과정이어야 한다.

토끼에게 나무타기를 강요하는 교육은 실패할 수밖에 없다. 오히려 토끼는 뛰는 법을, 그것도 더 잘 뛰는 법을 배워야 한다. 다람쥐에게 달리기를 억지로 시키는 대신, 나무를 자유자재로 오르내릴 수 있도록 돕는 것이 올바른 교육이다. 두더지에게 지상에서의 활동만을 강조하기보다 굴을 파고 지하 환경을 탐험하는 능력을 발전시켜야 한다.

교육은 모두를 똑같이 만들려는 것이 아니라, 모두가 자기답게 성장할 수 있도록 돕는 것이다. 서로 다른 출발선에서 출발하고, 서로 다른 방식으로 배우며, 다른 목표를 향해 나아가야 한다. 따라서, 교육은 인간의 개성과 재능을 발견하고, 그 가능성을 꽃피우는 안내자이자 촉진자가 되어야 한다.

결론적으로 교육의 본질은 '획일화'가 아니라 '다양성의 존중과 잠재력의 실현'이다. 모든 인간은 저마다 다른 씨앗을 가지고 태어난다. 교육은 그 씨앗이 어떤 꽃을 피울 수 있는지를 발견하고, 그것이 온전히 꽃피우도록 도와주는 일이다.

제1절

교육훈련제도의 이론적 배경

01. 교육훈련의 필요성

교육훈련은 조직목적의 달성에 효과적으로 기여하도록 개인의 능력을 개발한다. 즉, 직무수행에 필요한 지식 · 기술을 주입하거나 또는 직무수행에 적합한 태도 및 가치관을 가지도록 개인을 변화시킨다. 그리고 자기 능력을 최대한으로 개발하여 그것을 십분 활용하여 자기실현 욕구를 충족시킨다.

이러한 교육훈련의 필요성에 대해서 학자들 간 다양한 의견이 제시되고 있다. 특히, 선진국에서 재직자훈련에 대한 태도는 일반적으로 소극적이었다. 그 이유는 실적주의 체제하에서 이미 공직수행에 필요한 자격이 있는 사람이 채용되었기 때문에 훈련을 시킬 필요가 없다는 것이다. 또 훈련을 시킨다는 것은 쓸데없는 낭비이거나 신규채용이 잘못되었다는 증거라고 간주할 수 있다는 것이다.[1)]

그러나 이러한 견해는 받아들이기 어려운 측면이 있다. 교육훈련의 필요성을 살펴보면 다음과 같다.

첫째, 오늘날 행정조직이든 경찰조직이든 간에 업무의 복잡성으로 업무에 필요한 능력을 이미 가지고 있는 사람을 임용한다는 것은 불가능하다. 또한 같은 직급 또는 계급에 속하는

1) O. Glenn Stahl, *Public Personnel Administration*, New York: Harper & Row, 1976, p. 226.

직위라 할지라도 그 구체적인 내용에 있어서 차이가 있다. 그래서 경찰공무원을 특정 직위에 새로 배치할 때 그 직위에 적응시키는 훈련이 필요하다.

둘째, 행정기관이나 경찰기관의 업무 및 정책은 고정화된 정태적인 것이 아니고 입법 등에 의하여 개편 · 수정 · 변화되는 유동적이다. 이러한 변화에 능동적으로 적응하기 위해서 체계적이고 질서 있는 훈련이 필요하다.

셋째, 사회적 환경의 변화에 따라 행정의 여러 전문분야에 있어서 기술이나 지식이 크게 바뀌어 가고 있다. 따라서, 행정 각 분야의 전문가들로 하여금 이러한 새로운 지식이나 기술을 습득하게 하여 그것을 십분 활용하게 하는 훈련은 계속적으로 이루어져야 한다.

넷째, 경찰 · 소방 · 세무 등의 업무는 공공조직에만 고유한 업무영역이므로 이러한 직업에 대한 전문적인 교육은 일반 교육기관이나 사기업체에서 할 수 없기 때문에 훈련이 불가피하다.

다섯째, 경찰공무원은 경찰기관의 목적과 기능 그리고 그 기관 내의 여러 조직 단위 간의 상호관계 등에 대하여 충분히 알아야 한다. 이러한 지식은 스스로 우연하게 또는 단편적으로 얻을 수도 있겠지만, 훈련을 통하여 보다 체계적으로 얻는 것이 효과적이므로 교육훈련이 필요하다.

따라서, 교육훈련은 조직에 대한 경찰공무원의 유용성을 높일 뿐만 아니라 공무원 개인적으로도 가치가 있다.

02. 훈련방법의 결정요소

교육훈련의 방법은 다양하다. 이러한 다양한 방법 중에서 어떤 방법을 채택할 것인가, 다음의 몇 가지 요소를 고려하여 결정해야 한다.[2)]

2) Felix A. Nigro & Lloyd G. Nigro, *The New Public Personnel Administration*, Itasca, Ⅲ.: P.E. Peacock, 1994, p. 366.

1) 교육훈련의 목적

교육훈련의 목적은 여러 가지로 분류된다. 요컨대, 교육훈련을 실시하는 궁극적인 목적으로 직무에 관한 지식과 기술의 향상, 태도의 교정 등이 있다.

따라서, 훈련방법의 채택에 있어서 이러한 세 가지의 목적에 비추어 각 목적을 효과적으로 달성할 수 있는 방법을 채택해야 한다. 일반적으로 지식의 향상을 위해서 강의・토의・사례연구・시찰 등의 훈련방법이 효과적이고, 기술의 향상은 견습・순회직무실습・시범 등의 방법이 효과적이며, 태도의 교정은 연기・토의・영화・사례연구 등의 방법이 효과적이다.[3)]

2) 피교육자의 특성

교육훈련방법의 채택에 있어서 피교육자의 연령, 교육수준의 차이, 지식 정도 등을 고려하여 적합한 교육훈련의 방법을 결정해야 한다. 예를 들면, 그 분야에 대한 기초적인 지식이 전혀 없는 피교육자에게 전문적인 교육을 실시하는 것은 부적당하다.

3) 이용 가능한 시설과 자료

교육훈련에서 요구되는 시설과 자료가 충분히 있는지를 검토하여 교육훈련의 방법을 결정해야 한다. 예를 들면, 훈련에 필요한 사진이나 도표가 있는지, 또는 시청각 교육방법을 충분히 활용할 수 있는지, 그리고 한꺼번에 많은 사람을 교육해야 할 경우 강의실이 부족한 것은 아닌지 등에 대한 충분한 고려가 있어야 한다. 특히, 여러 분반을 요하는 토의나 사례연구 등과 같은 훈련방법이 적합할 것인지, 아니면 강의식 방법이 적합할 것인지 등에 대한 고려가 있어야 한다.

4) 훈련관의 특성

교육을 담당하는 훈련관이 어떠한 훈련방법에 숙달되어 있느냐에 따라 채택되는 교육훈련 방법도 달라야 한다. 예컨대, 강의식 교육방법이 충분한 효과를 발휘할 수 있는 훈련관인지 등을 고려해야 한다.

---

3) 장지호, 신인사행정론, 대왕사, 1995, p. 359.

그러나 하나의 훈련 프로그램에도 서로 다른 몇 가지의 훈련방법이 이용되는 것이 일반적이다. 한 가지의 훈련 프로그램은 특정한 한 가지의 훈련방법만으로는 그 소기의 목적을 효과적으로 달성할 수 없기 때문이다.

03. 교육훈련의 방법

교육훈련의 방법은 강의 · 견습 · 시찰 · 토의 · 연기법 등 여러 가지가 있다. 몇 가지 주요한 교육훈련방법을 살펴보면 다음과 같다.

1) 현장훈련

현장훈련(on the job training)은 보통 피교육자가 현장에서 직접 일을 하면서 상급자로부터 직무에 필요한 지식이나 기능 및 문제 해결의 착안점 그리고 태도 등을 계획적으로 교육을 받는 것이다. 현장훈련의 방법은 기술견습(apprenticeship), 순환보직(job rotation), 임시대역(understudy) 등이 있다.

(1) 기술견습

기술견습이란 숙련자의 지도 밑에서 직무의 실제적인 기술을 훈련받는다. 예를 들면, 미국의 신임 FBI 요원은 경험 있는 선임자에게 배치되어 같이 수사활동을 하면서 선임자의 수사요령을 보고 배우며 지도를 받는다.

(2) 순환보직

순환보직이란 피교육자를 특정한 직위 또는 근무처에서만 훈련시키는 것이 아니라 직위 및 근무처를 정기적으로 교체시키면서 훈련하는 방법이다. 이런 방식의 교육훈련이 의도하는 것은 피교육자의 지식과 경험을 다양화하고 시야를 넓히는 데 있다. 그러나 교체가 너무 빈번하거나 배치기간이 너무 짧은 경우 필요한 훈련을 받을 수 없는 문제점이 있다.

(3) 임시대역

임시대역이란 상급자가 사임 · 퇴직 · 사망할 경우, 자기를 후계할 사람을 훈련하거나 또는 상급자가 병이나 기타의 이유로 결근할 때 자기의 직무를 대행할 사람을 훈련하는 것이다. 이 방식은 경험과 모방에 의하여 자기의 일을 배울 수 있지만, 상급자의 사무처리에 결함이 있는 경우 자칫하면 이 결함을 재생산하고 고정할 우려가 있다.

2) 토의

토의(discussion) 방법은 일정한 문제를 토의하여 일정한 결론에 이르는 방법이다.

(1) 장점

여러 사람의 지식과 의견을 상호 교환할 수 있어서 각자의 시야와 생각을 좀 더 명백히 해 주고, 여러 사람의 의견을 모을 수 있기 때문에 문제의 해결방법을 모색하는 데 효과적이다.

(2) 단점

단점은 토의에 참여하는 피교육자들이 어느 정도의 예비지식을 가져야 효과적이며, 참가 인원수가 많으면 토의의 성과를 올릴 수 없게 되고, 자칫 초점을 잃은 토의가 되기 쉽다.

(3) 유형

가) 자유토의법

자유토의법(free discussion)은 일정한 문제를 제시하면 이 문제에 대하여 고정된 절차 없이 서로가 자유로이 상호 의견을 교환하여 공통된 결론에 이르게 하는 방법이다. 이것은 사회자의 발언 허가를 필요로 하지 않으며, 사회자의 역할은 토의를 개시하고 결론을 요약한다.

나) 개발적 방법

개발적 방법(development method)은 사회자가 필요한 자료나 토의의 중점 등을 미리 준비해 두고 질문이나 요약을 통해 토의를 소정의 방향으로 유도하여 결론을 이끌어 가는 방법이다.

다) 배석토의법

배석토의법(panel discussion)은 토의하는 주제에 관하여 풍부한 지식과 대표적 견해를 갖고 있는 사람들, 소위 패널 멤버(panel member)들이 피교육자 앞에서 토의하고 피훈련자는 이것을 듣는다. 이 토의법은 새로운 지식과 견해를 피교육자들에게 전달할 수 있고, 토의문제에 관하여 피교육자의 사고를 향상시킨다.

라) 콜러퀴

콜러퀴(colloquy)는 배석토의법의 변형된 방법이다. 배석토의법과 다른 점은 몇 사람의 전문가 이외에 피훈련자의 대표도 참여한다. 토의 방식은 피교육자의 대표가 질문하면 전문가가 여기에 대하여 대답하는 형식으로 진행된다. 이것은 피훈련자의 요구에 따라 전문가의 지식 및 견해를 들을 수 있다.

마) 포럼

포럼(form)에는 여러 종류가 있다.

<u>**강의 포럼**</u>(Lecture Forum)　먼저, 주제에 대하여 강의를 한 후에 피훈련자가 참가하여 전체 토의를 한다.

<u>**대담 포럼**</u>(Forum Dialogue Method)　두 사람의 전문가가 대담하는 것을 듣고 난 후에 전체 토의를 한다.

<u>**토론 포럼**</u>　먼저 3～4명이 토론을 해서 찬성・반대의 입장에서 토의를 하고, 토론이 끝난 뒤에 전체 토론을 한다.

<u>**필름 포럼**</u>(Film FoRum)　영화나 동영상 등을 상영한 뒤에 전체토의를 한다.

바) 심포지움

심포지움(symposium)은 먼저 여러 명의 전문가가 한 주제에 대해서 다양한 측면에서 강연하고, 강연 후 피교육자들로부터 나오는 질문을 중심으로 질의응답식으로 토의하는 방법이다. 어떤 주제에 관한 전문적인 견해를 제공함으로써 피교육자의 관심과 이해를 높이는 데 적합하다.

사) 버즈 세션

버즈 세션(buzz session)은 토의집단의 인원이 많고, 모든 인원에게 발언의 기회를 주고자 하는 경우 이용되는 방법이다. 이 방법은 다음과 같은 순서로 진행된다.[4)]

① 사회자와 기록계를 선정한다.

② 나머지 전 피훈련자는 6명 안팎의 소집단으로 나누어지고, 각 집단은 의장을 선정한다.

③ 각 집단은 의장의 사회 하에 주제에 관하여 6분 내지 10분간 자유토의를 하고, 그 집단의 의견과 결론을 정리한다.

④ 각 의장은 자기 집단의 결론을 피훈련자 전원이 모인 앞에서 발표한다.

⑤ 이것을 참고로 하여 사회자의 사회하에 전체 토의를 한다.

3) 신디케이트

신디케이트(syndicate)는 집단과제법(group-project technique)의 일종으로서 문제해결의 능력・사고력을 기르는 데 효과적이다. 영국의 행정간부대학(Administrative Staff College)에서 처음으로 개발되었다. 피훈련자를 약 10명 단위 신디케이트(班)로 편성하여 각 반에 일정한 과제(project)가 주어지고, 이 과제를 10명이 공동적으로 토의하여 일정한 결론을 얻는다. 반 편성에 있어서 그 구성원을 전문분야가 다른 사람들을 고루 섞어 편성한다.

한편, 각 반에는 피교육자 중에서 선발된 한 명의 사회자와 한 명의 훈련관을 두고 토의과정을 관찰하는데, 특히 사회자의 질문이 있을 때 또는 토의가 궤도에서 벗어난다고 생각될 때만 말을 한다.

반은 과제해결에 도움을 얻기 위해 연구 중인 문제가 어떻게 처리되고 있는가를 관찰하기 위하여 해당 사기업 또는 행정기관에 반원 전체가 방문하기도 하고, 외부의 전문가를 초빙하여 지도를 받기도 한다.[5)]

토의과정이 끝나게 되면 각 반은 결론을 종합하여 보고서로 제출한다. 각 반의 사회자는 도출한 결론을 피교육자 전원이 모인 앞에서 발표해야 하며, 그 발표내용을 중심으로 상호 토의한다.

---

4) 상게서, p. 375.
5) 상게서, p. 376.

4) 사례연구

사례연구 방법(case study)은 1871년 하버드대학의 랑델(C.C. Langdell)에 의하여 창안된 것으로서 오늘날 실무교육과 관리자·경영자훈련에 널리 이용되고 있다. 이 방법은 주제에 관한 사례를 작성, 배포하고 여기에 관하여 토론을 하는 방식이다. 사례연구를 통하여 이론과 실제를 연결시킨 문제해결을 시도함으로써 참가자는 판단력·분석능력 등을 기르고, 어떠한 상황 하에서도 문제에 대처할 수 있는 자질을 갖추기 위한 것이다.

이 방식은 흥미와 학습 동기를 유발할 수 있으며, 현실적인 학습이 가능하다. 반면, 적절한 사례의 확보가 어렵고, 실무지식을 체계적으로 습득하기 어려우며, 학습의 진도를 측정하기 어렵다는 단점이 있다. 그러나 이 방법은 구체적인 상황에 적응하여 문제를 해결해 나가는 사고력·판단력을 발전시키는 데 효과적이며, 행정관의 훈련에 유용하다.[6]

5) 강의식 방법

강의식 방법(lecture method)은 교육훈련에서 가장 보편적으로 사용되는 방법으로, 일정한 시간 내에 강사의 일방적 설명으로 필요사항을 전달할 수 있다. 강사가 피교육자들을 모아 놓고 일방적으로 강의하는 방법이므로 많은 사람을 동시에 훈련할 수 있어 경제적이다. 또 새로운 분야로 피교육자를 이끌어 들일 수 있으며, 일정한 지식을 체계적으로 알릴 수 있다는 장점이 있다.

그러나 이 방법은 피교육자의 관심을 끌 수 있는 훌륭한 교수법을 가진 강사 없이는 교육훈련의 효과를 거두기가 어렵고, 피교육자는 강의를 듣는 청중이지 적극적인 참여자가 아니기 때문에 그들은 강사가 이야기하는 내용에 대해서 시종일관 관심을 집중할 수 없으며, 또한 그들의 주의가 쉽게 흐트러질 수 있다. 따라서, 청중의 관심을 끌고 지속시킬 수 있는 기법을 아는 강사가 필요하다. 그리고 피교육자는 듣기만 하므로 문제해결의 능력을 기르지 못한다는 단점이 있다.

강의식 방법의 문제점을 보완하기 위한 주의사항은 다음과 같다.[7]

---

6) J.D. Glover, R.M. Hower & R. Tagiuri, *The Administrator: Cases on Human Aspects of Management*, Homewoock, Ill.: Irwin, 1973, p. 14.

7) 장지호, 전게서, p. 379.

① 문제를 주어 학습의욕을 갖게 한다.
② 피훈련자의 주의를 강의주제에 집중시킬 수 있는 적당한 진도가 필요하고, 생각할 수 있는 여유를 주면서 강술해야 한다.
③ 가끔 질문을 하고, 또한 시험을 실시하여 피훈련자의 이해도를 확인한다.
④ 다른 훈련방법, 예를 들면 시범(demonstration) · 토의 · 시청각 교육 등을 적절하게 병용한다.
⑤ 한 제목의 강의가 끝난 뒤에는 질의응답을 한다.

6) 브레인 스토밍

브레인 스토밍(Brain storming)은 1939년 미국의 광고회사 BBDO((Batten, Barton, Durstine & Osborn) 부사장이었던 오스본(A.F. Osborn)에 의하여 광고분야에서 창조적인 아이디어를 개발하기 위하여 사용된 기법이다. 오늘날 광고뿐만 아니라 제품개발 및 기타 문제해결을 위하여 회의식 방법으로 널리 사용되고 있으며, 두뇌선풍법(頭腦施風法) 또는 영감법(靈感法)이라고도 한다.

이 방식은 피훈련자를 5～12명 전후의 집단으로 하고, 단일의 구체적인 과제를 주어 각자로 하여금 생각나는 대로 자기의 아이디어를 제출하게 하는 방법이다. 인간의 아이디어 또는 창의성은 심리적인 거리낌에서 해방되었을 때 가장 활발하게 생기는 것이므로 자유로운 분위기가 보장되어야 한다. 이것은 창의성의 개발에 적합하며, 행정관리훈련에 유용하다.

브레인 스토밍은 창의성을 발휘하는 데 장애가 되는 것을 제거하고, 잠재적인 아이디어를 도출하기 위하여 제출된 아이디어에 대해서 절대 비판해서는 안 된다. 자유분방한 아이디어를 환영하고, 다량의 아이디어를 제출하게끔 요구하며, 다른 사람의 아이디어를 모방 · 결합 및 개선하는 것을 환영해야 한다.[8]

7) 케프너 · 트레조 훈련방법

이 교육훈련방법은 사회학자 케프너와 트레조(Charles H. Kepner & Benjamin B. Tregoe)에 의하여 개발되었다. 관리자의 합리적 판단력을 기르기 위해 사례를 사용하여 문제해결의 단

8) 정경섭, 현대인사관리, 법문사, 1998, p. 117.

계를 훈련하는 방법이다. 케프너와 트레조에 의하면, 경영에 있어서 문제는 기준으로부터의 이탈이라고 정의한다. 문제해결의 전 과정을 문제분석과 의사결정의 두 단계로 크게 나누고, 이 두 단계를 다시 여러 단계로 세분하고 있다.[9]

(1) 문제분석의 단계

문제분석의 단계에서 문제분석자는 먼저, 기대되는 성과의 기준을 가지고 여기에 비추어 실제의 성과는 어떠한가를 검토하고, 문제가 발생하는 메커니즘을 명확히 해서 문제의 원인에 대한 가설을 세운다.

(2) 의사결정의 단계

의사결정의 단계에서 의사결정의 목표, 즉 무엇을 달성하고자 하는가를 설정하고, 목표를 보다 잘 달성할 수 있는 수단 선정을 잠정적으로 결정하여 잠정적 결정이 장래에 가져올 결과에 대하여 검토한다. 장래에 예상되는 바람직하지 못한 결과에 대한 예방책을 강구하고, 최종결정을 내린다. 결국 이 훈련은 관리자의 문제해결에 보다 적합한 훈련의 하나이다.

8) 인 배스키드법

인 배스키드(In-basket)법은 관리자의 결재능력을 기르기 위한 훈련방법으로서 관리자의 업무수행 장면을 모의(simulation)한 것이다. 관리자는 보통 미결상(in-basket)에 있는 서류에 대하여 차례로 의사결정을 하여 이것을 결상(out-basket)에 넣는다. 관리자가 하고 있는 이러한 상황을 그대로 모의하여 비교적 짧은 시간, 즉 30분 내지 45분 동안에 비교적 다량인 20통 내지 30통의 서류를 처리케 함으로써 서류를 독해하는 능력 · 판단력 · 결단력 등을 높인다. 이 훈련에는 도중에 전화가 걸려 오게 한다든지, 또는 내방자가 찾아온다든지 하는 등의 압박을 가하는 경우도 있다.

---

9) 장지호, 전게서, p. 383.

9) 비즈니스 게임

비즈니스 게임(Business game, Management game)은 1950년대 후반에 미국에서 개발된 경영자 교육훈련기법이다. 현실의 경영활동과 유사한 모의적 경영상태를 설정하고, 팀 간의 경쟁, 즉 게임을 통하여 투자·생산·관리·판매의 전 과정에 관한 경영상의 의사결정에 대한 교육훈련이다.

훈련참가자들을 5~6명으로 구성된 몇 개의 팀으로 구성하고, 각각의 팀을 독립된 회사로 간주한 다음 각 회사의 경영진이 되게 한다. 팀이 편성되면 상정된 산업의 특질 및 개황이 설명되고, 각 기업의 생산능력·자산·매출 규모·비용 조건 등과 같은 초기 조건이 부여되며, 또한 게임 개시 시에 경제·시장 등과 같은 각종 정보가 주어진다. 각 팀은 이 정보를 분석하여 생산·판매·설비투자·재무 등에 관한 의사결정을 한다.

경영조직에서 사용되는 이 교육훈련방법은 경찰공무원의 교육훈련, 특히 간부급 교육훈련에도 적용될 수 있다. 즉, 교육참가자들을 5~6명으로 구성된 팀으로 구성하여 모의적 경찰상황을 설정하고, 게임을 통하여 경찰 활동을 위한 대안을 의사 결정한다.

04. 교육훈련의 평가방법

교육훈련의 평가는 교육훈련이 끝난 뒤에 훈련이 의도하는 목적이 어느 정도 이루어졌는가를 분석·평가하는 것이다. 즉, 교육훈련 목적의 달성 정도를 분석한다.

교육훈련이 피교육자의 능력 및 실적을 개선하는 데 효과적이었는가를 평가한다. 교육훈련에 막대한 투자를 하였음에도 불구하고 충분한 평가가 이루어지지 않는다면 교육훈련이 의도한 목적에 어느 정도 기여했는지를 알 수 없으며, 차기의 교육훈련 계획을 수립하는 데 도움이 되지 못한다. 그러므로 효과적인 교육훈련의 평가방법이 필요하다.

교육훈련의 평가방법에는 전부비교법(pre-test and post-test method), 표준비교법(matched control method), 테스트법(test method), 평균비교법(average scores) 등이 있다.[10)]

10) 강정대, 현대인사관리론, 세영사, 1986, p. 256.

평가의 신뢰성과 타당성을 높이기 위해서 가능한 한 여러 가지 방법을 병행하여 실시하는 것이 바람직하다.[11] 다시 말하면, 각 평가방법은 그 나름대로의 장・단점이 있기 때문에 하나의 방법에만 의존할 것이 아니라 몇 가지 방법을 병용해야 한다.

1) 전후비교법

이 방법은 동일한 평가 기준을 써서 훈련 전과 후에 나타난 변화를 비교함으로써 교육훈련의 효과를 평가한다. 예를 들면, 판매를 촉진하기 위한 교육훈련을 실시한 경우 그 전후의 판매실적을 비교함으로써 교육훈련의 효과를 평가할 수가 있다. 이것은 동일한 피훈련자를 대상으로 하는 평가방법이다.

2) 표준비교법

동질의 2개 집단을 선정하여 한 집단은 훈련을 시키지 않고 다른 한 집단은 훈련을 시킨 다음 양 집단의 차이를 알아보는 방법이다. 이 방법은 변화의 발생이 훈련 때문인가, 아니면 다른 요인 때문인가를 확인하는 데 도움을 준다.

3) 테스트법

특정한 기술・지식의 습득을 목적으로 하는 교육훈련의 경우, 교육훈련 후 검정시험을 실시함으로써 성과를 측정하여 소기의 교육훈련 목적을 달성하였는가 여부를 판정한다.

4) 평균비교법

동일한 훈련을 여러 차례 되풀이하는 경우, 지금까지 훈련받은 집단들에 나타난 훈련효과의 평균치와 어떤 특정 집단의 훈련 효과를 비교함으로써 각 집단의 질적 차이가 훈련효과에 미치는 영향을 알 수 있다.

11) 정경섭, 전게서, p. 122.

제2절

우리나라 경찰공무원 교육훈련체계

01. 교육훈련의 기본 방향

경찰공무원 교육훈련은 21세기 지식기반사회에 적응할 수 있는 신지식경찰관을 육성하는데 있다. 이를 위해 전문교육을 통해 업무, 교육, 승진이 유기적으로 연결되는 체계를 추진하며, 기본에 충실한 경찰관을 양성하기 위해 분야별 전문지식의 배양에 중점을 두고 있다.

교육훈련의 기본방향은 다음과 같다. 먼저, 피교육자의 교육 선택권을 확대하고 수요자 중심의 교육을 강화하며, 사이버교육훈련체계를 통해 교육훈련을 발전시킨다. 또한 동호회 활동 등 자율적 참여를 통한 직장훈련체제와 전문인력 육성을 위한 다양한 위탁교육훈련의 활성화, 그리고 민주적 윤리의식이 투철한 인권 경찰을 양성하는 것을 목표로 한다.

02. 교육훈련체계의 특징과 내용

1) 전문교육체제 구축

경찰관의 문제해결능력 향상을 위해 수요자 중심의 전문교육체제를 마련하고, 교육훈련과 인사관리를 연계하며, 자기주도형 학습환경을 조성한다.

(1) 수요자 중심의 교육

경찰관들이 공통과목 외에 자신에게 필요한 선택과목을 수강할 수 있도록 하여, 개인의 필요와 관심에 맞춘 교육을 제공한다. 또한, 교육대상자의 수준에 따라 고급과 중급 과정으로 나누어 맞춤형 교육을 실시한다.

(2) 과정별 특성에 맞는 교육

경찰공무원의 교육훈련은 신임교육과정, 기본교육과정, 전문교육과정으로 나누어진다. 신임교육과정은 경찰의 사명과 윤리 확립, 기본 실무지식 습득, 체력훈련에 중점을 둔다. 기본교육과정은 인성, 체력, 리더십 향상에 중점을 두며, 전문교육과정은 현장사례 중심의 토론과 참여식 교육을 통해 문제해결능력을 배양한다.

(3) 교육훈련과 인사관리 연계

경찰공무원의 교육훈련은 주기적인 수요조사를 통해 교육과정과 시기를 결정하며, 승진과 경력관리를 위한 교육훈련을 실시한다. 이를 통해 장기교육 이수자에게 적합한 직위와 보직을 부여하고 지속적인 경력관리를 지원한다.

(4) 자율적 능력개발 지원

경찰공무원의 자기주도적 학습을 지원하기 위해 근무시간 외에도 어학원이나 전문학원에서의 자기개발 노력을 보조한다. 또한, 연구모임 결성을 장려하고, 우수 연구모임에 운영비 지원 및 포상 등 인센티브를 제공하여 자율적인 능력 개발을 촉진한다.

2) 사이버 교육체제의 강화

경찰은 지식정보화 사회에 대응하기 위해 사이버 교육체제를 강화하고 있다. 이를 통해 정보기술(IT)과 사이버 공간을 활용하여 많은 경찰공무원에게 질 높은 교육을 저렴하게 제공하고, 교육훈련 수요를 능동적으로 창출한다.

사이버 교육의 주요 기대효과는 다음과 같다.

첫째, 집합교육에 따른 경비부담을 줄이고, 일선 업무 공백을 예방하며, 시간과 장소에 구애받지 않고 항시 교육이 가능하게 하여 수요자 중심의 교육을 실현한다.

둘째, 반복청취가 가능하여 학습효과를 높일 수 있고, 교육기관의 부담을 완화하여 더욱 질 높은 교육을 제공한다.

3) 직장교육의 체계화

경찰공무원의 직장교육은 재직 경찰관의 의식 개혁과 정신교육을 강화하며, 현장 중심의 실무능력을 향상시키고, 국가 주요 시책에 대한 이해와 동참 의식을 고취하기 위해 체계화되었다.

(1) 정서함양교육의 다양화

경찰관의 기본 소양과 정서함양을 위해 다양한 교육 프로그램을 제공한다. 일방적인 강의식 교육 대신 사례발표와 토론 등 참여식 교육을 강화하며, 자율적인 참여를 촉진한다. 직원 간 공동체 의식 강화를 위해 부서별 대화나 연찬회를 개최하고 부패방지, 인권보호, 성희롱 예방, 남북 문화시민교육 등의 국가 주요 시책 교육을 실시한다.

(2) 직무교육의 강화

직무교육을 통해 경찰공무원의 전문교육을 강화하고 있다. 신규 채용자나 보직 변경자에게 직무적응교육을 실시하며, 담당직무 수행에 필요한 지식과 태도를 교육한다. 재직자에게는 새로운 행정제도와 선진행정기법 등을 중심으로 교육을 실시하고, 부서별 특성에 맞는 실무교육을 제공한다.

(3) 사격 및 무도 훈련 강화

경찰관의 현장대응능력을 강화하기 위해 사격 및 무도 훈련을 체계적으로 실시한다. 경찰 자체의 사격장과 무도장 확보를 지속적으로 추진하고, 전문 사격 및 무도 교관을 배치하여 훈련을 체계적으로 지도·관리한다.

신임 순경과 재직자 교육과정에서도 사격 및 무도 교육을 강화하고 있으며, 사격 마스터제, 체포술 경진대회, 체포술 교범 개편 등 다양한 방법으로 경찰관의 실전대응능력을 높인다.

4) 전문분야 위탁교육의 다양화

경찰은 정보화된 전문경찰관을 양성하기 위해 국내외에서 전문분야 위탁교육을 다양화하고 있다.

(1) 국내 위탁교육

경찰은 회계, 조세, 건축, 환경 등 특수 전문분야의 교육을 위해 국내 전문기관에 위탁교육을 확대하고 있다. 우수한 민간 위탁교육 기관을 적극적으로 발굴하여 교육의 범위를 넓히고, 교육대상자를 업무 중심으로 선발하며 사후 관리를 철저히 한다. 위탁교육의 효과성을 높이기 위해 수요조사를 내실화하고, 교육절차를 강화하여 적합한 인재를 양성한다.

(2) 국외 위탁교육

국외 위탁교육 과정도 발굴하여 인원을 확대하며, 선발 시 자격요건과 심의를 강화한다. 엄정한 선발을 위해 자체 선발시험을 실시하고, 교육대상자 추천 및 파견을 결정한다.

국외 훈련과 국내 훈련의 연계를 추진하며, 국외 훈련 중인 자에 대해 해외 주재관의 지도

점검을 실시하여 관리를 철저히 한다. 훈련 이수자는 관련 부서에 배치하여 교육과 업무를 연계한다.

5) 정보화 · 외국어 교육의 강화

급변하는 정보통신기술에 대응하기 위해 정보화 교육과 외국어 교육을 강화하고 있다. 경찰교육기관에서 교육생의 수준에 맞는 교육과정을 운영하며, 외사업무 담당자에 대한 외국어 교육을 강화하여 세계화 역량을 극대화한다. 자발적 외국어 학습을 지원하기 위해 학원 수강비를 지원하고, 인터넷을 활용한 외국어 학습기회를 제공한다.

6) 인권 및 공직윤리 교육

경찰관의 인권의식과 윤리의식을 함양하기 위해 인권교육과목을 필수화하고, 인권보호 전문교육과정을 운영한다. 또한, 직장훈련 시 인권관련 전문가를 초빙하여 구체적인 사례 중심의 인권교육을 실시하며, 부패방지와 의식개혁을 위한 인성교육을 실시한다.

03. 교육훈련체계의 발전 방향

향후 경찰공무원 교육훈련은 첨단과학기술 활용 교육의 확대가 필요하다. 경찰활동의 전문성과 효율성을 제고하기 위해 AI, 빅데이터, 드론, 로봇, 증강현실(AR), 가상현실(VR) 등 첨단과학기술을 현장에 적극 도입하고, 이를 효과적으로 운용할 수 있도록 하는 교육이 필수적이다. 경찰관의 기술 활용 역량을 체계적으로 함양하기 위한 교육훈련 프로그램이 요구된다.

1) AI · 데이터 기반 경찰활동 교육 강화

범죄예측, 교통관리, 인공지능 CCTV 등 AI 기술의 경찰활용 사례를 중심으로 실무교육을 실시하고, 범죄통계 및 현장 데이터 기반의 분석 · 의사결정 역량을 높이기 위한 데이터 리터러시 교육을 확대해야 한다. 또한 빅데이터 분석 도구(SPSS 등) 및 경찰 빅데이터 플랫폼 활용법 교육도 포함해야 한다.

2) 스마트기기 및 신기술 장비 운용교육

드론, 웨어러블 캠(Wearable Camera), 스마트폰 기반 단말기 등 스마트기기의 현장활용법 교육이 요구된다. 사이버수사 및 디지털 포렌식 기술관련 장비의 실습 중심 교육을 강화하고, 최신 과학수사 장비 도입 시 사용자 중심의 장비운용교육도 병행 추진해야 한다.

3) XR(eXtended Reality) 기반 실감형 훈련체계 도입

가상현실(VR: Virtual Reality) 및 증강현실(AR: Augmented Reality)을 활용한 체포술, 현장 대응 시뮬레이션 훈련을 도입하고, 실제 사건과 유사한 환경에서 상황판단 및 대응력 향상을 위한 몰입형 훈련도 제공해야 한다. 또한 반복학습이 가능한 실감형 콘텐츠를 통해 교육효과를 극대화해야 한다.

4) 기술혁신 대응역량 제고 교육과정 신설

기술변화에 따른 범죄유형의 진화, 예를 들면, 디지털 스토킹, 딥페이크 범죄 등에 대한 대응교육이 필요하다. 경찰청 R&D 과제, 스마트치안 관련정책 이해와 기술 동향을 반영한 직무역량 교육을 강화하고, 기술윤리, 개인정보보호 등 과학기술 활용에 수반되는 윤리교육도 병행해야 한다.

5) 전문화된 기술교육 인프라 확충

경찰 교육기관 내 첨단기술 실습실 구축 및 현장형 실습 공간을 확보하고, 외부 전문가, 대학, 연구기관 등과의 협력을 통해 전문강사 및 콘텐츠를 확보해야 한다. 또한 최신 기술 반영을 위한 교육과정 주기적 갱신과 기술 트렌드 반영체계를 마련해야 한다.

제3절

경찰공무원 교육훈련기관과 교육내용

01. 경찰인재개발원

1) 개요

경찰인재개발원은 국민이 신뢰하는 유능하고 자신감 있는 경찰을 양성하기 위한 경찰 교육훈련기관이다. 경찰인재개발원의 역사는 1945년 조선경찰관 강습소에서 시작하여 경찰전문학교와 경찰종합학교를 거쳐 현재에 이르고 있다.

지식, 성실, 용기를 바탕으로 과학치안 시대에 필요한 전문가를 양성하며, 최선의 교육을 제공하기 위해 지속적으로 연구 개발하고 있다. 현장 기반의 새로운 교육체계를 완성하고, 리더십 교육과 현장대응능력 향상을 위한 맞춤형 교육을 실시하고 있다.

또한, 미래를 선도하는 과학치안과 글로벌 인재 양성을 목표로 교육 콘텐츠를 개발하고 있으며, 초경량 비행장치 전문 교육기관으로서 최첨단 장비와 기술에 대응하는 교육도 실시한다. 빅데이터, XR, AI 등 최신 기술을 적용하여 과학치안 전문가를 육성하고, 기술과 사회 환경의 급변에 대응하는 교육과정을 운영하고 있다.

경찰인재개발원은 경찰 고유 자격 인증 프로그램 개발을 통해 직무교육의 정점을 추구하며, 교육행정 역량을 강화하고, 기본 소양과 올바른 윤리관을 위한 교육을 추진하고 있다. 넓고 잘 갖춰진 시설과 시스템으로 원활한 교육훈련을 제공하며, 시대에 맞춰 변화하는 교육 프로그램을 운영하고 있다.

경찰인재개발원은 각 경찰관의 전문성을 높이고, 현장치안 전문가로서 국가와 국민을 위한 정의로운 활약을 할 수 있도록 지원한다. 이를 통해 높은 만족과 신뢰를 바탕으로 미래 치안을 개척해 나가는 초연결 시대의 경찰교육기관이다.[12)]

2) 교육훈련 운영 현황

2024년 교육훈련 운영 현황을 살펴보면 〈표 3-1〉과 같다.

〈표 3-1〉 **2024년 경찰인재개발원 교육훈련 현황**[13)]

(단위 명)

구분	분류	과정명	교육기간	교육횟수	1회 인원	총인원
기본	관리자	경무관리자과정	1	20	25	500
		범죄예방정책관리자과정	1	16	25	400
		상황실관리자과정	1	20	25	500
		지역경찰관리자과정	1	25	160	4,000
	직무기초	일반직직무향상과정	1	2	24	48
	직무공통	공감힐링과정	1	9	20	180
	직무심화	총포·화약심화과정	1	6	20	120
	직무심화	학교전담경찰관역량심화과정	1	10	20	200
	직무심화	APO심화과정	1	8	20	160
	직무심화	지역경찰심화과정	1	8	25	200
	직무심화	상황정보심화과정	1	12	20	240
	직무기초	사격술향상과정	3일	13	15	195
총인원						14,731

12) 경찰인재개발원 홈페이지(https://www.phrdi.go.kr, 검색일 2025.7.14.).
13) 상게 홈페이지.

02. 경찰대학교

1) 개요

경찰대학은 국가관과 봉사정신에 투철한 신념의 경찰인 양성을 목표로 설립되었다.[14] 경찰대학은 건국, 구국, 호국의 경찰정신을 계승하여 민주주의 이념을 구현하고, 국민의 신뢰를 받는 봉사자로서 경찰조직의 정예간부를 양성한다. 또한, 경찰업무 발전을 위해 인문, 사회, 자연과학 등 다양한 분야의 이론과 응용 방법을 교수, 연구하여 창의적이고 발전지향적인 치안시책을 개발하고 있다.

경찰대학은 치안행정의 전문인을 양성하는 데 중점을 두며, 시대의 역사적 상황에 슬기롭게 대처할 수 있는 역량을 갖춘 경찰관을 배출하려고 한다. 이를 위해 경찰 지식과 실무능력을 갖춘 전문적 인적자원을 육성하며, 국가와 민족을 위해 헌신할 수 있는 성실하고 유능한 인격체를 길러내는 전인교육을 실시한다.

교육목표는 법치질서를 확립하고 국민에게 봉사하는 민주경찰을 육성하는 것, 올바른 가치관 확립과 지도적 인격 도야, 체계적인 학습이론과 응용방법의 습득, 그리고 창의적이고 전문적인 경찰 실무능력 배양이다.[15]

2) 직무 교육과정

(1) 치안정책과정

가) 교육목표

치안정책과정은 총경 및 승진후보자, 군 대령, 공공기관 고위급 관리자를 대상으로 한 교육프로그램이다. 교육목표는 경찰조직 내외의 변화와 혁신을 주도할 수 있는 전략적 사고를 함양하고, 국민과 조직 내에서의 소통을 촉진하는 공감형 리더를 양성하는 것이다. 또한, 기관

---

14) 경찰대학 설치법[시행 2021.1.1.] [법률 제17689호, 2020.12.22., 타법개정].
15) 경찰대학교 홈페이지 참조.

간 융합행정의 기반을 마련하는 협업역량 강화를 목표로 한다.

나) 교육내용

중점 교육내용은 치안환경 개선을 위해 관계기관 간 협업방향을 모색하고, 각 계급과 직위에 걸맞은 조직 관리 역량을 강화하는 것이다. 또한, 경찰서장의 역량을 강화하고, 일반부처에서는 경찰업무에 대한 이해를 높이는 것이다. 트렌드에 대한 이해를 통해 각 분야의 견문을 넓히는 교육도 중점적으로 이루어진다.

다) 과정 개요

과정은 24주 동안 진행되고, 한 번에 55명이 참여할 수 있으며, 교육효과가 소속기관에 반영될 수 있도록 한다. 수료기준은 전체 수업의 90% 이상을 수강하고, 평가 성적이 60점 이상이며, 과목별 점수가 40점 이상이어야 한다. 또한, 생활규범기준을 충족해야 하며, 성적 우수자는 전체 교육일수의 90% 이상을 수강한 자 중에서 선정된다.

(2) 경력자 특채과정

가) 변호사 경력채용자 과정(신임)

교육목표 변호사 경채자 과정의 교육목표는 신임 경찰관으로서 공직 가치를 내재화하고, 공직자의 기본자세와 조직문화에 대한 깊은 이해를 제공하는 것이다. 이 과정은 법률전문가로서 체계적인 실무교육을 통해 전문 수사관으로 성장할 수 있는 기반을 마련하며, 경찰 중간관리자로서의 역할과 책임감을 인식하고, 리더십 및 지휘능력을 배양하는 데 중점을 둔다.

교육내용 교육내용은 신임 경찰관이 갖추어야 할 국가관, 공직관, 윤리관을 함양하는 것을 시작으로, 실무 전반에 대한 교육을 통해 직무관련 법률에 정통한 전문가를 육성한다. 수사 전문가로서의 현장실무 수행능력 및 지휘역량을 배양하며, 세미나, 참여형 교육, 관서 실습 등 체험교육을 통해 현장업무에 대한 이해를 높인다. 또한, 중간관리자로서의 역할을 인식하고, 조직 활성화를 위한 리더십 역량을 제고하는 데 초점을 맞추고 있다.

과정 개요 변호사 경채자 과정은 변호사 경력채용시험에 합격한 자를 대상으로 하며, 교육기간은 12주이다. 수료는 전체 수업의 90% 이상을 수강해야 한다. 단, 사전 허가받은 공무나 특별휴가 및 기타 학장이 인정하는 불가피한 사유가 있는 경우, 전체 수업시간의 2/3 이상을 수강한 자도 인정된다.

또한, 전체 평가성적이 60점 이상이고, 과목별 점수가 40점 이상인 자가 수료기준을 충족하며, 경찰대학 기본교육과정 등의 생활규범기준에 미달하지 않아야 한다. 성적 우수자는 전체 교육일수의 90% 이상을 수강한 자 중에서 선정된다.

교과편성 교과편성은 〈표 3-2〉와 같다.

〈표 3-2〉 **교과편성**[16)]

구분	교과목	시간
합계	31과목	420시간
소양 (8과목, 73시간)	특강(국정철학 등), 청렴 · 공직윤리, 안보교육, 한국경찰사, 리더십과 팔로어십, 사회적 약자의 이해, 인권교육, 사회봉사활동, 선배와의 대화	73시간
직무전문 (19과목, 332시간)	(실무) 경찰관직무집행법, 경무 · 생안 · 교통 · 경비 · 정보 · 보안 · 외사실무, 치안정책 · 수사정책 세미나	140시간
	(기본 실습) 기본훈련, 사격훈련, 관서실습, 전산실습, 체포술 · 체력단련, 현장체험, 시위진압훈련, 미디어 트레이닝, 생활체육	192시간
기타 (4과목, 15시간)	과정안내, 수료식, 평가, 과정 피드백	15시간

나) 항공 경채자과정(신임)

교육목표 항공경채자과정의 교육목표는 신임 경찰관으로서 공직가치를 내재화하고, 공직자의 기본자세 및 조직문화를 이해하는 것이다. 또한, 이론과 실무를 겸비하고, 리더십을 갖춘 현장 중심의 경찰관을 육성하는 데 중점을 둔다.

교육내용 이 과정은 신임 경찰관으로서 필수적인 국가관, 공직관, 윤리관을 함양하는 데 집중한다. 경찰 실무 전반에 대한 교육을 통해 실무문제 해결능력을 배양하며, 기본 소양교육과 기초 체력, 무도훈련 등을 통해 경찰관으로서의 기본자세를 정립한다.

참여형 교육과 실습 등 체험교육을 통해 현장업무에 대한 이해를 높이고, 소통 및 공감 리더십 역량을 함양하며, 경찰조직에 대한 이해도를 제고한다.

과정 개요 이 과정의 교육대상은 항공경찰 경위 경채자로, 항공경찰 경채시험에 합격한

16) 경찰대학 홈페이지(https://www.police.ac.kr/, 검색일 2024.08.24.).

자를 대상으로 한다. 교육기간은 12주이고, 수료기준은 전체 수업의 90% 이상을 수강해야 하며, 단 사전 허가받은 공무, 특별휴가 및 기타 학장이 인정하는 불가피한 사유가 있는 경우, 전체 수업시간의 2/3 이상을 수강한 자도 수료로 인정된다. 수료자 선정기준 등 기타사항은 다른 경력자 특채과정과 동일하다.

〈표 3-3〉 **교육과정별 교육대상 · 교육기간 및 교육기관**[17]

<table>
<tr><th colspan="2">구분
교육과정</th><th>교육대상</th><th>교육기간
(시간)</th><th>교육기관</th><th>비고</th></tr>
<tr><td rowspan="2">신임
교육
과정</td><td>신규채용자
교육과정</td><td>경찰공무원으로
임용될 자 또는
임용된 자</td><td>52주 이내</td><td>중앙경찰학교</td><td rowspan="7">전투경찰순경 출신자,
특수경과(항공 · 통신 · 운전)의
경찰공무원 및 경찰청장이
지정하는 경찰공무원에 대한
신임교육과정은 최소 12주에서
최대 24주로 단축할 수 있다.</td></tr>
<tr><td>간부후보생
교육과정</td><td>간부후보생</td><td>52주</td><td>경찰대학</td></tr>
<tr><td rowspan="5">기본
교육
과정</td><td>경사기본
교육과정</td><td>경사 및
승진후보자</td><td>30시간</td><td rowspan="2">사이버교육
(인재개발원)</td></tr>
<tr><td>경위기본
교육과정</td><td>경위 및
승진후보자</td><td>30시간</td></tr>
<tr><td>경감기본
교육과정</td><td>경감 및
승진후보자</td><td>2주 이상
8주 이하</td><td rowspan="2">경찰인재개발원</td></tr>
<tr><td>경정기본
교육과정</td><td>경정 및
승진후보자</td><td>2주 이상
8주 이하</td></tr>
<tr><td>치안정책
교육과정</td><td>총경 및
승진후보자</td><td>24주</td><td>경찰대학</td></tr>
</table>

03. 중앙경찰학교

1) 개요

중앙경찰학교는 신임경찰 교육을 전문화하기 위해 1987년 충주시 수안보면에 설립되었다. 설립 당시 경찰대학과 경찰종합학교가 각각 고급 간부와 전문화 과정을 담당하고 있었으나,

17) 경찰공무원 교육훈련규정 〈별표 1〉[시행 2025.3.11.] [대통령령 제35051호, 2024.12.10., 전부개정].

신임 경찰관 교육의 필요성이 대두되면서 중앙경찰학교가 창설되었다.

초기에는 교육 인프라 구축과 체계 마련에 주력했으며, 이후 교육시설을 확충하고 전문 교수진을 확보하여 경찰교육의 중심 역할을 수행해 왔다. 교육과정은 현장 업무와 연계된 맞춤형 교육을 목표로, 정보통신, 특공대, 사이버정보보안, 피해자심리 등 특화과정을 도입하여 재설계되었다.

중앙경찰학교는 30여 년간 발전을 거듭해 왔으며, 실전 교육 시스템을 구축하여 급변하는 치안 환경에 대응할 수 있는 신임 경찰관을 양성하고 있다. 앞으로도 학교의 교육환경을 정비하고, 세계적인 경찰 교육기관으로 도약하기 위해 지속적으로 노력하고 있다.

2) 신임경찰 교육과정

(1) 일반순경(남 · 여) 과정

1987년 처음으로 24주 과정으로 시작되었으며, 2011년부터 34주 과정으로 연장되었다. 여자경찰 교육은 초기에는 별도로 진행되었으나, 1995년부터 남자경찰과 동일하게 진행되었다.

(2) 101경비단 과정

이 과정은 1987년 처음 도입된 후 2011년부터 34주 교육과정으로 변경되었다. 101경비단은 경호교육의 특수성으로, 마지막 2주 동안 별도의 경호교육이 추가로 진행된다.

(3) 경찰행정학과 특채과정

1991년 동국대 경찰행정학과 출신을 대상으로 특채가 시작되었으며, 이후 2000년부터 학사경장 특채로 전환되어 24주 교육을 받았다. 2011년부터는 34주 과정으로 확대되었다.

(4) 정보통신 특채과정

1990년에 12주 과정으로 시작되어 2011년부터 34주 과정으로 연장되었다. 2006년 이후로는 특화된 교육과정을 통해 통신전문요원을 양성하고 있다.

(5) 경찰특공대 과정

1996년에 처음 시작된 이 과정은 2011년부터 34주 과정으로 진행되고 있으며, 2006년 이후로는 특화된 교육과정으로 운영되고 있다.

(6) 사이버 특채과정

1995년 전산 전문요원 양성을 위해 시작된 과정으로, 2000년부터 사이버범죄 증가에 따라 특화된 교육이 시작되었다. 2011년부터는 34주 교육과정으로 변경되었다.

(7) 외사 특채과정

1989년 처음 시작된 이 과정은 2011년부터 34주 교육과정으로 연장되었으며, 국제정세 변화에 맞춰 특화된 교육과정을 운영하고 있다.

(8) 범죄분석 특채과정

2005년 처음 도입되었으며, 2011년부터 34주 과정으로 연장되었다. 이 과정은 과학적 수사기법 구축을 목표로 특화된 교육을 제공한다.

(9) 피해자심리 특채과정

2006년부터 범죄피해자의 심리상태를 분석하는 전문가를 양성하기 위해 도입된 이 과정은 2011년부터 34주 교육과정으로 진행되고 있다.

(10) 기타 특채과정

과학수사, 정보화 장비, 무도, 학교 전담, 교통공학, 항공, 총포 화약, 지능범죄 등 다양한 분야의 경력채용과정을 운영하고 있다

3) 교육 구성

교육 구성은 〈표 3-4〉와 같다.[18)]

〈표 3-4〉 **교육 구성**

교육 구성	국내교육(630시간)						현장실습(경호교육)
	인권소양	수사법률	현장실무	현장대응	시뮬레이션 집중교육 등	기타	
시간	66h	74h	92h	149h	30h	219h	640h
비율	5.2%	5.8%	7.3%	11.7%	2.4%	17.2%	50.4%

졸업기준은 각 과정별 교육일수의 90% 이상을 수강하고 교육성적이 평균 60점 이상인 자이다.

04. 경찰수사연수원

1) 교육목표

1984년 경찰대학 부설 수사간부연수소가 설치된 이후, 1992년에는 경찰수사연수소로 확대 설치되었고, 1999년에는 경찰수사연수소와 보안경찰연수소를 경찰수사보안연수소로 통합하였으며, 2007년에 경찰수사연수원을 개원하였다.

경찰수사연수원은 변화된 형사사법체계에 대응하고 국가의 수사역량을 강화하기 위해 수사경찰 전문가를 양성하는 교육기관이다. 이곳에서는 최상의 수사 서비스를 제공하는 일류 수사 경찰을 양성하기 위해 전문 수사이론 교육, 현장실습 중심의 특성화 교육, 인권경찰로서의 인성 함양, 최신 수사기법의 연구와 보급을 수행한다.

2) 교육과정

경찰수사연수원 교육과정의 실례를 살펴보면 〈표 3-5〉와 같다. 〈표 3-5〉 외에도 교통 5개 과정, 여성청소년 10개 과정, 사이버 17개 과정, 안보 7개 과정, 과학수사 17개 과정을 운영하고 있다.

18) 중앙경찰학교 홈페이지(https://www.cpa.go.kr, 검색일 2024.08.24.).

〈표 3-5〉 **2024년 교육과정 실례**[19)]

학과	교육과정	기간	1회 인원	횟수	총인원	연인원
합계		175	2,428	213	6,095	56,925
경제 8개 과정 34회 1,124명 (연) 14,740명	변호사경채자과정	6	25	2	50	1,500
	수사지휘자과정(수사)	2	30	1	30	300
	경감역량강화과정(통합수사)	1	30	12	360	1,800
	신임경위수사실무과정(1반)	4	30	2	60	1,200
	신임경위수사실무과정(2반)	4	30	2	60	1,200
	예비수사관수사실무과정(1반)	4	45	4	180	3,600
	예비수사관수사실무과정(2반)	4	40	3	130	2,600
	자금추적 및 범죄수익추적과정	2	20	1	20	200
	기업회계부정수사전문(전문수사관)과정	2	30	1	30	300
	경채자신임교육과정(1반)	2	34	3	102	1,020
	경채자신임교육과정(2반)	2	34	3	102	1,020
반부패공공 7개 과정 20회 650명 (연) 6,700명	신임경위수사실무과정(1반)	4	30	1	30	600
	신임경위수사실무과정(2반)	4	30	1	30	600
	예비수사관수사실무과정	4	40	3	140	2,800
	경감역량강화과정(통합수사)	1	30	10	300	1,500
	경제금융범죄기획수사과정	2	30	1	30	300
	부동산범죄수사과정	1	30	1	30	150
	경채자신임교육과정(가칭)(1반)	2	30	1	30	300
	경채자신임교육과정(가칭)(2반)	2	30	1	30	300
	선임수사강사양성과정(통합수사)	1	30	1	30	150
강력 13개 과정 37회 1,140명 (연) 7,650명	수사지휘과정(형사)	2	30	1	30	300
	경감역량강화과정(형사)	1	30	19	570	2,850
	강폭력범죄수사과정	2	45	2	90	900
	수사면담(전문수사관)과정	2	30	1	30	300
	위기협상(전문수사관)과정	2	30	1	30	300
	마약류범죄수사과정	2	30	2	60	600
	안전사고수사과정	1	30	2	60	300
	미제사건수사과정	1	30	2	60	300
	조직폭력범죄수사과정	2	30	2	60	600
	국제범죄수사과정	1	30	1	30	150
	추적수사(전문수사관)과정	2	30	2	60	600
	일반수사관선발과정	2	30	1	30	300
	선임수사강사양성과정(형사)	1	30	1	30	150

19) 경찰수사연수원 홈페이지(https://www.kpia.go.kr/검색일 2024.08.31.).

제4장

경찰공무원의 근무성적 평정제도

제1절

근무성적 평정제도의 이론적 배경

경찰조직의 발전은 구성원들의 근무 실적과 태도에 따라 좌우된다. 근무성적 평정제도는 각 개인의 직무수행능력을 평가하여 조직목표 달성에 기여한 정도를 측정하는 제도이다. 이 제도는 공공조직뿐만 아니라 다양한 조직에서 역할분화가 발생할 때 필수적으로 존재하며, 승진이나 보직결정 등 인사관리의 중요한 기준이 된다.

우리나라 경찰은 1961년부터 국가공무원법상의 근무성적평가방법을 사용하다가, 1969년 경찰공무원법 제정으로 독자적인 경찰공무원 근무성적 평정제도를 도입했다. 그러나 이 제도가 객관적 기준을 확립하지 못했다는 비판을 받아 1982년 경찰인사고과제가 채택되었으나, 기존 근무평정제도와 이중으로 운영되면서 문제를 야기했다. 결국, 두 제도를 통합하게 되었고, 경찰인사고과제도는 폐지되었으며, 통합된 내용은 「경찰공무원승진임용규정」에 명시되었다.

근무성적평정은 경찰공무원의 능력 발전과 직무능률을 향상하는데 있다. 이를 통해 조직목표 달성을 위한 개인의 발전을 도모하고, 공정한 인사평가를 통해 조직구성원들의 사기를 높일 수 있다. 경찰조직은 실적과 성과를 중시하는 인사관리체제를 통해 효율적이고 경쟁력 있는 조직운영을 추구해야 한다.

01. 근무성적평정의 의미

1) 정의

근무성적평정이란 조직구성원의 근무실적·능력·성격·근무태도·발전성 등을 조직적으로 측정·파악하여 공정한 인사관리의 기초로 삼으며, 나아가서는 조직의 능률향상을 기하기 위한 인사행정기능이다. 이것을 능력평정(efficiency rating), 구성원평정(employee rating), 근무평정(service rating), 업무평정(performance rating or appraisal), 성적평정(merit rating)이라고도 한다.

조직의 구성원들에 대한 평가개념과 유사하게 사용되는 용어로 판단(judgement), 고과(rating or appraisal), 평정(assessment) 등이 있다. 판단은 개인의 인지적 정보해석과정을 의미하며, 인사행정이나 인사관리에서는 고과나 평정이 많이 사용된다.

일반적으로 행정학 분야에서는 근무평정과 근무성적평정이라는 용어로 사용되고 있다. 한

〈표 4-1〉 **근무성적평정의 정의**

학자	정의
이황우 외1인	조직과 구성원의 활동을 향상·발전시키고 구성원들에 대한 공정한 기회를 부여하기 위해 구성원들의 능력·태도·근무수행 가치 등과 같은 필요한 정보를 수집하여 객관적인 평가를 통해 그 결과를 활용하는 인사행정활동
스미스와 머피 (R.C. Smith & M. Murphy)	구성원이 속하고 있는 조직 내에서 구성원의 가치를 질서 있게 평정하는 것.
미이 (J.F. Mee)	인간의 능력을 중심으로 조직 내에 구성원이 갖고 있는 현재적·잠재적 유용성을 조직적으로 평정하는 방법
랭스너 (A. Langsner)	구체적으로 구성원의 능력·근무성적·자질·습관·태도 등의 상대적 가치를 조직적으로 그리고 사실에 입각하여 객관적으로 평정하는 절차
플립포 (E.B. Flippo)	구성원이 현재하고 있는 직무에서 승진할 수 있는가, 잠재적인 능력이 있는지 없는지를 조직적·정기적으로 그리고 가능한 한 객관적으로 판정하는 것.

편, 경영학과 경찰행정학 분야에서는 주로 인사고과로 그동안 사용하여 왔는데, 1989년 이후 경찰행정에서도 근무성적평정으로 부르고 있다.

근무성적평정에 대한 정의도 다양하다. 학자들의 정의를 살펴보면, 〈표 4-1〉과 같다.[1] 학자들의 견해에 따라 그 표현방법도 다소 상이하지만, 인적 요소를 대상으로 하여 그의 가치와 유용성을 평정한다는 측면에서는 본질적으로 공통적이다.

2) 특성과 요건

이러한 개념 정의에 포함된 근무성적평정의 특성과 요건은 다음과 같다.

첫째, 조직의 구성원이 대상이므로 새로 입직하려는 외부의 사람을 평정하는 채용평정과 구별된다.

둘째, 사람과 직무와의 비교를 원칙으로 한다. 즉, 조직구성원이 직무를 수행함에 나타나는 업적을 중점적으로 파악한다. 그러므로 직무와 직무를 비교하여 직무의 가치를 평가하는 것이 직무평가인 데 반해, 근무성적평정은 사람과 직무와의 관계를 평가한다.

셋째, 근무성적평정은 직무담당자인 구성원의 상대적인 가치를 평가한다. 즉, 조직에서 구성원의 필요성은 그가 가지고 있는 직능(function)에 기인하기 때문에 구성원의 직능이 조직 내에서 상대적으로 어떤 유용성을 갖고 있는가를 근무성적평정에서 결정한다.

넷째, 근무성적평정은 객관적으로 평정하는 것이며, 주관적으로 평정하는 것은 아니다.

3) 기능

근무성적평정은 공정하고 효과적인 인사관리를 위한 핵심 제도이다.

첫째, 개인의 능력을 객관적으로 평가하여 인사행정의 기초자료로 활용되며, 정실인사를 방지하는 데 기여한다.

둘째, 구성원의 성과를 인정함으로써 사기를 높이고 능률을 향상시키는 제도적 수단이다.

셋째, 공정한 평정은 피평정자의 권익을 보호하지만, 주관적 평정은 오히려 침해를 초래할 수 있다.

넷째, 감독자의 지도력 강화를 위해 부하직원에 대한 세밀한 관찰과 평가가 요구된다.

---

1) 이황우 외 1인, 경찰행정학, 법문사, 2019 참조.

이처럼 근무성적평정은 개인의 능력 향상뿐 아니라 조직 전체의 효율적 인사관리를 위한 근거를 제공하는 중요한 장치이다.

4) 목적

근무성적평정은 먼저 조직목표의 달성을 위하여 조직구성원의 능력발전을 극대화하고, 행정능률을 향상시키고 행정을 객관화하는 데 그 목적이 있다. 이러한 근무성적평정의 목적 내지는 용도는 다음과 같다.[2)]

(1) 상벌의 목적

근무성적 평정제도는 주로 상벌의 목적으로 사용되며, 승급, 승진, 징계에 영향을 준다. 그러나 현직 성과만으로 더 높은 직책수행능력을 판단하기 어렵다는 한계가 있다. 이러한 문제로 인해 영국과 미국 등 선진국에서는 평정제도를 다양한 목적으로 활용하고 있다.

(2) 시험의 타당성 측정

근무성적평정의 목적은 시험의 타당성을 평가하는 데 있다. 이를 위해 시험성적과 임용 후 근무성적을 비교하여 시험이 실제 직무수행에 얼마나 적합한지를 판단하고, 인사관리의 신뢰성을 높이는 데 기여한다.

(3) 능력개발

근무성적평정은 조직구성원의 능력 개발과 조직 전체의 효율성 향상을 위한 중요한 제도이다. 구성원은 자신의 장단점을 스스로 정확히 인식하기 어려우므로, 감독자나 동료가 제3자의 시각으로 평가하고 피드백을 제공하는 것이 필요하다. 이를 통해 구성원은 자신의 강점과 약점을 인식하고, 필요한 교육훈련을 파악하여 업무능력을 높일 수 있다. 또한 적재적소에 인력을 배치하고 성과를 향상시키는 데 기여하며, 상하 간 이해와 구성원의 사기를 높여 조직과 개인 모두의 발전을 가능하게 한다.

2) Paul B. Weston, *Police Personnel Management*, Englewood Cliffs: Prentice-Hall, Inc., 1980, pp. 198～201.

(4) 공정한 인사행정 기준 확보

근무성적평정은 경찰관의 업무 질과 양을 객관적으로 평가할 수 있는 기준을 마련하여 공정한 인사행정을 실현하는 데 중요한 역할을 한다. 이를 통해 감독자는 정당한 평가를 수행할 수 있으며, 평정결과는 전보, 승진, 포상, 징계, 감원, 보수, 특별 상여금 지급 등 다양한 인사결정의 기초 자료로 활용된다. 또한 구성원의 성과를 명확히 측정하여 직책에 맞는 인력배치를 가능하게 하고, 조직운영의 효율성을 높이는 데 기여한다.[3)]

(5) 인사기술의 평가기준 제시

근무성적평정은 인사기술의 평가기준을 제공하는 중요한 도구이다. 이를 통해 승진자격 결정, 보직배치, 훈련 필요성 판단 등 다양한 인사행정에서 필요한 자료와 증거를 확보할 수 있다. 평정결과는 각 구성원의 능력과 실적을 객관적으로 평가함으로써, 인사관련 결정의 타당성을 높여준다. 특히, 승진이나 배치전환을 결정할 때 평정결과는 해당 직무에 필요한 기술과 자격을 평가하는 기준이 된다.[4)]

02. 근무성적평정의 구성요소와 운영체계

1) 필수 요건

(1) 타당성

근무성적평정은 "직무수행실적이 우수한 사람을 실제로 우수하게 평가하고 있는가"라는 요건을 충족시키기 위해서 평정요소가 조직의 목표를 달성하는 데 직접적인 관련성을 가진 것으로 근무성적평정표가 구성되어야 한다. 목표달성과 상관성이 없는 요소가 포함되면 실제 조직에 기여하는 사람을 우수하게 평가할 수 없기 때문이다. 따라서, 관련 직무에 대한 전문지

3) 이황우, 전게서, p. 254.
4) Calvin J. Swank & James A. Conser, *The Police Personnel System*, New York: John Wiley & Sons, 1990, pp. 257~258.

식을 갖춘 전문가들의 판단을 근거로 내용타당성의 확보가 요구된다. 또한 평정요소가 구체적인 행동으로 명확하게 기술될수록 평정자의 주관적 판단이 적게 개입되어 타당성을 높인다.

평정체제의 타당성은 평정방법의 운영과정에서도 확보되어야 한다. 즉, 1인이 평정하기보다는 다수가 평정함으로써 정실이나 개인적 편견에 의한 부당한 평정을 줄인다. 또한 평정의 타당성만 고려할 때 감독자보다는 동료나 부하직원의 평정이 타당성이 높다.[5] 특히, 연쇄효과나 근접효과 등에 의한 오류는 평정의 타당성에 중대한 위협요소가 된다.

(2) 신뢰성

근무성적평정의 신뢰성은 평가결과의 일관성과 정확성을 보장하기 위한 중요한 요건이다. 신뢰성은 크게 종단적 일관성(longitudinal consistency)과 횡단적 일관성(cross-sectional consistency)으로 구분된다. 종단적 일관성은 동일한 평정자가 시간차를 두고 여러 번 평정을 했을 때 결과가 일관되게 나오는지를 의미하며, 횡단적 일관성은 여러 평정자가 같은 시점에 독립적으로 평가했을 때 결과가 일관된 지를 의미한다.

그러나 종단적 일관성에는 위험이 따를 수 있다. 시차 동안 평정대상자의 실적이 변화할 수 있기 때문이다. 따라서, 근무성적평정에서 동시적 일관성이 중요한 개념으로 사용된다. 즉, 동일한 시점에서 여러 평정자가 독립적으로 평정을 수행하고, 그 결과가 일관되게 나오는지를 확인하는 것이다.

신뢰성에서 또 하나 중요한 요소는 내적 일관성이다. 이는 한 측면을 측정하기 위해 사용되는 여러 평가항목들이 동일한 속성을 유지해야 한다는 의미이다. 예를 들어, 협조성을 평가

〈표 4-2〉 **종단적 일관성과 횡단적 일관성**

구분	정의	평가 시점 및 주체	실례
종단적 일관성 (longitudinal consistency)	동일한 평가자가 시간을 달리하여 반복 평가했을 때 결과가 일관되게 나오는지 여부	시간차를 두고, 한 명의 평가자	A 평가자가 3월과 6월에 같은 직원을 평가했을 때 유사한 결과가 나오는가?
횡단적 일관성 (cross-sectional consistency)	여러 평가자가 동일한 시점에 독립적으로 평가한 결과의 일관성	같은 시점, 여러 명의 평가자	A, B, C 평가자가 동시에 같은 직원에 대해 비슷한 평가를 내리는가?

5) 이학종, 인적자원관리, 서울: 세경사, 1990, pp. 317~318.

하는 항목에서 창의성을 측정하는 항목이 포함되면 안 되듯이, 측정 항목들이 평가하려는 특성과 일치해야 평정의 신뢰성을 높일 수 있다. 이처럼 신뢰성은 평정결과의 일관성과 객관성을 보장하며, 이를 위해 평정과정의 체계성과 내적 일관성을 유지하는 것이 필수적이다.

(3) 식별력

평정체제는 탁월한 사람과 무능한 사람을 뚜렷하게 구분할 수 있는 식별력 또는 판별력을 갖추어야 한다. 만약 이러한 구분이 불가능하다면 열심히 일해 탁월한 실적을 올린 사람이 의욕적으로 직무수행에 임하려는 동기가 더 이상 유발되지 않을 것이다.

식별력을 갖추지 못한 평정의 결과가 인사 배치의 기준으로 채택되는 경우, 인사결과가 왜곡될 위험이 있으며, 탁월한 실적의 보유자는 근무성적평정에 불만을 가지게 될 것이다. 특히, 평정결과를 승진의 기준으로 사용하는 경우에는 개인 간 차별을 두어야 하기 때문에 평정의 식별력은 더욱 중요한 요건이 된다.

한편, 평정결과를 개인의 능력발전을 위한 정보제공 목적으로 사용하는 경우, 개인 간 평정의 식별력 문제가 아니라 평정대상자 개인의 구체적 평정요소 간 식별력도 요구된다. 평정대상자가 탁월한 실적을 보여주고 능력을 보유한 것으로, 평정된 평정요소와 그렇지 못한 평정요소가 뚜렷이 구분되어야 개인에게 유용한 정보를 환류시킬 수 있다. 이러한 측면에서 연쇄효과[6]는 가장 경계해야 할 평정상의 오류이다.

(4) 수용성

근무성적 평정체제는 이를 실제로 운영하는 계선조직 내 감독자(평정자)들의 지지와 평정대상자의 이해가 있어야 한다. 감독자에게 평정업무는 부수적이기 쉽다. 유용한 평정체제는 평정자가 평정의 중요성을 인식하고 평정결과를 평정대상자의 능력발전과 조직의 목표달성을 위해 활용할 수 있도록 유인해야 한다.

평정대상자의 입장에서 수용성이란 평정체제를 적극적으로 받아들이고 평가에서 좋은 점수를 받기 위해 열심히 일할 동기가 유발되는 것을 의미한다. 이러한 동기유발을 위해서 우선적으로 앞선 세 가지의 요건이 중요하게 작용한다. 타당성 · 신뢰성 · 식별력을 갖추어 평정결과가 개인의 능력발전이나 인사관리의 객관적 기준으로 활용될 때, 평정대상자는 평정에 대해

6) 연쇄효과는 평정자가 특정 인상에 의해 평정대상자의 다른 능력이나 성과까지 긍정적 또는 부정적으로 왜곡하여 평가하는 오류를 의미한다.

관심이 높아지고 평정의 유용성을 인정한다. 수용성 확보를 위한 적극적인 방법은 평정대상자의 자기평정이나 평정결과의 상담 등을 통해 평정과정에 대한 참여기회 부여이다.

(5) 실용성

평정체제는 평정자나 평정대상자 모두에게 쉽게 이해되고, 평정이 힘들지 않도록 단순해야 한다. 평정방법 중에서 자유서술법보다는 평정척도법이나 체크리스트법이 이러한 측면에서 훨씬 실용성이 높다. 평정체제는 또한 경제성이 있어 개발과 운영에 비용이 적게 들고, 여러 가지 다양한 용도로 활용할 수 있는 융통성이 높을 때 실용성은 높아진다.[7]

이러한 측면에서 평정체제가 단순성이나 경제성은 높지만 융통성이 낮다면, 향후 평정에서 얻은 정보를 유용하게 활용할 수 있는 방법을 강구해야 한다.

2) 구성요소

근무성적평정의 기본적 요건들을 충족시키고 근무성적평정이 제도적으로 확립되기 위해 갖추어야 할 구성요소들을 살펴보면 다음과 같다.

(1) 평정자

먼저, 근무성적평정의 구성요소로서 평정자가 있어야 한다. 평정자는 평정대상자의 근무상황을 평정하는 상위감독자를 말한다. 구체적으로 여러 상위감독자 중에서 누구를 평정자로 할 것인가 하는 것이 문제가 된다.

이 문제의 해결에는 다음과 같은 점들이 고려되어야 한다.[8]

첫째, 평정대상자와 항상 접촉하고, 그들의 근무상황을 구체적으로 관찰할 수 있는 사람이어야 한다.

둘째, 평정대상자의 직무와 책임의 구체적 내용과 직무수행의 기준으로서 요청되는 수준 및 자격 정도를 잘 알고 있는 감독자 중에서 지정되어야 한다.

셋째, 평정대상자를 매일 지휘・감독하는 지위에 있는 사람이어야 한다.

---

7) 오석홍, 전게서, p. 355.
8) 장지호, 전게서, p. 329.

근무성적평정의 평정자는 평정대상자와 가장 접촉이 많고 밀접한 관계에 있는 감독자 중에서 지정되어야 한다. 따라서, 단독평정제의 경우 직접 감독자를 평정자로 하고, 복수평정제의 경우에는 감독계열에 따라 직접 감독자를 1차 평정자로 하며, 직접 감독자 바로 위의 차상위 감독자를 2차 평정자로 하는 것이 원칙이다.

일반적으로 평정자의 수가 많으면 많을수록 평정이 정확하고 공정하게 이루어질 것으로 기대할 수 있다. 다수가 평정에 참여함으로써 평정자 개인으로서 범하기 쉬운 오류를 상호 상쇄시킬 수 있고, 개인이 놓치기 쉬운 실적을 광범위하게 관찰해낼 수 있는 장점이 있다.

반면, 다수가 평정에 참여하는 경우 평정자가 관찰하지 못한 부분에 대하여 평정을 해야 하는 경우도 생겨 오히려 평정의 타당성을 감소시킬 우려도 있다.

더구나 계층제 조직구조에서 평정대상자를 가장 잘 관찰할 수 있는 사람은 직접 감독자이며, 차상위 감독자나 다른 부서의 상급자는 평정대상자를 관찰하는 기회가 적고 관심의 정도도 낮기 때문에 평정의 타당성에 어느 정도 기여할지 의문의 여지가 있다.[9)]

한편, 평정의 타당성과 공정성을 높이고 보다 효과적인 평정을 하기 위하여 평정자 훈련이 필요하다. 이는 평정방법을 올바로 이해하고 작성하는 방법을 교육시켜야 하며, 평정을 정확하고 공정하게 하도록 하기 위함이다.

(2) 평가대상요소

가) 실적중심 평정요소

근무성적평정의 평가요소 중 실적과 관련된 요소는 상사가 부하에게 기대하는 업무의 내용과 수준을 달성한 정도를 평가한다. 이는 업무의 질과 양을 포함하며, 직무내용을 기준으로 한 객관적 평가가 가능하다. 실적중심 평정은 직무에 따른 공정한 보상결정과 조직목표 달성에 기여하며, 대표적인 방식으로는 MBO 평정법이 있다.

나) 인적 측면 평정요소

근무성적평정은 실적뿐만 아니라 개인의 직무수행 능력과 태도도 평가한다. 실적평가와 더불어 개인의 능력 발전과 승진자료로 활용되며, 특히 잠재적 능력과 태도가 중요한 평가기준이 된다. 개인적 특성은 추상적이므로 명확한 평가요소와 구체적으로 관찰 가능한 행태를 기

---

9) 박동서, 한국행정론, 서울: 법문사, 1995, p. 281.

준으로 평가해야 한다.

다) 평정요소 선정 시 고려사항

평정요소를 선정할 때는 첫째, 조직목표 달성에 기여할 수 있는 요소를 선택해야 하고, 둘째, 추상적인 특성을 구체적인 행동기준으로 제시해야 하며, 셋째, 요소 간 의미의 중첩을 피해야 한다. 각 요소는 조직목표와 직무의 중요성에 따라 가중치를 부여하고, 평정등급을 정하여 평정대상자의 성과를 식별한다.

아울러 평정대상자의 무엇을 평정할 것인가, 그리고 그 평정요소를 얼마만큼 중요시할 것인가를 결정하고 난 다음에는 평정요소별로 평정의 등급을 부여해야 한다. 등급은 바로 평정대상자의 근무성적을 평정하는 데 직결된다. 따라서, 등급의 수는 평정방법이 갖추어야 할 식별력에 중요한 영향요인이다.

(3) 평정절차

가) 평정절차상의 오류

근무성적평정은 인간이 인간을 평가하는 과정이므로 여러 가지 착오가 발생할 수 있다. 평정자의 능력, 태도, 가치관 차이로 인해 발생하는 오류로는 연쇄효과, 집중화 경향, 관대화 및 엄격화 경향, 근접효과, 선입견, 현혹효과, 논리적 착오, 규칙적 착오, 총계적 착오 등이 있다. 이러한 오류는 평정의 정확성을 저해하므로 이를 제거하는 것이 중요하다.

나) 평정시기의 문제

평정시기는 평정대상자의 성과를 종합적으로 판단하는 시점을 말한다. 시기가 짧아 평정횟수가 많아지면 감독자의 업무부담이 증가하고 평정의 신뢰성이 저하될 수 있다. 따라서, 정기평정은 연 1회 또는 2회 정도로 실시하는 것이 바람직하다.

평정시기를 설정할 때는 평정결과의 활용성과 실행상의 편의를 고려해야 한다. 가장 최신의 자료를 이용하는 것이 타당성이 높으므로, 승진결정이나 교육훈련대상 선정을 앞두고 근무성적평정이 이루어지는 것이 적합하다.[10)]

---

10) 김규정, 전게서, 1999, pp. 574~575.

(4) 평정결과

가) 공정성

근무성적평정의 결과는 승진결정의 공정성 등 여러 가지 용도로 사용되므로 평정자로 인한 편차를 조정하여 공정성을 확보해야 한다. 정부나 민간 부분에서의 근무성적평정은 평정자 이외에 그 상관을 2차 평정자 내지 확인자로 평정에 참여시켜 평정자의 오류와 평정자간의 편차를 조정한다. 일반직 공무원의 경우 확인자 이외에 평정결과를 조정할 목적으로 근무성적평정 위원회를 두고 있다.

나) 평정결과의 공개와 활용

평정결과의 공개는 그 정도에 따라 여러 가지 형태를 고려할 수 있다. 즉, 평정결과에 대해 평정대상자의 접근을 허용하는 것, 적극적으로는 평정결과를 놓고 문제점에 대하여 평정자와 평정대상자 간에 평정면접을 하는 것, 그리고 가장 적극적인 의미로 평정결과에 대하여 부당하다고 여기는 평정대상자에게 시정을 호소할 수 있는 소청기회를 제도적으로 보장해주는 것 등이 있다.

평정결과의 활용에서 중요한 것은 평정자의 평정에 대한 환류가 구체적인 행동사례에 근거하여 이루어지고, 잘하거나 잘못된 행동이 있는 직후에 환류가 실시되어야 한다. 이것은 피평정자를 충분히 관찰할 수 있고, 평정대상자의 직무를 충분히 이해하고 있는 평정자의 환류여야 하며, 최종적으로 행동방향과 목표를 분명히 제시해야 한다.[11)]

(5) 평정대상자

근무성적 평정체제를 확립하기 위해서는 평정대상자의 범위를 정해야 한다. 즉, 평정할 대상자의 범위를 말하는 것으로 크게 두 가지가 있다. 하나는 전체 구성원 중에서 근무성적평정의 대상에 포함시킬 평정대상자의 범위이며, 또 하나는 동일평정서를 적용할 평정대상자의 범위이다.

후자의 경우 평정표에 포함될 평정요소를 평정대상자에 따라 동일하게 또는 다르게 선정할

---

11) Barry R. Nathan, Allan M. Morhrman, Jr., & John Milliman, "Interpersonal Relations as a Context for the Effect of Appraisal Interviews on Performance and Satisfaction: A Longitudinal Study," *Academy of Management Journal*, 34, 1991, pp. 352~369.

것인가의 문제이다. 전자의 경우는 평정의 목적과 밀접한 관련을 가지고 있다. 평정이 인사이동의 기준이나 실적급의 결정에 이용되는 경우, 평정대상자의 범위는 실적주의가 적용되는 평정대상자에 한정되는 것이 타당하다. 그러나 평정이 경찰관의 능력발전을 위해 활용되는 경우, 그 범위를 한정할 필요가 없다.

한편, 근무성적 평정제도의 성공 여부는 평정대상자의 수용 정도에 좌우되기 때문에 적극적으로 받아들일 수 있도록 해야 한다.

(6) 평정의 방법

근무성적평정의 평가방법에는 여러 가지가 있다. 즉, 조직의 구성원으로서 각 개인의 성과는 여러 가지 요인에 의하여 이루어진다. 따라서, 성과의 원인이 되는 다양한 요소들과 관련해서 다양한 평가방법이 있다.

[그림 4-1] **성과의 구성요소**[12)]

구성원 개개인은 자신의 일에서 어떤 결과(성과)를 얻기 위하여 주어진 직무 상황(여건)하에서 여러 가지 행동을 하게 된다. 따라서, 평가방법에는 구성원 개인과 관련된 평가방법, 행동에 의한 평가방법, 그리고 결과에 의한 평가방법이 있다. 또한 직무상황까지를 포함하여 모든 요소들을 복합적으로 측정하는 방법도 있다.

근무성적평정의 평가방법들은 다양한 세부적 기법들을 가지고 있다. 근무성적평정 시 어떠한 방법을 쓰는가도 중요하지만, 그것을 누가, 어떻게, 무슨 목적으로 활용하는가도 중요하다. 왜냐하면 평가는 결국 사람이 하는 것이므로 평정자의 능력・자질・자세가 평가제도의 운영에 결정적인 역할을 하기 때문이다.

가) 개인의 특성을 평가하는 방법

개인의 특성에 의한 방법은 가장 흔히 쓰이는 방법이다. 이 평가방법은 평정자들이 피평정

---

12) Resnic S. Mohrman & Edward E. Lawler Ⅲ., *Designing Performance Appraisal System*, New York: Jossey-Bass Publishers, 1989, p. 49.

자의 특성, 예를 들면 충성심 · 신뢰성 · 친절 · 창의성 · 추진력 등을 평가한다.

이 방법은 문제점을 안고 있다. 첫째, 경찰관들의 지난 6개월 또는 1년 동안의 성과를 평가할 때 경찰관의 특성들은 상당히 애매하고 주관적인 개념이다. 둘째, 이 방법은 경찰관들의 직무상황을 고려하지 않고 있다.

나) 개인의 행동을 관찰하여 평가하는 방법

이 평가방법은 조직의 구성원들이 특정한 직무 상황 하에서 어떠한 행동을 하고 있는가를 관찰하고 그것을 평가하는 것이다. 구성원의 어떤 행동은 그 개인이 소속되어 있는 부서의 성과에 긍정적인 영향을 줄 수도 있고, 또 어떤 행동은 부정적인 결과를 초래할 수 있다. 평정자는 평소에 피평정자들의 행동을 유심히 관찰하고 이것을 기록함으로써 지속적인 평가를 할 수 있는 반면, 평정자에게는 시간적으로 부담을 줄 수 있는 방법이다.

다) 성과에 의하여 평가하는 방법

구성원의 성과, 즉 가시적인 결과를 가지고 평가하는 방법이다. 예를 들면, MBO와 같은 방법처럼 구성원들이 조직이나 부서의 목적달성에 어느 정도 기여하였는가를 평가하는 것이다. 이 방법은 구성원들의 성과를 평가하는 데 매우 효과적인 방법이다.

3) 운영체제

근무성적평정의 운영체제는 여러 가지의 구성요소로서 구체적으로 운영된다. 근무성적평정의 운영체제에 있어서 가장 중요한 영향을 미치는 변수는 평정을 실시하는 평정자, 평정을 받게 되는 평정대상자, 평정의 도구로 사용되는 평정방법으로 요약된다. 평정자가 평정대상자를 관찰하여 평정하는 과정에서 평정방법이 매개체로 작용하며, 세 변수가 상호작용하여 평정결과가 나타나게 된다.

또한 평정결과는 평정자와 평정대상자에게 환류되는 일련의 순환과정을 거친다. 평정이 과학적이고 합리적이기 위해서 평정결과를 포함한 이상의 네 가지 요소가 종합적이고 체계적으로 상호작용해야 한다.

특히, 평정방법은 이것을 활용하는 평정자와의 관계, 이것이 적용되는 피평정자와의 관계에서 평정절차와 평정요소의 문제가 제기된다. 즉, 평정방법과 평정자의 관계에서는 평정방법을 어떻게 운영할 것인가에 대한 평정절차의 문제가, 그리고 평정방법과 평정대상자의 관계에서는 평정대상자의 무엇을 평정할 것인가의 문제가 제기된다. 또한 평정요소 및 각 평정요소의 세부항목에 평정대상자의 실적수준을 어떻게 적용시켜 구분할 것인가와 같은 등급 결정의 문제도 제기된다.

〈표 4-3〉 **근무성적평정의 운영체제**

구성 요소	개념	상호작용
평정자	평정을 실시하는 사람	평정방법을 사용하여 평정대상자를 관찰함
평정대상자	평정을 받는 사람	평정자에 의해 관찰됨
평정방법	평정을 수행하기 위한 도구 및 방법	평정자와 평정대상자 사이에서 매개체 역할을 함
평정결과	평정과정의 최종 결과	평정자와 평정대상자 모두에게 환류

03. 근무성적 평정제도의 유형

근무성적 평정제도는 여러 가지 유형으로 분류된다. 다양한 유형의 근무성적 평정제도가 조직의 특성과 환경 등 여러 요인에 영향을 받아 그 조직에 적절한 근무성적 평정제도가 선택된다.

일반적으로 근무성적 평정제도의 유형은 평정수단의 형태에 따라 여러 가지 유형으로 구분된다. 평정과정에서 사용되는 평정수단은 평정자가 수집하는 정보의 정확성과 유용성에 영향을 주기 때문에 중요한 구성요소이다.

1) 평정수단의 종류

현실적으로 사용하고 있는 평정수단은 종류와 명칭이 다양하다. 분류된 평정수단은 명칭도 다르고, 세부내용도 상당한 차이가 있다.

첫째, 평정내용을 기준으로 평정수단은 자질위주・행동위주・성과위주의 3가지 방법으로 구분된다.[13)]

둘째, 평가에 활용되는 정보에 근거하여 판단지향(judgment-oriented), 행동지향(behaviororiented), 결과지향(resultes-oriented) 평정방법으로 분류된다.14)

셋째, 분류기준 없이 전반적 체제(overall appraisal system), 객관적 자료체제(system based on objective data), 차별체제(differented system), 기타 체제(other system)의 4가지로 나누어 각각을 세분화한다.15)

넷째, 평정수난 간의 유사성을 기준으로 4가지로 나누고 있는데,16) 서술요약방법(narrative ummaried), 평정척도법(rating scales), 사실표식법(checklists), 서열법(rankimg procedures)이다.

이상의 분류내용을 종합적으로 살펴보면 〈표 4-4〉와 같다.

〈표 4-4〉 **평정수단의 분류**17)

분류기준	분류항목
평정내용	자질위주, 행동위주, 성과위주
활용정보	판단지향, 행동지향, 결과지향
구체적 체계 유형	전반적 체계, 객관적 자료체계, 차별체계, 기타 체계
수단 간 유사성	서술요약방법, 평정척도법, 사실표식법, 서열법

2) 근무성적 평정제도의 유형

근무성적 평정제도의 유형들을 주로 평가 시 사용되는 평정의 내용을 중심으로 종합적으로 분류해 본다.18)

(1) 서열지향 근무성적 평정제도

이 근무성적 평정제도는 다수의 피평정자에 대해 전반적인 실적을 기준으로 이들 간에 서

---

13) 박동서, 인사행정론, 법문사, 1990, p. 248.

14) Gilbert B. Siegel & Robert C. Myrtle, *Public Personnel Administration: Concepts and Practices,* Boston: Houghton Mifflin Company, 1991, p. 373.

15) Pieter J. Drenth, "Personnel Appraisal," In P.J.D. Drenth(eds.), *Handbook of Work and Organizational Psychology,* Vol. 1, 1990, p. 214.

16) Joe Baker Jr., *Causes of Failure in Performance Appraisal and Supervision: A Guide to Analysis and Evalution for Human Resources Professionals*, New York: Quorum Books, 1987, pp. 85~89.

17) 이유준, "근무성적 평정요소의 선정에 관한 연구," 서울대학교 대학원 박사학위논문, 1992. p. 20.

18) 상게논문, pp. 20~27 참조; 상게논문에서는 평정수단의 분류기준에 따라 ① 서열체제, ② 자질지향체제, ③ 행동지향체제, ④ 결과지향체제로 분류함.

열을 정한다. 일반적으로 자질·행동·결과 등을 고려하여 일을 가장 잘 하는 사람을 제일 위에, 일을 가장 못하는 사람을 제일 밑에 적는다. 관찰 가능한 행동·결과에 근거하지 않는다는 점에서 자질지향 평정체제와 동일하다. 서열지향체제는 피평정자의 전반적인 실적 또는 전체적 특성을 기준으로 평정하고, 자질지향체제는 이를 몇 가지 요소로 세분화한 자질을 사용하는 차이가 있다.

서열지향체제는 보통 전반적인 실적을 기준으로 한 서열화 방법이 많이 사용되지만, 평정표의 평정요소에 대해서도 적용될 수 있다. 즉, 평정요소 하나마다 평정대상자의 서열을 정하여 최종 서열을 결정할 수도 있다. 서열체제는 대인비교법(man-to-man comparison), 순차서열법(alternation ranking), 조합비교법(paired comparison), 강제배분법(forced distribution)의 4가지 방식이 있다.

그러면 대인비교법과 강제배분법 및 조합비교법에 대해서 살펴본다.

가) 대인비교법

대인비교법(man-to-man comparison)은 평정요소, 예컨대 지도력·전문지식·협조성·책임성 등을 산정하여 각 요소별로 평정등급, 예컨대 지도력이 가장 뛰어난 사람, 보통인 사람, 뒤떨어진 사람 등 3등급 내지 5등급을 정한 후 각 평정등급별로 평정자들 중에 표준인물을 선택하여 그를 기준으로 나머지 피평정자를 비교·평가하는 방법이다.

평정기준으로서 구체적인 인물을 활용한다는 점에서 평정의 추상성을 극복할 수 있고, 평정의 조정이 용이하지만, 객관적인 표준인물의 선정이 어렵다는 단점이 있다.

〈표 4-5〉 **대인비교법의 실례**[19)]

평정요소	협조성			
평정등급	탁월	우수	보통	미흡
표준인물	박○○	정○○	이○○	김○○
피평징자	전○○ 최○○	송○○ 한○○	라○○ 심○○	곽○○ 장○○

19) 박연호, 인사행정론, 법문사, 1996, p. 290 참조.

나) 강제배분법

<u>의의</u> 강제배분법(force distribution)은 근무성적을 평정한 결과 피평정자들의 성적분포가 과도하게 집중되거나 관대화되는 것을 막기 위해 성적분포의 비율을 미리 정해 놓는 평정방법이다. 즉, 피평정자의 비율을 사전에 인위적으로 정하고 근무실적에 따라 분포시키는 방법이다. 예를 들면, 5개 등급의 경우, 수 10%, 우 20% 미 40%, 양 20%, 가 10% 등으로 분포시킨다.[20]

강제배분법은 평정점수 분포의 통제에 따르는 방식이다. 많은 수의 근무성적을 평정하는 경우 대체로 극소수의 사람이 최상 · 최하의 등급을 받게 되고, 그 외 대부분의 사람은 중간에 집중하도록 한다. 이것을 도표로 표시하면 종형인 정상분포곡선이 된다. 이러한 정상형이 되게끔 강제로 분산시키는 것이 이 평정의 목적이다.[21]

분포비율을 정하는 방법은 여러 가지가 있으나, 예컨대, 등급의 수가 다섯인 경우 10 · 20 · 40 · 20 · 10의 비율로 종형(鐘形)인 정상분포곡선(normal curve)이 되도록 배분하는 것이

[그림 4-2] **강제배분법의 정상분포곡선**

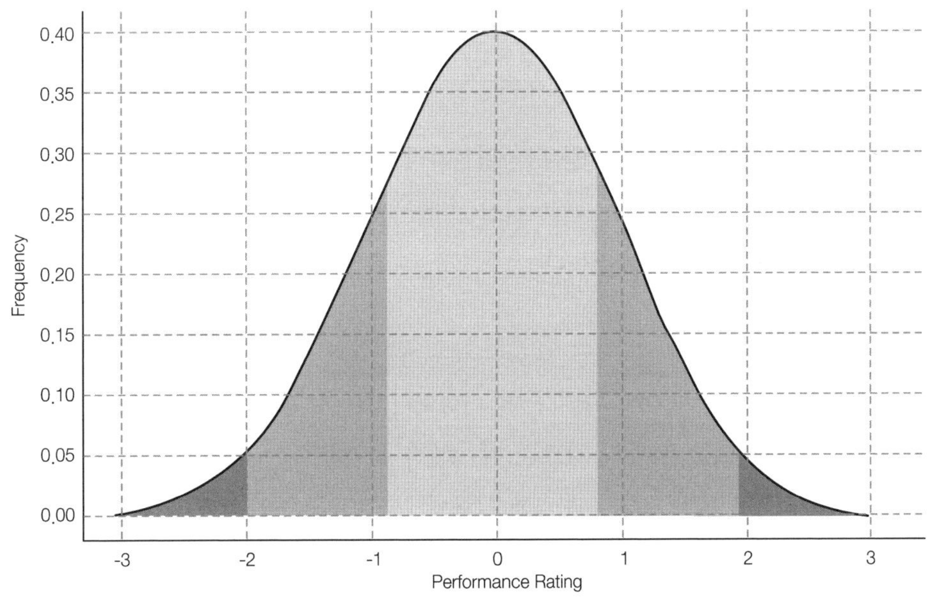

20) 이황우, 전게서, p. 255.

21) Richard M. Davis, Police management Techniques for the Medium Size Community, *The Police Chief*, New york: Mcmillan co., 1987, p. 39.

일반적인 예이다.

장단점 강제배분법은 피평정자가 많을 때 관대화 경향에 따르는 평정오차를 방지하는 장점이 있다. 그러나 평정대상 전원이 무능하더라도 일정 비율 중 어느 한 비율의 인원은 열등하다는 평정받게 되는 단점이 있다. 또한 평정자가 미리 강제배분비율에 따라 평정대상자를 각 등급에 분포시키고, 그 다음에 역으로 등급에 해당하는 점수를 부여하는 소위 역산식(逆算式) 평정을 할 가능성이 높다. 예를 들면, 연공서열의 기준에 의해 평정을 해놓고 도표식 평정척도법을 형식적으로 적용하는 것이다.

강제배분법의 주요 목적은 평정점수의 중앙집중화, 관대화, 엄격화 경향을 방지하는 데 있다. 이를 통해 평정점수가 정규분포곡선에 가깝게 분포되도록 유도한다. 이 방법은 집단 규모가 클수록 유효하며, 보통 30명 이상의 대상을 평가하는 경우에 사용된다.

다) 조합비교법

의의 조합비교법 또는 쌍쌍비교법(paired comparison method)은 피평정자를 두 사람씩 짝을 지어 비교를 되풀이 하여 평정하는 방법이다. 이 방법도 피평정자의 근무실적을 전체적으로 비교하는 종합적 방법과 각 평정요소별로 비교하는 분석적 방법이 있다. 이 방법은 평정자의 주관적 조작을 방지할 수 있고, 평정 그 자체가 용이하지만 피평정자의 수가 많을 경우 활용이 곤란하다.

예컨대, 종합적 방법으로 평정할 경우 피평정자의 총수가 n명일 때 n(n−1)/2 만큼 짝지어 평정해야 한다.[22] 이를 각 평정요소별로 평정한다면 그 작업량은 매우 많아지므로 실제 운영에서는 종합적 방법만이 가능할 것이다.

장단점 이와 같은 서열화 방법의 단점은 개인 간 실적 차이의 정도를 나타내지 못한다. 예컨대, 명부상의 1위와 2위 간의 차이가 어느 정도인지를 알 수 없다. 서열은 알려주지만 다른 집단과 비교할 수 있는 객관적 자료는 제시하지 못한다.

〈표 4-6〉을 보면 2명씩 비교하여 우월한 사람에게는 1점을 주고, 열등한 사람에게는 0점을 주어 총점을 계산, 점수화한다. 이를 통한 점수결과를 평정결과로서 나타낸 것이다.

22) 강성철 외 4인, 새인사행정론, 대영문화사, 1999, p. 320.

〈표 4-6〉 **조합비교법의 실례와 평정결과**[23)]

구분	Kroner	Duffey	Linder	Rupnow	Schultz	Willner	Gray	Byron	Washington	Salerno
Kroner	×	1	0	0	0	1	0	0	1	0
Duffey	0	×	0	0	0	0	0	0	0	0
Linder	1	1	×	0	1	1	0	0	1	1
Rupnow	1	1	1	×	1	1	0	0	1	1
Schultz	1	1	0	0	×	1	0	0	1	0
Willner	0	1	0	0	0	×	0	0	0	0
Gray	1	1	1	1	1	1	×	1	1	1
Byron	1	1	1	1	1	1	0	×	1	1
Washington	0	1	0	0	0	1	0	0	×	0
Salern	1	1	0	0	1	1	0	0	1	×
총점	6	9	3	2	5	8	0	1	7	4

※평정결과

순경 Francis Duffey: 9 　　순경 Judy Willner: 8
순경 Willie Washington: 7 　　순경 Victor Kroner: 6
순경 Thomas Schultz: 5 　　순경 Mary Salerno: 4
순경 Nicholas Linder: 3 　　순경 Stephen Rupnow: 2
순경 Kendall Byron: 1 　　순경 Wilmont Gray: 0

(2) 자질지향 근무성적 평정제도

이 근무성적 평정제도는 피평정자 개인이 보유한 자질을 몇 개의 요소로 나누어 놓고 각 요소마다 피평정자를 평가한 후 전체적인 자질의 정도를 판단한다. 평정수단은 개인의 자질을 측정할 수 있는 평정척도를 사용하는 것이 일반적이다.

자질지향체제의 평정척도는 자질명칭·정의·등급의 3가지 특징을 중심으로 분류된다. 그 중에서 등급의 내용을 기준으로 한 분류가 가장 많이 사용되며, 정의에 근거한 분류도 활용되고 있다. 등급화의 내용을 기준으로 도표식 평정척도, 수치식 평정척도, 평어식 평정척도, 기술지식 평정척도의 4가지로 분류된다.[24)]

23) William Bopp & Paul Whisenand, *op. cit.*, p. 109.
24) Henry M. Wrobleski & Karen M. Hess, *Introduction to Law Enforcement and Criminal Justice*, 4th ed., St. Paul, Minneapolis: West Publishing Co., 1984, p. 267.

가) 도표식 평정척도법

도표식 평정척도법은 횡선 위에 일정 단위의 간격을 표시하여 평정자로 하여금 그 선위에 평정대상자가 지닌 자질의 정도를 나타내도록 한다. 표시되는 간격은 연속적일 수도 있고, 비연속적일 수도 있다. 또한 간격에는 숫자가 덧붙여지기도 한다.

나) 수치식 평정척도법

수치식 평정척도법은 간격을 나타내는 숫자만 있고 횡선은 없다는 점에서 도표식 평정척도와 구분된다.

다) 평어식 평정척도

평어식 평정척도는 수치식 평정척도의 숫자를 평가에 해당하는 형용사로 바꾸어놓은 것이다.

이상의 세 평정척도를 통칭하여 전통적 평정척도라고 한다.

라) 기술지식 평정척도법

기술지식 평정척도(descriptive rating scale)는 전통적 평정척도들의 여러 가지 평정오류, 특히 도표 · 수치 · 평어를 둘러싼 평정자간의 주관적 해석 차이를 극복하기 위한 것이다. 전통적 평정척도의 수치식은 해석상의 주관성을 방지하기 위해 단순한 숫자 대신에 '상위 5% 이내' 등의 표현을 쓰기도 한다.

기술지식 평정척도는 등급표시를 설명적인 문구로 하며, 기술지(descriptor)가 보다 정교화되어 구체적인 행동으로 표시된다. 다만, 자질지향체제에서 사용되는 기술지는 경험적 조사 없이 선험적인 차원에서 선택되므로 행동지향체제에서의 기술지와는 근본적으로 다르다.

어떤 방식을 사용하여 평정하든 개인의 자질에 근거한 자질지향체제는 그 주관적 성격 때문에 많은 문제를 안고 있다.

(3) 행동지향 근무성적 평정제도

자질지향체제에 내포된 주관성을 극복하기 위한 것이 행동지향 근무성적 평정제도이다. 1950년대를 전후하여 지금까지 개발된 행동지향 근무성적 평정제도의 평정수단은 매우 많다.

행동지향 근무성적 평정제도의 평정방법은 사실표식법(weighted checklist), 강제선택법

(forced choice method), 주요사건기록법(CI: Critical Incident method) 등이 있다.

가) 사실표식법

사실표식법은 평정자가 평정표에 나열된 평정요소에 대한 설명 또는 질문을 보고 피평정자에게 해당되는 것을 골라 표시하는 방법이다. 평정자는 피평정자의 특성이나 직무수행을 평가하지 않고 단순히 보고할 따름이다. 질문 항목마다 가부 또는 유무의 표시를 할 뿐 항목마다 피평정자의 특성을 평가하여 가치를 부여하거나 등급을 정하지 않는다. 평정결과를 평가하거나 평정요소마다 가중치를 부여하는 것은 그 용도에 따라 인사담당자들이 할 일이다. 특히, 평정항목에 가중치를 부여하는 사실표식법을 '가중사실표식법'이라고 한다.[25]

〈표 4-7〉 **사실표식 항목의 실례**[26]

구분	긍정(yes)	부정(no)
1. 그는 직무에 정말 흥미를 느끼고 있는가? 2. 좋은 의견을 자진해서 제안하는가? 3. 부하들을 밀어 주는가? 4. 출근성적이 만족할 만한가? 5. 그는 자기의 작업도구를 양호한 상태로 유지하는가? 6. 직무수행에 필요한 지식이 충분한가? …………		

사실표식법은 평정표에 평정요소가 비교적 명확하게 제시되어 있고, 평정자는 피평정자가 가지는 요소의 수준을 면밀히 등급지을 필요가 없이 단순히 유무 또는 가부만을 판단하기 때문에 평정하기가 비교적 쉽다. 평정자에게는 쉬운 반면, 평정표를 만들기는 힘들다.

나) 강제선택법

강제선택법은 보통 비슷한 가치가 있다고 생각하는 기술 항목들 가운데 피평정자의 특성에 가까운 것을 골라 표시하도록 강제하는 평정방법이다. 예컨대, 얼핏 보아 둘 다 좋은 것으로 생각될 법한 한 쌍의 기술항목을 제시하고 그중 하나만 반드시 선택하게 한다.[27]

---

25) *Ibid.*, p. 398.
26) Edwin B. Flippo, *Principles of Personnel Management*, New York: McGraw-Hill, 1981, p. 250.
27) *Ibid.*, p. 251.

이상에서 살펴본 2가지 방법의 공통점은 근무성적 차원에 대한 일련의 행동사례(checklist)들이 주어져 있고, 평정자는 직무수행과정에서 그러한 행동들을 실제 '보았는지'(has observed)를 표시하도록 한다. 그리고 평정자가 표시한 항목의 가치는 제3자로서 인사부서만이 알고 있다.

양자 간의 차이점을 보면, 가중사실표식법은 행동사례의 가치(가중치)를 중시하여 평정자가 '관찰했다고 보고한' 행동항목에 대해 그 가치를 합계하여 피평정자 간의 순위를 결정한다. 평정자는 행동항목의 선택에 있어 자유롭다. 반면, 강제선택법은 나열된 행동항목 중에서 반드시 선택해야 한다.[28]

다) 주요 사건기록법

주요 사건기록법은 단순하면서도 정확한 평정방법을 추구하는 노력의 결과로 고안된 것이며, 직무상의 성패를 가름해주는 중요한 행태를 확인할 수 있다는 전제하에 만들어졌다. 평정자는 피평정자의 직무수행상 일어나는 일정한 사건, 즉 주요 사건을 기록하거나 또는 미리 열거되어 있는 사건묘사 중 해당하는 것에 표시를 한다.

〈표 4-8〉을 보면, 평정표의 '4. 문제상황에 대한 경각심'이라는 난에 요약 · 표시된다.[29] 이 방법의 특징은 'How'가 아니라 'What'을 강조한다. 피평정자가 보유한다고 가정되는 자질 또는 성격의 정도에 대한 주관적 판단이 아니라 구체적인 '주요사건'의 '발생빈도'를 기록하여 판정한다.[30]

〈표 4-8〉 **주요 사건기입 평정표**

4. 문제상황에 대한 경각심					
a. 문제를 의식하지 못한다. b. 문제의 원인을 간과한다. c. 특수한 상황을 인식하지 못한다.			A. 문제가 발생한 즉시 간파한다. B. 문제의 원인을 파악한다. C. 문제가 야기될 수 있는 상황을 간파한다.		
일자	항목	사건	일자	항목	사건
12/4	C	특별우편의 지연	11/2	C	전기장치의 고장문제

28) 이유준, 전게논문, p. 23.
29) 오석홍, 전게서, p. 403.
30) Donald E. Klingner, Public personnel management: Contexts and Strategies, New Jersey: Prentice-Hall, Inc., 1992, p. 238.

주요 사건기록법은 인간행동에 대한 직접적 관찰들을 수집하는 일련의 절차로서 실제적인 문제를 해결하는 데 유용하다. 직무분석의 일종이며, 평정수단 자체는 일종의 직무요건으로서 기능한다. 종업원들은 이러한 직무요건에 나타난 주요 사건의 발생빈도를 주기적으로 기록함으로써 궁극적으로 생산성을 향상시킨다.

일정 기간 동안의 근무성적을 상급자가 기준과 비교하여 판단하는 활동을 근무성적평정의 전형이라고 한다면, 주요 사건기록법은 이런 의미의 평정은 아니다. 기록은 자기 스스로 하고, 그 결과는 인사조치와 무관하다. 따라서, 자기계발을 위한 자기평정으로 볼 수 있다.

라) 행태기대 평정척도법

행태기대 평정척도법(BES: Behavioral Expectations Scale)은 가중사실표식법이나 강제선택법에서와 마찬가지로 행동사례를 사용하지만, 평정결과는 제3자만 알고 있는 것이 아니라 평정자도 알 수 있다는 점에서 근본적인 차이가 있다.

행동사례를 사전에 결정해놓은 가치 정도에 따라 순서대로 일직선상에 나열해놓고, 평정자가 평정할 때 자신이 표시하고 있는 행동사례가 몇 점인지를 알면서 평정한다. 즉, 평정척도상의 그림 · 수치 · 평어를 행동사례로 바꾸어놓은 일종의 평정척도가 행동기대척도(BES)이다. 하지만 물리적인 측면에서 전통적인 도표식 척도와 다르다. 행동사례들이 자질의 명칭을 단순히 형용사로 바꾸거나 단순한 숫자가 아니라는 점에서 그러하다. 하나의 평정요소를 구성하는 6~7개의 행동문항은 단일 차원을 형성하며, 평정자가 표시한 위치는 해당 평정요소에 대한 평정치가 된다.[31]

행태기대척도(BES)는 평정상의 문제점들로 인해 다른 여러 가지 변형들이 시도되어 왔다. 이후 등장한 이와 유사한 척도들을 모두 행태기준척도(BARS: Behaviorally Anchored Rating Scale)라고 한다.

마) 행태기준 평정척도법

행태기준 평정척도법(BARS)은 실제로 관찰될 수 있는 행태를 문장으로 서술하여 평정척도를 표시한 평정표를 사용한다. 이 방법은 평정자가 평정척도상의 등급이 무엇을 의미하는지에 대한 해석을 하는 것이 아니라, 그러한 해석을 분명하게 설명하는 행태적 길잡이(behavioral

31) Kenneth N. Wexley & Richard Klimoski, "Performance Appraisal: An Update," *Research in Personnel and Human Resources Management,* Vol. 2, 1984, p. 40.

guidepost)가 제공된다.[32)]

행태기준 평정척도법의 개발절차는 다음과 같다.

① 효율적 및 비효율적 행태에 관한 중요 사건들을 수집한다.

② 수집된 행태적 사건들을 직무 국면별로 집단화한다.

③ 각 국면별로 분류된 행태적 사건들을 척도화한다.

④ 각 국면마다 가장 전형적인 행태적 사건 7개 내지 10개만을 선택한다.

행태기대척도(BES)와 행태기준척도(BARS)는 실제 행동사례를 근거로 평정이 이루어진다는 측면에서 공통점이 있다.

바) 행태관찰 평정척도법

행태관찰 평정척도법(BOS: Behaviorally Observation Scales)은 행태기준척도(BARS)의 단점인 바람직한 행동과 바람직하지 않은 행동과의 상호 배타성을 극복하고자 개발된 것이다.

BOS도 BARS와 마찬가지로 행태에 관한 구체적 사건・사례를 기준으로 평정한다. 등급은 도표식 평정척도법과 유사하게 사건의 빈도수를 표시하는 척도로 구성한다. 즉, BARS와 도표

〈표 4-9〉 **행태관찰 평정척도법의 실례**[33)]

평정요소: 부하직원과의 의사소통				
평정항목	등급			
	거의 관찰하지 못한다.			매우 자주 관찰한다.
새 정책이나 내규가 시행될 때 게시판에 내용을 게시한다.	1	2	3	4
주의력을 집중하며 대화에 임한다.	1	2	3	4
지시사항을 전할 때에는 구두로 한 것을 다시 메모로 전달함으로써 확인한다.	1	2	3	4
메모는 간략하고 이해가 쉽게 적는다.	1	2	3	4
상부의 지시사항이 있을 때 이를 즉시 전하지 않고 며칠 지난 뒤에 전함으로써 일을 서두르게 만든다.	1	2	3	4

32) 오석홍, 전게서, p. 404; 행태적 길잡이란 실제로 관찰할 수 있는 행태를 서술한 것이다.
33) 유민봉, 한국 행정학, 박영사, 2021 참조.

식 평정척도법을 혼합한 것이다. 이때 평정항목으로 상정된 것은 모두 직무와 밀접한 관련성을 가진 것들이어야 한다. 직무에 능통한 전문가의 판단에 의하여 내용 타당성이 확보되어야 한다.

행태관찰척도(BOS)의 특징은 BES가 '기대되는 행동'을 강조함에 비해 '관찰한 행동'을 기준으로 한다. 즉, BES가 직무의 특정 차원에서 피평정자가 '행동하리라 기대'되는 내용을 표시한 것이라면, BOS는 피평정자가 '실제로 어떤 행동을 하였는지'를 표시한 것이다.

BES와 BOS의 차이는 단순히 평정척도를 대체하는 것에 그치지 않는다. BES는 평정척도의 그림, 숫자, 평어를 행동사례로 대체하는 반면, BOS는 행동사례 각각이 평정척도의 자질과 정의에 해당한다. 이 둘의 차이는 서스톤(Thurstone scale)[34]와 리커트 척도(Likert scale)의 차이와 같다. 리커트 척도는 항목들의 가치를 동일하게 하여 총합으로 하나의 개념을 측정하는 반면, 서스톤 척도는 각 항목의 동의 정도에 따라 가치가 상이하다. 빈도수가 높을수록 강도가 강하다. 각 평가항목의 강도를 평가한 뒤 가중치를 할당한다. 그리고 미리 설정된 가중치에 따라 계산을 한다. 이런 의미에서 BOS는 평정척도의 일종이 된다.

(4) 결과지향 근무성적 평정제도

가) 의의

이상에서 살펴본 근무성적 평정제도는 평정자 또는 제3자의 판단을 거쳐 최종적인 평정이 이루어지므로 정도의 차이는 있으나 주관성을 피하기 어렵다. 반면, 결과지향 근무성적 평정제도는 근무성적에 대한 직접적인 자료를 활용함으로써 판단이라는 주관성을 배제하려는 방식이다.

직접적인 자료란 양화 가능한 결과(quantifiable results)를 의미한다. 사용되는 직접적 자료는 인적 자료(personal data)와 생산기록(production records)으로 분류된다.[35]

인적 자료로는 당사자의 근태기록・사고 건수・불만 제기 건수, 그리고 업무수행상 요구되는 훈련기간 등이 활용된다. 피평정자가 고위관리직인 경우 직속 부하의 이직률・승진율 및 부하직원의 사기를 조사한 지표 등 자료가 이용되기도 한다.

---

34) 이영호, "가정교육의 태도 측정을 위한 척도개발 시안," 한국가정관리학회지 Vol. 12, Iss. 2, 1994; 태도 측정을 위해 루이스 서스톤(Louis Thurstone)이 개발한 척도이다. 서스톤 척도는 다양한 진술이나 항목들에 대해 응답자가 동의하는지 여부를 기록하여 특정 태도에 대한 정도를 측정하는 방법이다.

35) John H. Bernardin, "Performance Appraisal System," in B.A. Berk(ed.), *Performance Assessment: Methods and Applications*, Boston: Prentice-Hall, Co., 1984, pp. 276~304.

생산기록은 직무특성에 따라 다양한 형태가 활용된다. 예컨대, 영업직 사원의 경우, 판매액·시장점유율·신규고객확보율·계약취소율 등이 사용된다. 인사담당자의 경우 신규채용직원의 이직률, 정부의 고용지침 위반 건수, 훈련사업에 대한 비용·효과분석 등이 이용된다. 생산직 사원에 대해서는 훨씬 다양한 지수를 개발할 수 있다.

이처럼 인적 자료와 생산기록 등 결과에 근거한 평정체제는 단순 업무종사자뿐 아니라 조직의 모든 계층에 대해서도 적용할 수 있다. 특히, 단순 업무종사자의 경우 객관적인 자료를 획득하기 쉽다는 이유에서 많이 사용되고, 고위 관리직의 경우 결과를 가져오기까지의 모든 과정에 대한 통제권한과 책임이 결과로 고려된다.

나) 목표에 의한 관리법

공공부문의 경우 평정수단으로서 목표에 의한 관리법(MBO: Management By Objective)이 활용되고 있다. MBO는 평정수단이 아니라 관리방법이지만, 평정방법으로도 활용된다.[36)]

MBO는 목표 및 목표실현방법에 대한 구체적 계획 그리고 목표달성의 가중성에 대한 정확한 분석과 평가 단계를 포함한다. 이 과정에서 각 개인의 계획을 기록하기 위해 일종의 양식이 사용된다. 이 양식에는 목표·목적, 행동계획, 행동계획 실천의 정도, 목표·목적 달성의 정도, 달성되지 않은 이유, 개선분야 등을 기록하는 '란'이 있다. 이 양식은 일정 기간에 걸쳐 작성되고, 완성된 양식은 종업원 개인에 대한 영구적 기록으로 유지된다.

또한 직무상의 행태·결과의 두 가지 측면에서 부하에게 기대되는 내용을 식별하는 것도 강조한다. MBO가 포함하고 있는 이러한 단계는 관리에 있어서 핵심일 뿐 아니라 평정에도 핵심이다.

MBO를 평정수단으로 사용하는 이유는 전통적 평정척도의 결함을 극복하기 위한 것이다. 즉, 전통적 평정척도를 사용하는 평정체제는 평정자로 하여금 실적을 측정하기보다 성격과 인간적 가치를 판단하는 권한을 부여함으로써 평정자와 피평정자 간의 불편한 관계를 만들 수 있다.

MBO 방법에서 평정자란 판단자이기보다 조력자의 역할을 한다. 근무성적이 좋지 않는 부하와 평정면담을 할 때, 초점은 예방·개선의 방법을 찾는 데 있다. 대상자의 성격·인격상의 약점을 파헤치는 것은 아니다.

MBO에 의한 평정방법은 인적 자료와 생산기록과 같은 객관적 자료도 활용하고 있지만, 이

---

36) Peter Drucker, *The Practice of Management*, New York: Harper & Brothers, 1984, p. 68.

것만을 중시하지는 않는다. 그러한 결과가 나타나기까지의 과정을 함께 고려하는 것이 MBO의 기본 철학이다. 결과와 과정을 함께 중시하기 때문에 MBO에 의한 평정방법은 앞에서 설명한 자질・행동・결과 등의 모든 평정수단을 활용한다.

(5) 서술법 근무성적 평정제도

이상 4가지 평정체제의 어떤 유형에도 포함되지 않는 것으로 서술법이 있다. 서술법은 평가자가 평정대상자의 실적・능력・태도 및 장・단점 등에 대하여 직접 기술한다. 기술방식을 평정자의 재량에 완전히 맡기는 자유서술법(open-ended)과 정해진 형식에 따르도록 하는 제한서술법(guided)이 있다. 서술법이 다른 평정방법에 보완적으로 사용될 경우, 특별히 추가적 설명이 요구되는 사항이나 평가를 종합적으로 요약하는 등의 제한서술법을 채택한다.[37)]

서술법은 평정대상자 간 상대적 비교의 곤란 및 서술자의 주관적 의견과 서술방식의 차이에서 오는 평정의 신뢰성 결여로 인사조치의 정보로 사용하기는 곤란하다. 또한 문장구성에 많은 시간과 노력이 요구되므로 서술해야 할 당사자로부터 협조가 잘되지 않는 문제도 있다.[38)]

그러나 도표식 평정척도법을 보완하기 위해 사용되고 제한적 형태로 짧은 문장을 요구하는 일반행정직 공무원 근무성적평정서의 경우, 용이하게 사용된다. 오히려 도표식으로 평가한 숫자(평점)의 의미를 간단하게 설명함으로써 평정의 진실성이 향상될 수 있다. 그리고 간단한 종합의견이지만 매 평정마다 그 의견이 누적되면 평정대상자의 인사관리에 매우 유용한 정보가 된다.

예컨대, 인사평정서는 서술법의 일종으로서 서술의 대상이 단순히 행동에만 국한되지 않는다. 주요 공적 사항이라는 항목에서 나타나듯이 행동과 관련된 것일 수도 있고, 결과와 관련된 것일 수도 있다. 그러나 보통 평정서는 결과로서의 업적을 기록대상으로 삼고 있다.

---

37) Harry W. More Jr, *Effective Police Administration*, San Jose, California: Justice System Development, Inc., 1984, pp. 319~320.

38) Wayne F. Cascio, Managing Human Resource, 2nd ed., New York: McGraw-Hill, 1989, p. 314.

제2절

경찰공무원 근무성적 평정제도

01. 개관

근무성적평정의 성공 여부는 평정을 위한 객관적 기준을 어떻게 확립하느냐, 그리고 제도를 실제로 어떻게 운영하느냐에 달려 있다. 따라서, 많은 조직들이 그 구성원들의 근무실적을 객관적으로 평가할 수 있는 기준의 확립과 공명정대한 제도의 운용을 위하여 지속적으로 노력하고 있다.

경찰도 구성원의 근무성적을 객관적으로 평가하기 위하여 지속적인 노력을 기울려 왔다. 한국 경찰조직이 독자적으로 근무성적 평정제도를 갖추게 된 시점은 1969년「경찰공무원법」을 제정하면서부터이다. 1961년 이후 적용해온「국가공무원법」상의 근무성적 평정방법을 탈피했지만, 객관적인 기준을 마련하지 못하고 있다는 비판으로 인하여 1982년 2월 12일 내무부 훈령 제1706호로 '경찰인사고과제'가 채택되어 경찰공무원의 근무실적을 평가하였다.

초기 제도는 생산성 · 능률성이라는 단일가치기준에 입각한 공무원의 직무수행능력을 측정하여 그 결과를 인사관리의 표준화와 직무수행의 통제에 사용하였다.[39)]

그러나 이 인사고과제도는「경찰공무원법」상의 근무평정제도와 이중적으로 사용되어 많은 문제를 야기하였다. 이 인사고과제도 또한 객관성을 완벽하게 갖추고 있지 못한 관계로 1989년 7월 13일에 '경찰인사고과제'를 폐지하고 기존의 근무성적 평정제도와 통합하기에 이른

39) 이황우, 전게서, p. 253.

다.[40] 두 제도가 통합되면서 그 통합내용은 「경찰공무원승진임용규정」에 명시되었다. 그러나 통합된 이후에도 근무성적평정은 인사행정체제 내에서의 중요성에 비하여 제대로 자리 매김되지 못하고 있으며, 평정에 대한 기준 마련이 필요한 실정에 있다. 즉, 경찰공무원의 업무평가 척도는 여타 공무원에 비해 나은 편이지만, 여전히 객관적이고 공정하며 정확한 평가기준이 부족하다는 평가를 받고 있다.

일반적으로 경찰공무원의 근무성적평정이란 경찰조직 내에서 그 구성원으로서 한 사람 한 사람의 노동력이 얼마나 쓸모 있는지, 어떤 업무에 적합한지를 공정하고 객관적으로 평가하는 것을 말한다. 즉, 경찰공무원의 근무성적평정은 근무실적과 잠재능력, 적성이나 근무태도, 그리고 경찰공무원으로서의 공직관이나 개인적 성품을 판정하여 점수를 기록함으로써 승진이나 보직 그리고 상벌판정에 활용하는 제도를 말한다. 대체로 일반직 공무원과 비교해볼 때, 특정직인 경찰공무원에 대한 평정은 특이한 점이 있다.

그러면 현행 경찰공무원 근무성적 평정제도를 개괄적으로 살펴본다.[41]

1) 평정대상

현재 경찰관의 근무성적 평정대상은 총경과 경정 이하의 경찰관이다. 총경은 경정 이하의 경찰관과 다른 근무성적평정표에 의해 평정하며, 평정기준이 관리자로서 갖추어야 할 내용을 중심으로 구성되어 있다.

2) 평정점수의 분포

경찰공무원의 근무성적 평정제도는 크게 두 가지 요소로 구성되었다. 제1평정요소는 객관적 평가, 제2평정요소는 주관적 평가이다.

(1) 제1평정요소(객관적 평가)

제1평정요소는 경찰공무원이 경찰업무 발전에 기여한 정도와 포상실적 등을 기준으로 평가한다. 이는 업무성과와 기여도를 측정하는 객관적인 자료를 바탕으로 이루어진다. 경찰업무

40) 경찰인사고과제와 근무성적평정제의 통합에 관한 상세한 내용은 '경찰공무원 승진임용규정시행규칙'(내무부령 제494호) 중에서 제2조 1항, 제5조, 제7조, 제8조, 제9조, 제14조, 제15조에 구체적으로 명시되어 있다.
41) '경찰공무원승진임용규정' 제7조~제8조, '경찰공무원승진임용규정시행규칙' 제4조~제16조 참조.

발전에 대한 기여도와 포상실적은 명확한 기준이 있으며, 그 외에 행정안전부령으로 정한 다른 요소들도 포함된다. 이러한 평정은 경찰공무원들이 맡은 업무에서 실제로 달성한 성과를 기반으로 이루어진다.

(2) 제2평정요소(주관적 평가)

제2평정요소는 근무실적, 직무수행능력, 직무수행태도와 같은 주관적 요소로 평가된다. 이는 경찰공무원이 업무를 어떻게 수행했는지에 대한 평가자의 판단에 따라 결정된다. 주로 상급자의 관찰과 인식에 의해 이루어지며, 업무처리 능력과 태도 등이 중요한 평가항목이다.

총경의 경우에는 제2평정요소만으로 근무성적을 평가하며, 이를 통해 업무수행과정에서의 능력과 태도를 중점적으로 평가한다.

(3) 계급별 평정방법

가) 총경

총경인 경찰공무원은 주관적 평가(제2평정요소)만 하되, 그 점수는 50점 만점으로 한다. 근무성적 평정점은 제2평정요소에 대하여 제1차평정자가 20점을 최고점으로 하여 평정한 점수와 제2차평정자와 제3차평정자가 각각 15점을 최고점으로 하여 평정한 점수를 합산한다.

제1차평정자와 제2차평정자는 평정대상자의 성격, 적성, 발전성 및 그 밖에 필요한 사항을 평가하여 근무성적 평정표의 해당란에 적어야 한다.

분포비율은 수(20%), 우(40%), 양(30%), 가(10%)로 한다. 만약 '가'에 해당하는 사람이 없을 경우, 그 비율을 '양'에 추가한다. 각 등급에 따른 점수분포는 수 47점 이상, 우 40점 이상 47점 미만, 양 25점 이상 40점 미만, 가는 25점 미만으로 한다.

나) 경정 이하

경정 이하는 객관적 평가(제1평정요소) 30점과 주관적 평가(제2평정요소) 20점 최고점이며, 합계 50점을 만점으로 하여 평정된다.

제2평정요소의 분포비율은 수(20%), 우(40%), 양(30%), 가(10%)로 한다. 각 등급에 다른 점수분포는 수는 19점 이상, 우는 16점 이상 19점 미만, 양은 10점 이상 16점 미만, 그리고 가는 10점 미만으로 한다.

〈표 4-10〉 **근무성적 평정점의 분포비율**

등급 \ 계급	총경	경정 이하
수	47점 이상	19점 이상
우	40점 이상 47점 미만	16점 이상 19점 미만
양	25점 이상 40점 미만	10점 이상 16점 미만
가	25점 미만	10점 미만

제1평정요소에 대해서는 제1차평정자가 30점을 최고점으로 하여 평정한 점수를 제2차평정자와 제3차평정자가 확인한다.

제2평정요소에 대해서는 제1차평정자가 10점을 최고점으로 하여 평정한 점수와 제2차평정자와 제3차평정자가 각각 5점을 최고점으로 하여 평정한 점수를 합산한다.

(4) 객관적 평가항목[42)]

가) 경찰업무 발전 기여도

경찰업무 발전에 대한 기여도 평가기준은 다음과 같다.[43)]

① 중요 범죄 등 검거실적

② 홍보 및 제안 실적

③ 경비업무 등 근무실적

④ 업무 기획 · 수립 및 민원업무 등 수행

⑤ 경찰 경비정 · 항공기 운전 및 정비업무 수행

⑥ 통신기기 수리 및 근무실적

⑦ 그 밖의 근무실적

나) 포상평가

포상평가는 상과 벌의 가감에 의해 평정된다.

42) 경찰공무원 승진임용 규정 시행규칙 [별표 1] 〈개정 2024.07.01.〉.

43) 경찰공무원 승진임용 규정 시행규칙 [별표 1] 〈개정 2024.07.01.〉.

다) 교육훈련 평가

교육훈련의 평가기준은 경정의 경우 직장교육, 체력단련이며, 경감 이하의 경우는 직장교육, 체력단련, 사격훈련 세 가지에 의해 이루어진다.

라) 근무태도 평가

근무태도 평가기준은 무단결근, 근무지시 위반, 경위서, 소집 불응이다.

3) 평정시기 및 평정자

근무성적평정은 연 1회 실시하며, 그 시기는 10월 31일을 기준으로 하고 있다. 근무성적 평정자는 3명으로 하되, 제1차평정자는 평정대상자의 바로 위 감독자가 되고, 제2차평정자는 제1차평정자의 바로 위 감독자가 되며, 제3차평정자는 제2차평정자의 바로 위 감독자가 된다. 다만, 경찰청장은 평정자를 특정하기가 곤란하다고 인정할 경우에는 따로 평정자를 지정할 수 있다.[44]

4) 평정결과의 비공개

근무성적 평정결과는 공개하지 아니한다. 다만, 경찰청장은 근무성적 평정이 완료되면 평정대상 경찰공무원에게 해당 근무성적 평정결과를 통보할 수 있다.[45]

5) 평정결과의 활용

근무성적평정의 결과는 승진·전보·특별승급 및 특별상여금 지급 등 각종 인사관리에 반영하여야 한다. 즉, 평정결과는 상벌의 기준, 시험의 타당도 측정, 공무원의 능력발전 등에 활용할 수 있지만, 주로 승진·전보·표창 등에 크게 작용한다. 특히, 승진대상자 명부는 평정점에 따라 작성되며, 이 중 근무성적 평정점이 65%의 비율로 반영된다.[46]

---

44) 경찰공무원 승진임용 규정 시행규칙 제4조, 제6조 [시행 2026.7.1.] [행정안전부령 제456호, 2024.1.19., 일부개정].
45) 경찰공무원임용규정 제7조 5항.
46) 경찰공무원임용규정 제11조 2항.

02. 운영체제

1) 목표 설정

근무성적평정의 목표 설정은 평정요소를 체계적으로 선택하고, 목표에 따른 적합한 평정요소를 찾아내어 그에 대한 배점비율(가중치)을 결정하는 데 있어서 매우 중요하다. 평정결과의 활용을 예상하여 평정의 목적을 구체적으로 설정하여야 한다.

실제로 하나의 평정표가 복수의 목적에 사용되는 일이 흔히 있고, 평정요소들이 서로 보완적인 성격을 갖기 때문에 실제 쓰이고 있는 평정표에는 각종 평정요소가 서로 섞여 있는 것이 보통이다.

그러나 평정표의 입안단계부터 평정의 목적을 고려하지 않고 막연히 중요한 것으로 평정요소들을 망라하는 것은 불합리하다. 따라서, 평정요소 결정은 목적 분석이 있어야 한다.

경찰공무원 승진임용규정 제7조 1항에서 "총경 이하의 경찰공무원에 대하여는 근무성적을 평정하여야 하며, 근무성적의 결과는 승진 등 인사관리에 반영하여야 한다"라고 규정하고 있다. 그러나 근무성적평정의 목표에 대해서는 구체적인 명시가 없다.

현행 경찰공무원 근무성적 평정제도가 사실상 주로 승진의 결정에만 활용되고 있다. 따라서, 승진의 결정에만 활용되는 것이라면 이를 공식화하여 목적 규정을 구체화해야 할 필요가 있다.[47] 그리고 복수의 목적에 같은 평정표를 사용할 경우 그러한 목적을 또한 명시하는 것이 바람직하다.

평정 목적의 구체화와 관련하여 평정표를 다원화하는 문제도 고려되어야 한다. 평정표를 평정의 목표에 따라 다양하게 구성하는 것이 현실적으로 어렵다면 각 평정요소에 대한 가중치를 그 목적에 따라 다르게 두는 방안도 가능하다.

47) 부분적으로 1996년부터 지급해 온 성과상여금의 지급에도 사용되고 있다.

2) 평정표의 구성

경찰공무원 근무성적평정표는 총경의 경우와 경정 이하의 경우로 구분하고 있다.

총경의 근무성적평정표 구성을 보면 ① 근무실적 · 직무수행능력 · 직무수행태도, ② 성격, ③ 적성, ④ 발전성, ⑤ 주변의 평판, ⑥ 물욕관계, ⑦ 음주관계, ⑧ 이성관계, ⑨ 가정관계, ⑩ 건강상태의 10가지 평정요소로 구성되어 있다.

경정 이하의 근무성적평정표를 보면 앞서 언급한 것처럼 제1평정요소와 제2평정요소로 나누어져 있다.

그러면 각 평가대상 요소가 근무성적평정의 목표와 관련성을 가지는가, 그리고 평정요소 자체의 타당성과 신뢰성에 대하여 평가대상 요소와 평정요소의 세부항목 · 가중치 · 평정간격 등을 중심으로 논의해본다.

(1) 평가대상 요소

근무성적평정의 구체적인 목표 설정에 따라 평가대상이 되는 평정요소의 항목도 달라진다. 경찰공무원 근무성적평정표 상 평정의 대상으로 하는 요소들을 종합해서 파악하는 경우 평정요소는 크게 근무실적과 개인적 특성으로 대별된다.

근무실적(performance)은 경찰공무원이 각 개인별로 직무를 수행한 과거의 실적을 말한다. 실적은 과거의 사실과 행동이 집적된 것이므로 평정하는 사람이나 또는 제3자가 마음대로 움직일 수 없는 것이며, 평정자에 따라 그에 대한 판단이 크게 달라질 가능성도 적다. 그러므로 근무실적은 비교적 객관성이 높은 평정의 대상요소라고 할 수 있다.

개인적 특성(personal traits)은 근무실적과 구별되는 경찰공무원 개인별 잠재적 특성을 말한다. 개인적 특성은 여러 가지로 분류되지만, 흔히 평정대상이 되는 개인적 특성의 종류를 보면 능력(ability)과 성격(personality) 및 적성 등이 있다. 이 밖에도 다른 많은 요인들이 포함될 수 있다. 보통 개인적 특성은 근무실적에 비해 평가대상으로서의 객관성이 약하며, 포착하기 어렵다. 그러므로 개인적 특성에 대한 평정에는 고도의 기술이 요구된다.

평정의 대상이 되는 요소 가운데서 실제로 어떤 것을 평정하며, 또 어떤 것이 중시되어야 하는가는 직무의 종류와 평정의 목적을 고려하여 결정해야 한다. 평정의 구체적인 목적이 무엇이냐에 따라 평정요소의 배합과 비중을 달리해야 한다.

현행 경찰공무원의 근무성적평정에서 평정의 대상요소는 제1평정요소와 제2평정요소로 나눈다. 근무실적은 제1평정요소에 해당되는 것이고, 개인적 특성은 제2평정요소에 포함되어 있다.

제1평정요소의 각 항목들을 보면 경찰발전에의 기여도, 포상, 직장교육, 근무태도라는 객관적인 요소로서 평가한다. 이는 근무실적을 평정대상으로 한 객관적 평가이다. 제2평정요소에 의한 평가는 근무실적, 직무수행태도로 구분되는데, 개인적 특성을 평정대상으로 하는 주관적 평가이다.

각 요소별 총평정점은 50점을 만점으로 하고, 제1평정요소에 의한 평정점을 30점으로 하고, 제2평정요소에 의한 평정점을 20점으로 한다. 이것은 경찰공무원 근무성적 평정제도 상 평정대상이 되는 요소의 선택에 있어서 근무실적을 60%, 개인적 특성을 40%의 비율로 반영함으로써 근무실적을 더 중요시하고 있다.

(2) 평정요소의 각 항목

평정요소의 각 항목과 평정내용을 결정할 때 직무분석을 통해 직무의 내용, 직무수행의 기준, 직무수행에 필요한 특성 등을 검토하고, 평정대상자와 그에 대한 감독자의 의견을 고려하여 결정한다. 특히, 피평정자의 개인적 특성을 평정하려는 경우 평정요소 선택의 문제는 매우 복잡하다.[48]

따라서, 평정요소를 새로이 선택하고 규정할 때 다음 사항을 고려해야 한다.

① 일반적인 것보다 특정적인 특성을 선정하여 명확하게 표시하고 예시적인 항목을 담아 더욱 구체화한다.

② 모든 평정자가 같은 뜻으로 이해할 수 있는 말로서 정의될 수 있는 특성을 선택해야 한다.

③ 될 수 있는 대로 많은 사람들에게서 공통적으로 찾아볼 수 있는 특성을 선택해야 한다.

④ 평정자가 피평정자의 일상적인 업무수행과정에서 관찰할 수 있는 특성을 평정요소로 선택해야 한다. 평소에 좀처럼 나타나지 않아서 평정하기 까다로운 요소를 선택해서는 안된다.

---

48) 오석홍, "한국정부의 근무성적 평정제도," 행정논총, 제18권, 제1호, 서울대학교 행정대학원, 1980, pp. 230~231; 개인적 특성에 관한 관념으로서 평정표에 흔히 나타나는 것들을 예시하면 성격, 지도력, 개성, 판단력, 신뢰성, 협동심, 태도, 타인에게 주는 인상, 적응성, 끈기, 외양, 상상력, 범절, 열성, 정직성, 적극성, 솔선력, 충성심, 근면성, 창의성 등이 있다.

현행 경찰공무원 근무성적평정에서 제2평정요소의 평정항목을 보면, 근무실적 · 직무수행능력 · 직무수행태도로 나누어져 있다.

근무실적의 평정내용은 담당직무의 양, 직무수행의 정확성, 직무수행의 신속성이 포함되어 있고, 직무수행능력의 평정내용은 직무지식 및 기술, 직무의 이해력, 창의 및 기획력, 관리 및 통솔력을 선정하였으며, 직무수행태도에는 성실 및 준법성, 친절 및 협조성, 적극 및 책임성을 채택하고 있다.

그러나 개인적 특성에 관한 이런 개념들의 의미는 다소 애매모호하고, 그 내용도 다소간 서로 중복되기도 한다. 그래서 평정요소의 각 항목들을 보다 객관화된 용어를 사용하여 의미의 애매모호함을 없애고, 근무성적 평정척도의 타당성과 신뢰성을 높여야 한다.

한편, 근무성적평정표에서 평정요소별 평정항목의 수도 신중하게 결정되어야 한다. 도표식 평정척도법에서는 대개 9개 내지 15개의 항목을 선택하는 것이 보통이다. 경찰공무원 근무성적평정표에서 쓰고 있는 총 평정항목의 수는 경정 이하의 평정표의 경우 9개로 설정되어 있다. 그러나 어떤 항목은 그 내용상 몇 개의 평가요소를 결합시킨 것이므로 실제 평정요소의 수는 이보다 훨씬 많은 것으로 보아야 한다.

어느 정도의 평정항목 수가 가장 적절한 것인가에 대하여 여러 가지 의견이 있다. 평정항목의 수가 너무 적으면 평정이 단면적으로 평가되기가 쉽다. 반면, 평정요소의 수가 너무 많으면 내용의 중복을 피하기 어렵고, 평정자들이 혼동을 일으킬 염려가 있다.

결론적으로 평정의 목적과 대상직무, 평정자의 능력, 피평정자의 수 등 여러 가지 요인에 따라 평정항목의 적정수도 달라져야 한다. 예컨대, 상위직급으로 갈수록 평가요소의 수는 늘어날 수 있다.

(3) 평정요소의 가중치 결정

평정대상자가 종사하는 직무분야와 계급이 다르므로 각 평정요소의 상대적 중요성은 다르다. 평정요소마다 그 가치가 어느 정도인가를 결정해야 한다. 즉, 평정요소들이 여러 개 선택되어 평정표에 나열되어 있지만, 그것들이 모두 똑같이 중요한 것은 아니므로 그 비중을 정해야 한다.

여기서 평정요소마다 가중치(weight)를 부여하는 문제가 생긴다. 평정요소마다 중요성을 구별하여 부여하는 경우 매 요소에 대한 평점은 [그림 4-3]과 같이 계산된다.[49]

[그림 4-3] **가중치의 평정점**

평정점 × 가중치 = 가중평정점

가중치를 결정할 때 평정요소를 선택할 때처럼 직무분석을 하고, 직무와 관련된 관계자들의 평가를 참고해야 한다. 직무분석 자료와 관계자의 평가자료를 검토하여 가중치를 정할 때에는 각 평정요소를 둘씩 짝지어 비교하는 방법이 흔히 쓰인다.

경찰공무원 근무성적평정표에는 평점 배점이라는 가중치를 규정하고 있다. 제1평정요소의 경우 경찰업무발전기여도 6점, 포상 9점, 직장교육 13점, 근무태도 12점, 근태 5점을 만점으로 하고, 제2평정요소의 경우 근무실적 6점, 직무수행능력 8점, 직무수행태도 6점을 만점으로 하고 있다.

그러나 평정의 목적별로 가중치는 달라져야 하며, 평정의 대상집단별로도 가중치는 달라져야 한다. 이러한 가중치의 결정은 평정의 목적과 분석의 과정을 거쳐서 이루어져야 한다. 근무성적표상 배점(가중치)은 평정의 목적별로 달라져야 하며, 평정의 대상집단별로도 가중치는 달라져야 한다. 모든 직무분야와 계급에 상관없이 동일하게 적용되는 것은 바람직하지 않다.

즉, 현행 평정표에는 평정 목적에 대한 고려 없이 평정요소에 대한 가중치가 고정되어 있는데, 이것은 평정의 목적별로 조정되어야 한다. 다시 말해서 인사기관에서 평정결과를 활용하려 할 때 그 용도에 따라 평정요소의 비중을 정하는 기준이 있어야 한다. 평정점수를 단순히 합산한 총점을 여러 가지 용도에 획일적으로 쓰면 타당성이 약해진다. 직무의 종류별·계급별로 평정대상집단을 세분하지 않고, 단지 계급별로 크게 총경과 경정 이하로만 분류한다는 점, 그리고 2개의 평정표에 규정된 평정요소별 가중치가 획일적이라는 측면에서 검토되어야 한다.

(4) 평정요소의 배열순서와 평점간격의 표시

평정표의 구성에 있어서 평정요소들을 어떤 순서로 배열할 것이며, 평정요소마다 평점간격을 어떻게 할 것인가 하는 문제도 신중히 고려되어야 한다. 이것은 평정 상의 착오와 밀접히 관련되어 있기 때문이다.

49) 상게논문, p. 233.

평정요소 배열의 순서에 관하여 언제나 적용할 수 있는 일반원칙은 없다. 매우 특정적인 평정요소로부터 점차 일반적인 요소들을 나열하는 방법을 쓴 경우가 있는가 하면, 그 순서를 반대로 하는, 즉 일반적인 것부터 시작하여 점차 특정적인 것을 열거하는 방법도 있다. 혹은 일부러 불규칙한 배열을 하는 경우도 있다.

이러한 여러 가지 방법은 장・단점이 있지만, 일반적으로 평정이 용이하고 내용이 특정적인 것부터 먼저 배열하는 방법이 바람직하다.

한편, 평정요소의 배열이 구체적이고 실질적인 요소의 배열부터 점차 추상적이고 관념적인 요소로 배열되는 경우도 있고, 그 반대의 경우도 있다. 물론 장・단점이 있지만, 오히려 불규칙적으로 배열한다면 연쇄효과의 오류를 방지할 수 있다. 왜냐하면 비슷한 개념의 요소들이 나열되면 연쇄적으로 각 요소마다 평정점을 유사하게 부여할 가능성이 높기 때문이다.

현행 경찰공무원의 근무성적평정표를 보면 총경에 대한 주관적 평가 시 배열순서는 다음과 같다.

① 직무의 양
② 직무수행의 정확성
③ 직무수행의 신속성
④ 지식 및 기술
⑤ 이해 및 판단력
⑥ 기획 및 창의력
⑦ 관리 및 지휘력
⑧ 성실성 및 규율준수
⑨ 친절 및 협조성
⑩ 적극성 및 책임성의 순

이것은 구체적인 특성부터 추상적이고 관념적인 특성으로 배열되어 있다. 이러한 배열은 자칫 연쇄효과를 일으킬 가능성도 있다. 즉, 앞서 배열된 평정요소에 대한 평정점이 높으면 자연적으로 뒤의 평정요소에 대한 평정점도 높아지기 때문이다. 이러한 평정요소의 배열은 앞의 요소와 뒤의 요소에 대한 평정점이 비슷한 수준으로 나타나는 오류를 낳을 수 있다.

평점간격은 평정요소에 대한 평점등급의 배열로서 이루어진다. 평점간격의 설정에서 고려할 사항은 다음과 같다.

첫째, 등급의 수이다. 등급의 수는 3 내지 5로 하는 것이 보통이다. 경찰의 근무성적평정에 있어서 평점간격은 총경의 경우, 4등급제, 즉 수 · 우 · 양 · 가로 하고 있고, 경정 이하의 경우, 제2 평정요소에 대한 1 · 2 · 3차 평정의 경우 각 평정요소별 만점을 다르게 하여 득점을 평점하도록 하고 있다.

4등급제는 일반적으로 평가할 때 무난한 것으로 여겨진다. 그러나 너무 획일적인 등급표시는 오류를 초래할 수 있다. 즉, 등급표시에 있어 우열을 표시하는 순서가 모든 평정요소에 관하여 같게 그려져 있다. 갑이라는 요소에 대한 등급표시가 우수한 것부터 수 · 우 · 양 · 가의 순서로 적혀 있고, 그 다음에 을에 대해서도 역시 수 · 우 · 양 · 가의 순서로 적혀 있으면, 평정이 연쇄적 영향을 받기 쉽다. 즉, 처음 요소에 대하여 어떤 등급을 표시했으면 그것이 다음 평정요소의 평정에도 영향을 주어 이하 비슷한 위치의 등급을 평정점으로 선택하는 평정자의 경향을 조장할 수 있다.

둘째, 등급 간의 평정점수 배정이다. 특히, 수와 우 사이의 점수간격을 완화하여 강제배분 때문에 부득이 우를 받은 사람이 승진에서 지나친 불이익을 받지 않도록 해야 한다. 현행 근무성적평정표(총경의 경우)의 점수간격은 제2 · 3차 평정의 경우, 수 1.5점, 우 1.25점, 양 1.0점, 가 0.5점으로 하여 수와 우의 간격은 양과 가(0.5)의 간격보다 적은 0.25로 하고 있다. 그러나 등급 간의 점수간격에 격차를 두는 것은 형평성에 어긋나는 것이므로 오히려 5등급제, 이를테면 수 · 우 · 미 · 양 · 가로 하여 등급을 늘리는 방안도 고려할 수 있다.

한편, 경정 이하의 근무성적평정표에서 제1차 평정은 3점을 만점으로 하여 평정자가 그 범위 내에서 평정하도록 하는 것은 평점간격이 4등급제에 비하여 평점범위가 매우 넓어 보다 분별력 있는 평가를 할 수 있는 장점이 있다.

그러나 추상적이고 관념적인 평정요소를 평정자의 판단에 따라 등급이라는 틀에 관계없이 분별력 있게 여러 명의 피평정자를 평가한다는 것은 다소 어려움이 있다. 이 경우 평정의 객관성과 정확성은 평정자의 능력에 달려 있다.

오히려 등급표시는 설명적인 문구로 해주는 것도 가능하다. 왜냐하면 수 · 우 · 양 · 가 또는 숫자로만 표시하거나 개념적인 단어(탁월 · 우수 · 보통 · 미흡 등)로 표시하면 평정자마다 평정요소에 대한 각 등급의 의미가 어느 정도를 말하는 것인지를 스스로 판단해야 하므로 평정의 기준이 평정자마다 달라질 수 있기 때문이다.

(5) 평정점수의 분포비율

경찰공무원 근무성적 평정제도는 도표식평정척도법에 강제배분법을 가미하고 있다. 강제배분법은 여러 사람들을 평정한 결과, 그들 간의 성적분포가 과도히 집중되거나 관대화되고 너무 나쁜 평점에 몰리는 것을 막기 위해 성적분포의 비율을 미리 정해놓은 방법이다.

경찰공무원의 평점 총점 분포비율에 대하여 경찰공무원승진임용규정 제7조 3항에서 "제2평정요소에 의한 근무성적평정은 평정대상자의 계급별로 평정결과가 다음 각 호의 비율에 맞도록 평정하여야 한다"고 한다.

1. 수 20%   2. 우 40%   3. 양 30%   4. 가 10%

다만, 근무성적이 '가'에 해당하는 자가 없을 경우 이를 적용하지 아니할 수 있으며, 이 경우 가의 비율은 양에 가산한다.

이와 같이 집단 전체의 분포비율을 정하는 경우, 집단의 크기에 따라 등급별 배정인원의 비율을 달리하는 것이 보통이다. 집단 내의 평점분포가 정상분포에 가까운 양상을 보이는 것이 진정한 점수분포라고 추정하여 강제배분을 실시하지만, 그 타당성은 의문이 있다.

평정대상자 전원이 무능하더라도 일정한 비율의 인원은 우수하다고 평정을 받게 되며, 반대로 전원이 우수한 경우에도 일정한 비율의 인원은 열등하다는 평정을 받게 되는 결함이 있다.

이러한 결함이 있음에도 불구하고 관대화나 집중화 또는 일관적 착오의 폐단을 우려하여 강제배분법을 사용하고 있다. 강제배분법을 채택하는 것이 불가피하다면 그에 수반되는 결함을 줄일 수 있도록 최대한의 노력을 기울려야 한다.

3) 평정대상집단과 평정방법

경찰공무원 근무성적 평정제도는 총경과 경정 이하의 경찰관에게만 적용되고 있으며, 평정방법은 도표식 평정척도법에 강제배분법을 가미하여 두 집단을 기준으로 각각 획일적으로 적용하고 있다. 그러나 이것은 평정대상을 확대시키고 평정방법을 평정의 목적과 직무분야 그리고 계급별 등으로 다원화시켜야 한다.

(1) 평정대상집단

현재 경무관 이상의 경찰공무원에 대해서는 그들의 잠재적 능력이나 직무수행가치를 평가·기록·활용하는 절차가 없다. 인사행정상 일종의 공백상태가 있다.

경찰의 업무가 단순하고, 고급 경찰공무원의 수가 적으며, 인사체제가 비교류형에 안주하고 있던 시기에는 상관들이 소수 고급 간부들을 모두 숙지하므로 따로 근무기록을 만들 필요가 없었었다. 그러한 시대의 전통이 남아 있고, 또 상급직으로 갈수록 직무수행가치를 객관화시키기가 어렵기 때문에 경무관 이상에 대한 근무성적평정은 실시하지 않고 있다.

그러나 경무관 이상의 경찰공무원이 대폭 늘어났으며, 앞으로 더 늘어날 것이라는 점, 그리고 교류형 인사체제로의 점진적인 전환이 예상된다는 점 등을 고려할 때 경무관 이상의 경찰공무원에게도 근무성적평정을 실시하는 방법을 모색해야 한다. 적어도 경무관에게까지는 평정제도를 적용해야 할 것이며, 점차적으로 그 이상도 적용해야 할 것이다.

(2) 평정방법

평정을 보다 정확하게 하고 그 결과의 활용을 효율적으로 하려면 목적별·계급별·직무분야별로 평정방법을 다원화시켜야 한다. 경찰공무원에 대한 근무성적 평정규정은 "근무성적평정의 결과는 승진 등 인사관리에 반영하여야 한다"고 규정함으로써 한 개 평정표에 의한 평정결과를 여러 목적에 모두 활용하고 있다.

인사행정의 과학화와 적극화를 위해서 승진 이외의 목적에도 근무성적평정의 결과를 활용해야 한다. 따라서, 목적별로 평정방법을 다원화시켜야 한다. 목적별로 평정방법을 따로 마련하는 것이 어렵다면 평정요소에 대한 가중치라도 다르게 하는 점진적 개선을 도모해야 한다.

즉, 평정요소에 대한 가중치를 직무분야별·계급별로 다르게 규정하는 방안을 마련해야 한다. 예를 들면, 근무성적평정의 용도가 무엇인가에 따라서, 각 평정요소의 관련성을 고려하여 각 요소에 대한 가중치를 달리함으로써 평정의 목적에 보다 부합하게 한다. 물론 장기적으로 보면 목적이나 용도별로 개별적인 근무평정표를 구성하는 것이 바람직하다.

4) 평정의 시행

(1) 평정의 시기와 빈도

근무성적평정은 계속적 관찰의 과정이지만, 대개 이러한 관찰의 결과를 평가하여 기록하고 보고하는 시기가 있다. 기록·보고의 시기와 빈도가 중요하다.

근무성적에 대한 결론적인 판단을 언제(when) 할 것이며, 그러한 판단을 얼마나 자주(frequency)할 것인가. 조직의 특성, 평정의 목적과 방법, 피평정자 등이 다르면 평정의 적정 시기와 적정 빈도 또한 달라져야 한다.

가) 평정의 시기

평정의 시기에 따라 정기평정·시보기간평정·임시평정으로 나누어진다. 일정한 기일을 정하여 피평정자 전원에 대해 일제히 실시하는 평정을 정기평정, 신분이 안정되어 있지 않은 시보 근무자에 대한 평정을 시보기간평정, 정기평정만으로 근무성적 파악의 필요를 전부 충족시킬 수는 없는 경우 수시로 실시할 수 있는 평정을 임시평정이라 한다.

나) 평정의 빈도

정기평정의 빈도는 1년에 1회에서 3회까지가 보통이다. 시보기간평정은 시보기간 중의 일정한 시기를 정하여 실시한다.

임시평정의 시기는 다음과 같다.

첫째, 특수한 목적을 위하여 한정된 요소만을 엄밀히 평정할 필요가 있을 경우이다.

둘째, 신규채용 된 이후 아직 정기 평정을 받지 않은 경찰관의 근무성적을 개별적으로 파악할 필요가 있을 경우이다.

셋째, 경찰공무원의 배치전환과 직무의 변경 등으로 인하여 종전에 실시한 정기평정의 결과를 이용하는 것이 불합리하다고 판단되는 경우이다.

넷째, 경찰공무원의 근무성적이 지난 정기평정이 있은 다음 현저히 달라져서 그러한 정기평정을 기초로 인사조치를 하는 것이 불공평하다고 판단되는 경우이다.

다섯째, 화재 등의 사고로 말미암아 정기평정의 기록을 상실한 경우에 허용된다.

다) 현행 경찰공무원 평정의 시기와 빈도

경찰공무원 근무성적평정의 시기와 빈도는 경찰공무원승진임용규정 시행규칙에 획일적으로 규정되어 있다. 연 1회 실시를 규정하면서 10월 31일을 기준으로 한다.

정기평정 이후 신규채용 또는 승진임용 된 경찰공무원에 대해서 2월이 경과한 후에 평정을 하여야 한다. 즉, 정기평정과 그에 대한 예외를 규정하고 있으며, 시보기간평정 및 임시평정에 관하여는 규정이 없다. 시보에 대한 평정방법은 따로 만들어 평정기간을 정해야 한다. 임시평정도 공식적으로 채택하는 것이 필요하다. 즉, 근무성적평정제를 다원화시켜 더욱 적극적으로 활용하려면 시보기간평정제와 임시평정제를 도입해야 한다.

평정의 시기는 평정을 공정하게 실시할 수 있는 조건과 평정 실시상의 편의 및 평정결과 활용상 편의 등을 고려하여 결정해야 한다. 평정결과 활용상 편의를 고려한다면 평정자료에 기초를 두는 인사조치를 하기 바로 전에 평정을 실시하고, 평정실시의 편의를 위해서 평정자 등 관련자들이 특별히 바쁜 시기나 대규모의 인사이동이 행해진 바로 뒤의 시기는 피하는 것이 바람직하다.

경찰공무원의 근무성적 평정시기는 앞서 언급한 것처럼 10월 말로 하고 있다. 경찰의 정기인사가 매년 3월과 9월에 있다고 할 때 근무성적평정의 시기를 10월로 하는 것은 3월 정기인사를 위한 기준 적용의 시기이다. 다만, 9월 정기인사를 위한 기준의 적용 시 최근의 자료가 아닌 점이 있다.

(2) 평정자와 확인자

누구를 평정자로 할 것인가? 평정자는 피평정자의 직근 상관인 감독자(직접감독자)가 된다. 직근 상관은 피평정자의 일을 잘 알고 있기 때문이다. 그리고 부하를 감독하고 지도하는 지위와 권한을 유지시키기 위해서도 평정자로 할 필요가 있다. 그러나 감독자들의 평정능력이 부족 또는 부적절하거나 평정의 비교적인 형평을 유지하지 못할 염려가 있다. 이러한 위험을 감소시키기 위해 직접 감독자를 1차 평정자로 하고, 그 위의 감독자들을 2차, 3차 평정자로 하게 된다.

가) 평정제도

현행 경찰공무원 근무성적평정은 감독자평정제와 3중 평정제도를 채택하고 있다.

근무성적의 평정자는 3인으로 하되, 제1차 평정자는 피평정자의 직근상급감독자가, 제2차 평정자는 제1차 평정자의 직근상급감독자가, 제3차 평정자는 제2차 평정자의 직근상급감독자가 된다. 다만, 경찰청장은 평정자를 특정하기가 곤란하다고 인정할 경우 따로 평정자를 지정할 수 있다.[50)]

경찰공무원 근무성적평정은 3중 감독자 평정제도를 채택하고 있다. 제1평정요소의 평정에 있어서 제1차 평정자가 객관적인 기준에 따라 평정을 하고, 제2차・제3차 평정자는 관련 자료에 의하여 이를 확인하는 확인자의 역할을 한다.

주관적 평가에서 총경의 경우 제1차・제2차・제3차 평정자가 각각 20점・20점・15점의 평정점수를 부여하며, 경정 이하의 경우 제1평정요소는 평정기준에 따라 제1차 평정자가 평가하고, 제2차・제3차 평정자는 관련 자료로 확인하도록 하고 있다. 제2평정요소의 경우 제1차 평정자가 10점을 부여, 제2차・제3차 평정자가 5점을 부여하고 있다.

나) 개선방안

피평정자를 가까이에서 가장 잘 관찰할 수 있고, 직무의 내용을 잘 알고 있는 평정자는 직근상급감독자인 제1차 평정자이다. 그리고 제2차 평정자의 평정은 제1차 평정자의 평정과 비교함으로써 개인적 편견 등이 개입되어 있는지를 확인한다. 제3차 평정자의 경우 평정대상자를 직접적으로 관찰할 수 있는 기회가 거의 없으며, 이들과의 접촉도 좀처럼 이루어지지 않는다. 그럼에도 불구하고 주관적 평가의 평정자로서 평정을 수행하는 것은 검토되어야 한다.

물론 계급제의 조직구조에서 상급자를 제쳐 두고 하급자선에서 부하에 대한 평가가 완료된다는 것은 상급자의 입장에서 수용하기 어렵겠지만, 그렇다고 점수를 부여하여 직접적인 평정을 하도록 하는 것은 고려되어야 한다.

평점점수 배분의 기준은 피평정자의 개인적 특성과 근무실적을 가장 잘 파악하고 있는 상급감독자인 제1차 평정자에게 가장 많은 점수의 배분이 이루어지도록 하고, 부득이 제3차 평정자를 둘 경우에는 제1차・제2차 평정의 현저한 오류나 문제점을 지적하여 재평정하게 하거나 확인하는 정도에 그쳐야 한다.

---

50) 경찰공무원승진임용규정 시행규칙 제6조.

물론 제3차 평정자(확인자)[51]의 역할에 대해 다양한 방안이 있다.

첫째, 제3차 평정자가 평정의 주된 책임을 지게 하고, 제1차・제2차 평정자는 하급자로서 평정에 필요한 기초자료만 보고하는 방안이다.

둘째, 제1차・제2차 평정자가 주된 평정을 하고, 제3차 평정자는 제1차・제2차 평정자의 현저한 잘못이나 균형 상실만을 시정하는 방안이다.

셋째, 제1차 평정자, 제2차 평정자와 제3차 평정자가 대등한 평정을 하게 한다. 이 경우 제1차・제2차 평정자와 제3차 평정자는 각각 따로 평정하는 방안이다.

요컨대, 제1차・제2차 평정자의 평점에 대한 비중을 높이고 확인자의 평점에 대한 비중은 낮추는 방향으로 개선이 필요하다.

한편, 한 사람의 평정자가 효과적으로 평정할 수 있는 피평정자의 수를 어느 정도로 할 것인가에 대한 기준이 필요하다. 한 사람의 평정자가 일상적인 관찰에 의하여 면밀하게 평정할 수 있는 인원수를 벗어나지 않는 범위 내에서 피평정자 집단의 규모를 정해야 한다.

그러나 한 사람의 평정자가 평정할 수 있는 피평정자의 수에 관하여 통일적인 기준[52]을 제시한다고 해서 인원수를 획일화시키는 것은 아니다. 왜냐하면 피평정자의 계급과 직무내용 및 평정자의 능력 등을 감안하여 피평정자의 인원수를 차등적으로 결정해야 하기 때문이다.

5) 평정결과의 조정과 활용

(1) 평정결과의 조정

가) 의의

근무성적평정은 사람이 사람을 평정하는 것이기 때문에 평정상의 착오와 불균형이 있다. 평정결과의 조정은 이러한 결함을 시정하고 감소시키기 위한 수단의 하나이다. 평정의 방법도 완벽하고 한 사람의 평정자가 항상 균형 있고 정확한 평정을 할 수 있다면 조정은 필요 없을 것이다. 그러나 실제로 그러한 이상적인 상태를 기대하기 어렵기 때문에 평정결과를 확정시키기 전에 이를 조정하는 절차를 두어야 한다.

---

51) 2중평정제도에서 확인자는 제2차 평정자가 된다.

52) 피평정자집단의 규모를 결정하는 문제는 통솔범위(span of control)를 결정하는 문제와 비슷하다.

나) 범위

일반적으로 조정작업의 범위에 포함시킬 수 있는 것을 보면 다음과 같다.

① 피평정자집단 내에서 피평정자 간의 불공평을 시정하는 것.

② 피평정자집단 상호간의 불균형을 시정하는 것.

③ 상하평정자 간의 평정상 불일치를 조정하는 것.

평정결과의 조정은 근본적으로 평정의 정확성을 높이기 위한 절차이므로 조정과정에서 평정의 정확성과 관련된 모든 국면을 심사하는 것이 바람직하다.

다) 한계

평정결과의 조정을 어렵게 하는 현실적 한계는 다음과 같다.

① 조정은 많은 피평정자를 대상으로 하므로 개별적인 심사에 충분한 시간과 노력을 들일 수 없다.

② 조정자와 평정자의 사회적 거리(social distance)가 멀기 때문에 피평정자와 긴밀히 접촉하는 평정자의 평정을 실질적으로 심사하기는 어렵다.

③ 조정자가 평정결과를 무엇이든 심사하여 변경시킬 수 있게 하면 전단(專斷)을 가져올 염려가 있다.

라) 현행 평정결과의 조정

현행 경찰공무원 근무성적평정은 조정의 범위에 관한 한 형식적 획일주의를 취하고 있다. 즉, 미리 정하여진 강제배분 비율이 적용되고 있는가만을 확인하고 있다. 이것은 엄격한 의미의 사후적 조정이라 할 수 없다

따라서, 경찰공무원의 능력과 실적을 공정하고 객관적으로 평정하여 성실하고 유능한 경찰관을 우대해야 한다. 또한 실적주의적 인사행정을 구현하고, 공직사회에 경쟁원리를 도입하여 행정의 능률성과 생산성을 제고해야 한다. 이를 위해서 조정위원회의 설치가 바람직하다.

조정위원회를 통하여 집단 간의 불균형을 시정하고, 강제분포비율을 실질적으로 조정할 수 있는 권한까지 조정위원회에 부여해야 한다. 따라서, 조정위원회에 실질적인 조정권을 부여하고, 조정위원의 자격을 규정하며, 조정위원회가 평정자와 협의하는 절차도 공식화해야 한다.

(2) 평정결과의 공개와 피평정자의 참여

가) 의의

평정의 공정성을 확보하고 피평정자의 발전을 위하여 평정과정에 피평정자를 참여시키는 것이 필요하다. 근무성적평정을 참여의 과정으로 만들기 위한 수단들은 대개 평정과정의 공개 내지 평정결과의 공개를 전제로 한다.

따라서, 평정결과의 공개에 관한 문제는 피평정자를 참여시키는 여러 방안과 함께 검토되어야 한다.

나) 현행 제도

현행 경찰공무원 근무성적평정의 결과는 공개하지 아니한다고 규정하고 있다. 앞으로 평정의 공정성을 기하고, 평정결과를 피평정자의 발전을 위해 보다 적극적으로 활용하려면, 공개는 불가피하다.

다) 평정결과의 공개 여부

평정결과의 공개 여부에 대한 찬반양론이 맞서고 있다. 평정결과의 비공개가 요구되는 것은 평정결과의 공개로 일어날 수 있는 여러 가지 부작용 때문이다. 예컨대, 관료문화 속에서 경찰공무원들이 평정결과를 알고 자기 발전을 위해 노력하는 것보다 나쁜 평정점을 준 상관을 원망하고 반발하는 일이 더 많을 수 있다. 또한 상관들의 권위적인 행태는 평정결과의 공개로 자기들의 평정이 부하의 비판을 받는 것을 용납하려 하지 않는다.

또한 평정의 용도는 직원의 발전이나 이익 또는 불이익이 돌아가는 인사조치의 기준을 발견하는 데 편향되어 왔다. 그리고 근무성적 평정절차를 참여의 과정으로 만드는 데 필요한 기술적 준비가 되어 있지 않다.

평정결과의 비공개를 지지하는 이유는 다음과 같다.

① 평정결과를 공개하면 평정자가 피평정자나 기타 관계자들의 영향을 받아 공정한 평정을 못할 위험이 있다.

② 평정결과를 공개하면 평정내용에 대한 비판과 이의제기가 있게 되는데, 이것은 평정자와 피평정자 간에 불화를 조성할 염려가 있다.

③ 자기 성적을 남에게 알리기 싫어하는 경향이 있다. 자기의 비밀이 남에게 알려지면 명예가 손상된다는 것이다. 특히, 성적이 나쁜 직원들에 대한 평정결과를 공개하면 그 사람을 절망적인 경지에 몰아넣을 수 있다.

④ 평정결과를 공개하는 것은 평정상담이나 소청의 길을 열기 위한 것인데, 그러한 방안이 실시되기 어렵거나 실효를 거두기 어렵다.

그러나 위와 같은 여건은 점차 변화되고 있으며, 평정과정의 공명정대성을 높이고 피평정자에게 참여의 길을 열어 주어야 한다는 측면에서 평정결과는 점진적으로 공개해 가야 할 것이다.

라) 평정결과의 공개방법

평정의 결과를 공개하는 방법에는 여러 가지 대안이 있다. 완전 공개와 완전 비공개의 두 가지 대안만이 있는 것은 아니다. 어느 정도 그리고 어떻게 공개할 것인가에 관한 대안 가운데 몇 가지를 예시하면 다음과 같다.

① 평정결과의 총점만을 공개한다.

② 성적이 특히 나쁜 사람에게만 평정내용을 알려 준다.

③ 요구하는 사람에게만 본인의 성적을 알려 준다.

④ 누구에게나 자기에 대한 평가 결과만 통보해준다.

⑤ 평정과정과 평정결과를 완전히 공개한다.

근무성적평정의 공개주의가 정착해간다면, 이에 따라 이의제기절차도 마련해야 한다. 피평정자의 이익침해를 구제하고 공정한 평정을 촉구하기 위해서 이의제기의 기회를 제공하여야 한다.

평정의 공개가 이루어지면 피평정자의 평정과정에 대한 참여를 점차 유도해 나가야 한다. 평정상담제를 도입하고 감독자 평정에 자기평정적 요소를 가미해 나가야 한다.

평정상담제의 목적은 다음과 같다.

① 피평정자로 하여금 평정과정과 자기 발전에 깊이 참여하게 한다.

② 비판적이기보다 조력적이고 건설적인 감독자의 태도를 기른다.

③ 직무수행에 지장을 주는 업무상의 문제를 해결한다.

④ 피평정자의 발전에 관한 특정적인 목표를 평정자와 피평정자가 협의하여 설정한다.

요컨대, 근무성적평정을 진정한 참여의 과정으로 만들기 위해 자기평정 또는 동료평정을 실시하거나 감독자 평정에 피평정자들을 참여시키는 방법이 있다. 그러나 현실적으로 자기평정이나 동료평정 또는 절충적 평정을 실시할 수 있는 여건이 마련되어야 하며, 그러한 제도의 의미와 목적을 이해하는 것 또한 필요하다.

(3) 승진결정의 평정결과 활용

근무성적평정의 결과, 즉 평정점수는 승진결정의 기준이다. 경찰에서 현재 근무성적평정의 가장 중요한 용도는 승진결정에 활용하는 것이다.

승진결정의 기준으로 근무성적 평정결과의 시간적 범위 및 합산비율에 관하여 살펴본다.

가) 평정결과의 시간적 범위

경찰공무원의 승진 심사에서 근무성적평정의 반영 비율은 최근 3년치 근무성적의 20%, 최근 2년치 근무성적의 30%, 최근 1년치 근무성적의 50%를 합산한 점수를 기재한다.

3년간을 근무성적 반영기간으로 정하고 승진시기에서 먼 기간에 대한 반영비중을 줄이고 있다. 그러나 이것은 최근 3년의 성적만을 반영함으로써 반영기간 이전 근무기간 동안의 근무성적은 완전히 무시되어 버리는 결과를 초래하게 된다.

따라서, 모든 계급에서 획일적으로 최근 3년까지만을 반영하는 것보다 승진 최저 소요 근무연수・계급정년 등을 고려하여 기간 반영을 달리 하는 것이 필요하다.

나) 평정결과의 합산비율

승진결정에 필요한 근무성적의 반영범위는 해당 계급에서 근무한 연수를 종합적으로 평가하여 반영하는 것이 바람직하다. 만약 최근 3년치만의 근무성적을 반영한다면, 3년 이전의 근무성적이 현저히 우월했거나 반대로 현저히 열등했는데도 불구하고 이를 승진심사에서 제외하는 문제점이 있다.

그러므로 승진심사시기를 기준으로 하여 현재의 계급에서 근무한 총연수의 근무성적평정을 반영하되, 가중치를 두는 방식이나 전체의 평균점을 반영하는 방식을 검토할 수 있다.

가중치를 두는 방식을 채택하는 경우, 승진 최저 소요 근무연수를 기준으로 하여 현재부터

이 연수 만큼의 기간에 대해서만 가중치를 부여하고, 승진시기에서 멀어질수록 점차 가중치를 차등적으로 줄여 가면서 부여한다. 최저 근무연수 이전의 근무성적은 가중치 없이 근무성적 총평정점을 합산해 평균점을 내어 전자와 후자를 합산, 승진 결정에 필요한 근무성적 평정점으로 하면 된다.

경찰관의 승진심사에 반영할 근무성적평정의 점수를 위와 같은 가중치에 의한 방식으로 계산해보면, 다음과 같이 예시할 수 있다.

> [(해당 계급의 승진소요 최저 근무연수 동안의 근무성적 점수 × 각 연수별 가중치) + 승진소요 최저 근무연수 이전의 근무성적평정점의 총점] / 해당계급에서의 총근무연수

제3절

외국의 근무성적 평정제도

01. 일본

1) 연혁

일본의 근무성적 평정제도는 인사원규칙(人事院規則)으로 수립되어 있다.[53] 인사원은 창립 초기부터 근무평정제도의 연구에 착수하여 수년에 걸쳐 보완・개정하여 시행해 왔다. 이에 따라 국가공무원에게 처음으로 통일적인 새로운 이념에 입각한 근무평정제도가 시작되었다. 그 후 국가공무원법 일부 개정에 따라 1966년 정령(政令) 제13호가 공포되어 근무평정의 수속 및 기록에 있어서는 인사원규칙 근무평정의 관계 각 항으로 변경되어 정령 및 총리부령이 정하는 바에 따라 오늘에 이르고 있다.

2) 근무성적 평정방법

각 부서(部署)의 장이나 국과장은 소속 직원의 근무성적을 매년 평가하고, 6년에서 9년간의 성적을 합산하여 승진 자료로 활용했다.

평정은 '공・과・행・능'(功・過・行・能)의 4개 항으로 했는데, '공'(功)은 직무에 대한 성

53) 日本 人事院規則, 제10-2호 勤務成績評定(昭和 27년 4월 19일 제정).

실성, '과'(過)는 업무에서 발생한 실수나 차질, '행'(行)은 행위의 선악을 평가하며, '능'(能)은 업무와 관련된 재능이나 기량을 의미한다.

이상의 4개 항목을 평정하여 관리의 근무성적을 9개 등급으로 구분한다. 이를 보다 구체적으로 평정하기 위해서 '4선(善) 42최(最)'의 기준을 채용했다. '4선'은 덕의 · 정진 · 공평 · 각근이다. '42최'는 직무수행 시 명령을 준수하고, 정확한 보고와 신속한 업무처리를 포함한 직무집행의 기준을 나타낸다. 따라서, 이것은 근무평정에 있어서 평정의 척도가 되고, 직무기준이 되는 것이다.

이상과 같은 '4선'과 '42최'를 기준으로 해서 관리의 근무성적은 다음과 같이 9개 등급으로 평정된다.

① 상상: 1최 4선
② 상중: 1최 이상 3선 또는 최 없이 4선
③ 상하: 1최 이상 2선 또는 최 없이 3선
④ 중상: 1최 이상 또는 최 없이 2선
⑤ 중중: 1최 이상 또는 최 없이 1선
⑥ 중하: 직무수행이 불충실하고 선최가 없는 것.
⑦ 하상: 직무집행의 기준에 위반하여 처리하는 것.
⑧ 하중: 공무에 반하고 사무에 급급하여 직무수행에 폐해가 많은 것.
⑨ 하하: 정직을 남용하거나 빈관 행위를 하는 것.

또한 인사원규칙 10-2의 제2조에 있는 근무평정방법에 따르면, 직원의 근무실적은 할당된 직무의 종류, 복잡성, 수행태도 등을 기준으로 정확히 평가되어야 하며, 이 평가는 직원의 성격, 능력, 적성을 공정하게 반영해야 한다.

적용범위를 보면 근무성적 평정제도는 상근직원 모두에게 적용되며, 특별히 법률, 규칙, 지령에 의해 제한되지 않는다. 소할청의 장은 이 규칙과 세칙에 따라 소속 직원의 근무성적을 반드시 평정해야 한다.

제도의 운영목적은 공정한 인사행정의 기초를 마련하고, 승진과 승급, 상하관계 개선, 직원의 능력 파악 등 다양한 인사관리 목적을 달성하는 데 있다.

3) 근무성적 평정요소

근무성적평정의 주요 요소는 직원의 근무실적, 성격, 능력, 적성 등이다. 평정은 각 요소를 구체적이고 분석적으로 평가한 후 이를 종합하여 이루어진다. 평정과정에서 평가자의 주관적 판단을 방지하기 위해 2명 이상의 평정자가 1차 평가를 실시하며, 2차는 감독자가, 3차는 기관장이 조정역할을 담당하도록 되어 있다. 이를 통해 균형을 유지하고 평정의 표준화를 도모한다.

근무평정의 종류는 정기평정, 조건부 임용기간평정, 특별평정으로 나눈다. 모든 평정결과는 근무성적 보고서에 기록되며, 이 보고서에는 직원의 근무실적, 성격, 능력, 적성에 관한 평정결과가 포함된다. 또한, 과거 지도기록, 평정결과에 따른 조치, 인사이동에 필요한 사항도 함께 기록된다.

근무성적평정에 대해 불만이 있는 경우 이를 해결할 제도적 절차, 즉 소원절차가 마련되어 있지 않다. 평정결과는 해당 직원에게만 공개되며, 다른 사람에게는 공개되지 않는다.

4) 경찰공무원의 근무성적 평정제도[54)]

일본 경찰의 근무성적평정은 인사원규칙 10-2의 '경찰청직원의 근무평정 실시에 관한 훈령' 규정에 기초하고 있다. 또한 근무성적평정의 절차 및 기록에 관한 사항은 정령과 총리부령에서 정하고 있다. 물론 직원의 근무평정은 위의 훈령에 의해서만 행하는 것이 아니라 평정자 등이 평정할 때에는 반드시 인사원규칙도 함께 참고로 할 필요가 있다.[55)]

(1) 목적

근무평정의 결과는 인사이동뿐 아니라 표창, 특별승급 등 다양한 인사관리에 활용되어야 한다. 다만, 근무성적 보고서는 비공개로 유지되어야 한다.[56)]

---

54) '경찰청직원의 근무평정 실시에 관한 훈령'(昭和 34.1.17. 警廳訓 1) 참조, 이후 개정사항 포함.
55) '경찰청직원의 근무평정 실시에 관한 훈령의 시행에 대하여'(昭和 44.1.26. 警察廳乙務發 第4号) 第1條 第2項.
56) 同 警察廳施行令 第2條 第1項.

(2) 근무성적평정을 받지 않는 경찰청 직원

평정의 대상이 되지 않는 직원은 다음과 같으며, 이들은 특별 평정할 수 있다.

① 경찰청차장, 내부부국 관방장, 국장부장, 심의관, 수석감찰관, 경찰대학교장, 동부교장, 동특별수사간부연수소장, 동부속경찰통신학교장, 과학경찰연구소장, 황궁경찰본부장, 관구경찰국장, 동경도통신부장, 북해도경찰통신부장, 그 외 이에 준하는 직원으로 지정된 자

② 임시적 직원

③ 비상근 직원

(3) 권한의 위임

경찰청 장관은 정령 제2조의 규정에 기초하여 실시권자에게 근무성적평정의 실시에 관한 권한을 위임한다. 동 정령 제7조 제10조는 평정자의 지정에 관하여 규정하고 있다.

(4) 정기평정

정기평정은 매년 1회 실시하고, 5월 31일에 한다. 그러나 5월 31일에 '공정한 평정을 하기 어렵다고 인정'되는 직원에 관하여 실시권자가 공정한 평정을 할 수 있다고 인정하는 기일에 평정을 행할 수 있다.

〈표 4-11〉 **평정자 등 지정표**

구분 / 소속	실시권자	조정자	평정자	피평정자	보관 책임자
내부부국(內部部局)		차장	관방장, 국장 또는 부장	과장	경무국장
	차장	관방장, 국장 또는 부장	과장	조사관, 이사관, 과장보좌 및 반장 또는 그것에 상당하는 직원	인사과장
	관방장, 국장 또는 부장	과장	조사관, 이사관 또는 과장보좌 또는 그것에 상당하는 직원	계장 및 그것에 상당하는 직원	인사과장
	관방장, 국장 또는 부장	과장	조사관, 이사관 또는 과장보좌 또는 그것에 상당하는 직원	주임 및 그것에 상당하는 직원	인사과장
	관방장, 국장 또는 부장	과장	조사관, 이사관 또는 과장보좌 또는 그것에 상당하는 직원	피감독적 직무를 수행하는 직원	인사과장

‘공정한 평정을 할 수 없다고 인정’되는 경우는 다음과 같다.

① 평정자 등과 피평정자 간의 감독관계가 3개월 미만인 경우

② 평정자 또는 피평정자 등이 휴가 · 휴직 · 정직 · 결근 등의 사고로 인하여 평정기간 중 근무에 종사한 일수가 약 3개월 미만인 경우

③ 평정자 등 또는 피평정자가 장기 출장 또는 학교 파견 등으로 인하여 평정기간 중 소속 부서에서 직무에 종사한 일수가 3개월 미만인 경우

④ 실시권자가 전 각 호에 열거한 이유 이외의 이유에 의하여 공정한 평정을 할 수 없다고 인정되는 경우

(5) 특별평정

특별평정은 다음에 해당하는 경우에 행한다.

① 조건부 채용기간 중의 직원이 당해 기간 개시일부터 기산하여 5개월을 경과한 경우

② 장관 또는 실시권자가 특별히 필요하다고 다음과 같이 인정한 경우

ⓐ 직원의 정기평정 또는 특별평정의 결과가 기록되어 있지 않은 경우

ⓑ 가장 최근에 행해진 정기평정 또는 특별평정의 기록이 그 직원의 근무성적을 공정하게 나타낼 수 없다고 인정되는 경우

ⓒ 직원이 승임 · 전임 · 배치전환 · 강임 등에 의해 관직을 이동한 경우

(6) 평정자 등의 지정

근무평정에 있어서 평정자 및 조정자는 따로 정해지는데, 다만 정해진 실시권자가 실시하기가 특별히 어려운 사정이 있는 경우에는 장관의 승인을 얻어 다른 평정자와 확인자를 지정할 수 있다.

그리고 1명의 직원에 관하여 평정자가 되어야 할 감독자가 2인 이상인 경우에 실시권자는 그중에서 1명을 평정자로 지정한다. 이 경우 평정자는 평정자가 되지 않은 다른 감독자와 협의하여 평정하도록 한다.

(7) 평정의 방법

근무평정은 근무평정 기록서에 의한다. 기입요령과 평정요령은 다음과 같다.

먼저, 기입요령에 있어서 평정기간은 전회의 정기평정을 실시한 날의 익일의 연월일 및 평정기일의 연월일을 기입한다. 다만, 채용되고 또는 승임된 후 정기평정을 받지 않은 직원의 시기는 채용 또는 승임된 날을 기준으로 한다.

기록서의 윗부분에 나타난 항목들을 보면, 평정기간 · 정기평정 · 특별평정 · 구분 · 정리번호 등이 있다. 기록서의 본인 신고란에 나타나 있는 항목들을 보면, 성명, 생년월일, 본적지, 현주소, 성별, 소속, 계급 또는 관직명, 직명, 봉급, 현계급(직급) 승임(채용) 연월일, 현근무 배치 연월일, 최종학력, 직력, 특기, 연구 사항, 취미 및 기호, 건강상태, 상벌, 연고지, 업무에 관한 희망 · 근무지에 관한 희망, 생활상황 등이다.

정기평정과 특별평정의 평정요령은 다음과 같다.

가) 정기평정

근무실적 평정요소는 감독적 직무를 행하는 직원은 '업무능력,' '업무의 신속성,' '업무태도' 및 '통솔지도의 방법'으로 하고, 피감독적 직무를 행하는 직원은 '업무능력,' '업무의 신속성,' '업무태도'로 한다.

평정자와 확인자는 다음에 열거하는 평정요소 착안점을 참조로 하여 각 평정요소에 관하여 피평정자의 근무실적을 평가하고, 그 결과를 각 평정요소의 란에 기입한다.

평정요소의 착안점은 다음과 같다.

① 업무능력

ⓐ 업무에 필요한 지식은 충분히 있는가?

ⓑ 계획은 치밀하고 실질적이었는가?

ⓒ 지시 또는 방침에 따라 적절한 조치를 했는가?

ⓓ 보고는 적시 적절하게 했는가?

ⓔ 상사를 잘 보좌했는가?

ⓕ 업무는 정확하게 수행하였는가?

② 업무의 신속성

ⓐ 업무에 대한 준비성은 있었는가?

ⓑ 업무는 무리 없이 처리하였는가?

ⓒ 기한에 늦은 적은 없었는가?

③ 업무태도

ⓐ 규율은 지켰는가?

ⓑ 적극적으로 업무를 진행하였는가?

ⓒ 업무에 대한 연구는 태만히 하지 않았는가?

ⓓ 항상 최선을 다하고 노력하고 있는가?

ⓔ 업무에 대한 자각과 책임감은 강했는가?

ⓕ 협조적이었는가?

④ 통솔지도의 방법

ⓐ 부하를 잘 단합시켜 능률적으로 직무를 수행하게 했는가?

ⓑ 부하를 공정하게 다루고 신망은 두터웠는가?

ⓒ 업무의 분배와 조정은 효과적이었는가?

ⓓ 부하를 잘 지도하고 진보시킬 수 있었는가?

위와 같은 평정요소의 착안점에 기초하여 평가의 결과를 각 란에 기호로 기입하는데, 기호의 정의 및 단계는 다음과 같다.

① A: 근무실적이 특히, 우수하다.

② B: 근무실적이 우수하다.

③ C: 근무실적이 양호하다.

④ D: 근무실적이 다소 양호하지 않다.

⑤ E: 근무실적이 양호하지 않다.

평정자 등은 각 평정요소의 평가결과를 종합하여 피평자의 근무실적을 평정하고, 그 결과를 종합평정란에 정해진 기호로 기입한다. 이 경우 조정자는 평정자가 부여한 기호의 하나 상위 또는 하나 하위의 기호 범위 내에서 불균형을 시정해야 한다.

성격 평정자는 피평정자의 성격을 평가할 때, 성격란에 열거된 평어 중 적합하다고 확신하는 항목에 ✓표시를 한다. 피평정자의 성격이 보통으로, 장점이나 단점에 해당하지 않으면 ✓표시를 하지 않는다. 평어란의 여백에는 피평정자에게 매우 적합한 평어를 자유롭게 기입하고 해당 항목에 ✓표시를 한다.

능력 평정자는 피평정자의 직무와 관련된 특수한 능력과 적극적인 능력을 구체적으로 기입한다. 예를 들어, 기획력이나 계산력 등을 능력란에 기록한다. 평정자와 확인자는 피평정자의 성격, 능력, 기타 조건을 종합적으로 고려하여 현재 업무에 대한 적성을 평가하고, 적합 여부를 해당란에 ✓표시한다. 또한, 현재 업무 외에 적성이 있다고 판단되는 경우, 그 업무의 종류와 이유를 기입한다.

소행 평정자와 확인자는 직무에 관련하여 보여 준 피평정자의 평소 소행을 소행란에 기입하도록 하고, 주벽·이성관계·물욕 등 경찰의 신용을 해하거나 경찰 전체의 불명예가 될 우려가 있는 결함 등이 있으면 그것도 구체적으로 기입한다.

필요하다고 인정되는 조치 평정자와 확인자는 피평정자의 근무실적과 본인의 희망을 고려하여 필요한 조치를 해당란에 ✓표시한다. 특별한 조치가 필요한 경우에는 별도의 란에 그 내용을 기입한다.

소견 평정자와 확인자는 피평정자에 관하여 선행 및 그 외의 칭찬해야 할 점 또는 가정생활의 불화, 불건강 및 그 외의 결함 등 향후 지도·감독함에 있어서 유의해야 할 점이 있으면 그것에 관한 의견을 기입한다.

평정자와 확인자의 서명 평정자 등은 전각란을 기입한 후 서명 날인하고, 평정자는 조정자에게, 조정자는 실시권자에게 제출한다.

기록서의 확인 실시권자는 기록서를 심사하고, 적당하다고 확인한 경우 기명날인하며, 덧붙여 다음에 열거하는 분포제한에 따라 A·B·C·D·E의 기호를 기입한다. 부적당하다고 인정한 경우는 평정자에게 재평정 및 재조정을 명한다.

분포제한 직무의 복잡성과 책임이 비슷한 직원들 간에는 평어의 분포가 공정하고 균형 있게 이루어져야 하며, 상위등급(A 또는 B)을 받는 직원 수는 전체의 약 30% 이내로 제한해야 한다. 분포제한은 모든 직원에게 적용되며, 평정대상직원 수가 적어 분포제한을 따르기 어려운 경우에도 그 취지를 최대한 반영하도록 노력해야 한다.

나) 특별평정

정기평정의 기준에 준하여 행한다.

02. 미국

1) 도입배경과 변천과정

(1) 도입배경

미국의 근무평정제도는 1883년 승진의 기준으로 각 부성(部省)에서 활용하기 시작하면서부터 정착되었다. 원래 근무성적 평정제도를 처음으로 구상하여 실시한 사람은 19세기 초 영국 스코트랜드에서 방직공장(New Lanark Cotton Mill)을 경영하던 로버트 오웬(Robert Owen)이다. 그는 성격 수첩(character book)을 종업원 개개인에게 나누어주고, 각자 매일 근무상황을 기록・보고하도록 하고, 이 보고에 의해 근무성적의 양・부를 특성표시판(character block)에 표시한 형태가 시초라고 한다.57)

그러나 미국에서 공식적인 근무성적평정이 도입된 것은 1883년 펜들톤법(Pendleton Act), 즉 공무원법(Civil Service Act)에 의해 인사위원회(CSC: Civil Commission)의 설치로 이 제도화가 시도되었고, 동시에 이 제도의 도입은 미국에 있어서 엽관제도에서 나타난 폐단을 개선하기 위해 '절약과 능률 운동'이 시작하면서 공무원인사제도에 도입되었다.

1910년 '절약과 능률에 관한 위원회'에 의하여 인사문제에 따른 보수제도・근무시간・연가 등을 포함한 근무성적 평정제도를 연구하면서 이의 적용을 강조하게 되었다. 이와 함께 1912년에는 근무성적 평정제도가 법률에 규정되었다.

1940년에는 렘스펙법(Ramspeck Act)은 근무성적평정에 대한 이의신청을 위하여 각 성에 심사위원회를 설치하였으며, 그 후 1947년 종래 연방정부의 공무원에게만 적용되었던 근무성적 평정제도가 국가공무원연맹과 공무원조합 및 지방자치단체연맹이 공동으로 국가공무원법을 공포함으로써 모든 공무원에게 적용되기에 이르렀다.

---

57) Dale Yodur, *Personnel Management and Industrial Relation,* 4th ed., New Jersey: Prentice Hall, 1985, p. 565.

(2) 변천과정

이와 같은 근무성적 평정제도가 정착되기 시작하면서 1922년 능률국(Bureau Rating System)은 연방정부 내에서 최초의 통일적 근무성적 평정제도를 수립하였다. 이 제도가 1924년에 도표식 평정제도(graphic rating system)로 대치되는 등 수차의 개정이 있은 후, 다시 1941년에 미드・렘스법(Meed-Ramspeck Act)에 의거하여 그 적용범위가 수도 이외의 일선기관 공무원, 입법부의 공무원, 공기업체의 직원 및 콜롬비아 지역 내 시정부 직원에게까지 확대되었다.[58]

1944년 2월 제1차 루버위원회의 개혁안에서 능률평정제의 개정으로 감독자는 매년 직원의 과거 업적과 미래 능력에 관한 평정을 시행하기 위하여 직원과 개별적으로 면접을 실시하여 그 결과를 우・양・가의 3요소를 평가한 후 적재적소의 인력배치제도를 제안하게 되었다.[59] 결국 이 방법은 1950년 미국의 근무성적평정법(Performance Rating Act)에 부분적으로 반영되었다.

이와 같은 근무성적평정의 변천과정을 거친 후 1978년에는 공무원개혁법(Civil Service Act)으로 새로운 인사기구인 인사관리처(OPM: Office of Personnel Management)가 신설되었다. 이 기구는 공무원들의 교육훈련・직무부여・보수를 위한 기초자료로서 사용할 새 평정제도를 수립하였다.[60]

1978년의 공무원제도개혁법에서는 평정제도의 운영과 관련된 권한을 대통령실 산하 인사관리처로부터 각 행정부처로 대폭 위임하고, 평정양식과 평정요소의 선택에 대해서도 독자적 결정권을 부여하였다.

이 개혁법은 펜들톤법과 대비된다. 즉, 1883년 펜들톤법이 엽관주의를 배제하고 실적에 기초한 채용이 가능하도록 한 최초의 개혁 노력이었다면, 1978년의 개혁은 개인의 공헌과 조직의 보상을 긴밀하게 연결시키는 제도적 장치로서 근무성적 평정제도를 자리 잡게 한 것으로 높이 평가된다.

1978년 개혁법에서는 공무원의 업무실적을 정기적으로 평정하고, 평정기준을 설정할 때에

---

58) W. Blooke Graves, *Public Administration in a Democratic Society*, Boston: Heath Company, 1981, pp. 211~217.

59) 박연호, 전게서, p. 52.

60) Filix A. Nigro & Lioyd G. Nigro, *The New Public Personnel Administration*, Boston: Peacock Publishers, 1981, p. 321.

는 부하를 참여시키며, 평정결과는 교육・보상・이동・승진 등의 기초로 삼게 하여 근무성적 평정결과의 활용을 제도적으로 규정하였다. 나아가 직무와 관련된 평정이 정확히 이루어지도록 하고, 참여와 발전적 분위기하에서 설정된 목표 또는 명확한 기준을 적용하도록 하였다.[61]

또한 인사행정에 대한 학문적 연구결과를 적절한 제도적 장치로 도입하려는 노력을 지속해 왔다. 인사행정의 3대 변수를 그 과정을 중심으로 임용・능력발전・사기라 한다면, 근무성적 평정은 단순한 능력 발전에 국한된 것이 아니라 이 모든 변수의 기초를 형성한다는 명제를 제도적으로 구현해온 것이다.

2) 근무성적 평정제도

(1) 목적

미국 연방공무원법 중 근무평정에 관한 규정은 근무성적평정의 결과를 직원의 연수・장려 보상・배치전환・승진・강임・유직[62]・면직 등 인사상의 조치에 이용할 것을 명시하였다. 이 규정에 의하여 능력에 따른 인사관리를 위한 기반이 확립되었으며, 동시에 각 행정기관은 적어도 한 가지의 근무성적 평정방식을 개발하고, 각 방식마다 직무수행기준을 설정하도록 하고 있다. 이 기준에 입각하여 각 행정기관은 미리 정해진 평정기간 중에 직원의 근무평정을 하게 되었다.

근무평정의 결과, 우수한 성적이라고 인정된 직원은 표창과 장려 보상을 하고, 반대로 용인되지 않는 근무성적(unacceptable)이라고 평정된 직원에게는 근무성적을 개선하기 위한 기회를 주고 지원하도록 한다. 이러한 조치에 의해서도 역시 근무성적을 개선할 수 없는 자는 전보・강등 또는 면직할 수가 있다고 규정하였다.

직원을 강등하고 또는 면직하는 경우 적어도 처분 예정일 30일 전까지 처분의 근거로 되는 용인할 수 없는 근무성적의 구체적인 예를 기술한 처분예정통지서를 교부하여 직원에 대하여 변명할 기회를 주어야 한다. 또 사전 통지기간 중에 근무성적이 개선되면, 강등 또는 면직 처분이 행하여지지 않는다. 또한 그 후 1년간의 근무성적이 용인될 수 있는 것일 경우 예정되어 있는 처분에 관한 일절의 기록은 소멸된다. 우등자격자 및 경쟁직에 있는 자로 강등 또는 면직 처분을 받은 자는 '실적주의 시스템'의 보호위원회에 불복신청을 할 수 있다.

---

61) John J. DeMarco & Lloyd G. Nigro, *Public Personnel Management*, New York: McGraw-Hill, 1983, pp. 43~51.

62) "유직"은 직위의 변동이 없고, 현재 맡고 있는 직무와 지위가 유지되는 경우를 말함.

이 위원회의 권한 및 책임으로 다음과 같은 사항을 규정하고 있다.

① 직원의 불복신청에서 특별 고문의 고발과 기타 법령에 의해 위원회의 권한 내의 모든 사항의 심리 및 판정을 내리고 또는 최종처분을 내리는 것.

② 연방기관에 대하여 위원회의 명령 또는 결정에 따르도록 명하는 것, 이에 따르지 않는 직원에 대해서는 급여 지급을 정지할 수 있다.

③ 인사관리청이 제정한 규칙 또는 세칙의 규정을 심사하는 것, 그 결과 해당규정이 '실적주의 시스템'의 원칙에 위반하는 경우, 해당 규정이 무효임을 선언한다.

④ 심리에 있어 증거 제출이나 증인의 출석을 요구하는 소환장을 발부하는 것. 소환장에 응하지 않는 자는 지방재판소 출두가 명하여지고, 이에 응하지 않을 경우 법정모독죄로 처벌된다고 규정하고 있다.

종래 근무성적평정에 관한 불복신청도 인정되고 있었으나 이것은 폐지되고, 노사협약에서 규정하는 고충처리절차의 대상으로 되었다.

(2) 평정의 등급

근무성적평정의 등급은 탁월(outstanding)과 양호(satisfactory performance) 및 불량(unsatisfactory)으로 구분되며, 평정횟수로는 10급 이하의 직원에 대하여는 적어도 연 1회, 11급 이하의 직원에 대하여는 1년 반 이내에 1회 실시하도록 평가횟수를 규정하고 있다.

요컨대, 미국 근무성적 평정제도는 첫째, 공무원의 근무성적보다 그의 가치를 인정하는 데 주력할 것 둘째, 공무원의 제재보다 그들의 근무성적을 향상시키는 데 주력할 것 셋째, 상하관계의 감시와 귀속 관계가 아니라 상호간의 이해를 증진시킬 수 있도록 할 것 등을 강조하고 있다.

3) 경찰공무원의 근무성적 평정제도

(1) 개관

미국의 자치경찰은 단위 경찰기관별 독자적인 규정과 규칙을 가지고 있다. 경찰관에 관한 근무성적평정 역시 단위 경찰관서별로 다르게 규정하여 시행된다. 영미법계 국가들과 마찬가지로 미국은 법규 자체가 명백히 따로 마련되어 있는 것이 아니라 그때그때의 사정에 따라 만

들어지기도 하고, 수정되기도 한다. 특히, 수정된 경우에도 반드시 그 이전의 규정까지 나타나 있을 정도로 법령의 체계가 복잡다단하다.

경찰공무원의 근무성적평정은 원칙적으로 각 자치경찰별로 다르게 규정되어 있다. 근무성적평정에 관한 규정이 별도로 마련되어 있는 것이 아니라 주로 수행한 근무실적을 평가하는 방식으로 이루어지고 있다. 예를 들면, 한 명의 경찰관이 정해진 기간 동안에 수행한 근무실적(performance)을 객관적으로 평가하여 이를 승진(promotion) 등 인사자료로서 활용한다. 성과(outcome) 중심적인 근무성적평정을 통하여 경찰조직의 능률성과 효과성을 달성하려는 데 그 목적을 두고 있다.

요컨대, 복잡하고 다양한 미국의 자치경찰조직들은 각 자치경찰의 상황과 특성에 맞게 독자적으로 경찰공무원의 근무실적을 평가하는 체제를 두고 있고, 주관적 평가와 병행된다기보다는 객관적인 실적을 위주로 그 평가가 이루어진다. 근무실적에 대한 객관적인 평가를 통하여 그 결과를 중심으로 하여 경찰공무원에 대한 여러 가지 인센티브가 제공되는 체제를 가지고 있다.

(2) 경찰공무원 평정제도의 실례: 뉴욕시 경찰국의 근무성적 평정제도

미국 경찰공무원의 근무성적 평정제도는 앞서 언급한 것처럼 각 지방마다 다르게 평가되고 있고, 평정항목 또한 그 지역적 특성과 업무의 특성 및 계급별로 다르게 평가되고 있다.

미국에서 가장 규모가 큰 경찰관서 중의 하나인 뉴욕시 경찰국의 근무성적 평정제도에 대하여 살펴보기로 한다.63)

먼저, 뉴욕시경의 계급별 인원 현황을 보면 〈표 4-12〉와 같다. 뉴욕시 경찰국(NYPD)은 미국에서 가장 크고 오래된 시 경찰국 중 하나로, 약 34,000명의 경찰관과 19,000명의 민간 직원을 보유하고 있다. 〈표 4-12〉에 나타난 수치는 민간인 고용직 19,000명을 포함하지 않은 수치이다.

가) 평정시기

뉴욕시경에서 근무성적평정의 시기는 매년 12월 15일을 기준으로 하여 연 1회 실시하고 있다.

---

63) Raymond W. Kelly, John S. Pritchard III & Wlliam J. OSullivan, *Performance Evaluation Guide*, New York: Employee Management Division, City of New York Police Department, 2000, pp. 1～27 참고.

〈표 4-12〉 **뉴욕시 경찰국 경찰관 현황**[64)]

Rank / Title	인원
Police Officer	21,733
Detective	5,181
Sergeant	4,324
Lieutenant	1,710
Captain	369
Deputy Inspector	157
Inspector	109
Deputy Chief	90
Assistant Chief	21
Chief	11
Surgeon	27
합계	33,740

나) 평정대상자

평정대상자(ratee)는 전경찰관 및 민간인 고용직을 대상으로 하고 있다. 이것은 하위직뿐만 아니라 최상위직인 국장급도 평정대상이 된다.

다) 평정자

뉴욕시경은 평정체제상 2중 평정제도를 채택하고 있다. 먼저, 제1차 평정자(rater)는 직근상급자가 된다. 그리고 제2차 평정자(reviewer)는 차상위 상급자가 된다.

라) 평정결과의 활용

평정결과는 심사승진 시 근무성적의 우수자를 우선 선발하여 승진에 반영시킨다. 이것은 우리나라 경찰에서는 근무성적 평정점수를 시험승진 시 점수로서 가산하고 있는 것과는 달리, 뉴욕시경에서는 이를 시험승진에는 가산하지 않고, 다만 승진심사에서만 반영하고 있다.

뉴욕시경의 승진제도는 순경부터 경감까지는 심사승진이 없이 시험승진으로만 승진이 이루어지고, 경정부터는 시험승진이 없이 심사승진으로만 승진이 이루어진다.

---

64) 뉴욕시 경찰국 홈페이지 참조(https://www.nyc.gov/site/nypd/index.page, 검색일 2025.07.23.).

근무성적 평정결과는 특수부서 전보발령 시 대상자의 당해 보직업무 수행 적격 여부의 판단자료로서도 활용된다.

또한 성적우수자의 격려 및 성적부진자에 대한 지도자료로서 활용된다. 경위(lieutenant)에서 승진시험에 합격하여 경감(capation)이 된지 1년이 된 자(probationary capation)의 경우, 평정결과가 경감(capation) 부적격자로 판단되면 다시 경위(lieutenant)계급으로 강등을 위한 판단자료로 활용되며, 정식 경감(permanent capatin)으로서의 능력을 갖추고 있는지 판단자료로도 활용한다.

마) 평정결과의 공개

평정자는 피평정자의 칭찬 사항과 부족한 부분을 알려주어 업무수행 발전자료로 활용할 수 있도록 평정서 작성 완료 시 피평정자별로 면담 및 결과 열람기회를 부여한다.

피평정자는 평정결과에 대하여 이의가 있으면, 평정자가 재고할 수 있도록 의견을 개진하고, 이 경우 평정자는 피평정자의 의견을 참작하여 평정서의 수정 또는 정당한 평정으로서 수정 필요가 없을 경우에는 그 이유를 설득한다.

피평정자가 평정결과에 대한 이의를 제기하여 받아들여지지 않고, 평정자의 설득에 불복이 있는 피평정자는 평정자의 상급자에게 면담하여 평정결과의 시정요구가 가능하다.

바) 평정방법과 기준 등

평정방법과 기준은 하위직부터 상위직까지 요구되는 업무수행능력이 다르기 때문에 계급별로 상이하다. 계급별로 근무성적평정의 평정요소 등에 대하여 살펴보면 다음과 같다.

순경 순경(police officer)의 경우 근무성적평정의 평정요소는 28가지로 구성되어 있다. 이것은 크게 근무실적에 대한 평정요소(performance area)와 행태적 요소(behavioral dimensions)로 이루어져 있다. 근무실적에 관한 평정요소로는 지역사회와의 접촉(community interaction), 체포처리(process arrests), 특별범죄처리(handling specific offenses) 등이 있고, 행태에 관한 평정요소에는 의사소통기술 · 판단력 · 적응력 및 육체적 능력 등이 있다.[65]

경장 경장(sergent)의 경우, 순경과 마찬가지로 28가지의 평정요소로 구성되어 있다. 즉,

65) Lee P. Brown, *Performance Evaluation Guide: Police Officer, Detective Specialist*, New York: The City of New York Police Departmrnt, 2000, pp. 1~26.

근무실적에 대한 평정요소와 행태적 요소로 이루어져 있다. 순경의 경우와 마찬가지로 근무실적에 관한 평정요소로는 지역사회와의 접촉, 체포처리, 특별범죄처리 등이 있고, 행태에 관한 평정요소에는 의사소통기술 · 판단력 · 적응력 및 육체적 능력 이외에 순경의 경우와는 달리 지도력 · 혁신성 등의 요소가 있다.[66]

경사 경사(detective)[67]의 경우 근무성적 평정요소는 약 29가지로 이루어져 있고, 근무실적에 관한 요소가 15개, 행태에 관한 평정요소가 나머지 14가지이다. 근무실적 평정요소로는 직무지식 · 상담기술 · 보고서 작성 상담 등이 포함되어 있고, 행태적 평정요소에는 경찰윤리 · 전문성 · 이해력 · 체포기술 · 분석력 · 적응력 및 육체적 능력 등이 있다.

경위 경위(lieutenant)의 경우 평정요소는 12개로 구성되어 있으며, 하위직의 경우처럼 2가지 분야로 구분되어 있지는 않다. 평가기준을 보면, 태도 · 지식 · 의사소통기술 · 평가기술 · 인간관계 · 판단력 · 경찰윤리 · 자기 이미지 · 안정성 · 직무분석력 · 운전기술 및 지역사회와의 관계 등으로 구성되어 있다.[68]

경감 경감의 경우 10개의 평가기준이 있으며, 다음과 같다.[69]

① 지역사회와의 상호작용　② 판단력
③ 의사소통기술　④ 분석력
⑤ 대인관계기술　⑥ 관리기술
⑦ 적응력　⑧ 운전기술
⑨ 경찰윤리　⑩ 자기이미지

이들 평정요소는 5단계의 등급으로 평가된다.

---

66) Howard Safir, Tosano Simonetti, Michael A. Markman & Arnold S. Wechsler, *Performance Evaluation Guide: Sergent*, New York: The City of New York Police Departmrnt, 2000, pp. 1~60.

67) *Ibid.*, pp. 1~68; 뉴욕시 경찰(NYPD)에서 Detective(수사관 또는 형사)는 우리나라의 경찰계급과 비교하면 경사 또는 경위에 해당하는 역할을 수행한다. 경사나 경위는 수사 부서에서 수사관으로 활동하며, 복잡한 사건을 해결하고 후배 수사관을 지도하는 역할을 한다. 본래 Detective(형사)는 주로 범죄수사와 관련된 전문적인 업무를 수행하는 계급이다. 이들은 사건현장 조사, 증거수집, 용의자 심문, 사건분석 등을 통해 범죄를 해결하는 데 중점을 둔다. 형사는 특정 부서(예: 살인, 마약, 강력 범죄 등)에서 전문적으로 활동하며, 보다 복잡한 수사 업무를 담당한다.

68) *Ibid.*, pp. 1~72.

69) Raymond W. Kelly, John S. Pritchard Ⅲ & William J. OSullivan, *op. cit.*, pp. 8~27.

경정부터 치안감 경정부터 치안감까지는 근무성적평정에 의한 평정이 이루어지는 것이 아니라, MBO에 의한 인사평정이 이루어지고 있다. 이것은 직무분야별로 근무실적 계획과정을 거쳐서 근무실적 계획서가 작성되면 그것에 따라 평가가 이루어진다.

근무실적 기획과정을 보면, 먼저 직무의 목적이 정해지면 그에 따른 기대되는 주요한 결과분야가 정해지고, 그 다음에는 행동계획으로 이루어지며, 이에 대한 투입이 있게 되고, 그에 대한 산출이 나타난다. 이것이 결국 근무실적의 달성도로서 나타나게 되면 이에 대한 평가가 이루어진다.

부국장 · 사무장 · 국장 부국장 · 사무장 · 국장에 대한 평정은 관리에 관한 근무성적평정(managerial performance evaluation)이 실시된다. 이것은 최고관리직의 경찰관에 대한 근무성적평정이다. 평정항목을 보면 조정, 기획과 지도, 재정과 물적 자원의 집행, 인적자원의 사용, 집행과 결과의 검토, 기타 관리능력을 항목으로 한다. 각 항목에 대한 2개의 세부 항목을 규정하고 있다. 이에 대한 평가등급은 2개로 하고 있다.[70]

03. 영국

1) 개관

영국의 경우 19세기 초 영국 스코틀랜드의 방직공장 경영자 로버트 오웬(Robert Owen)이 구상한 근무성적평정을 사용하려 했으나,[71] 정식으로 채용되지 못했다. 영국의 근무성적평정은 미국보다 훨씬 보수적이며, 불만이 있어도 미국처럼 소원제도가 마련되어 있지 않다.

영국의 근무성적평정은 오래도록 각 성의 독자적인 양식에 의하여 시행되어 왔지만, 1971년에는 노동조합과 협의해서 통일적인 직원보고서가 작성되었고, 현재는 대체로 모든 부성(部省)에 사용되고 있다.

---

70) *Ibid.*, p. 34.
71) Dale Yodur, *op. cit.*, p. 565.

2) 근무성적평정의 내용

(1) 목적

근무성적평정은 그 이용 목적이 승진에 많은 비중을 두고 있다. 즉, 획일적인 평정표를 사용하는 것은 아니며, 다만 재무부(The Treasury)에서 각 부성의 신청에 따라 평정표의 표준이 될 모형을 작성하여 다시 각 부성에 제시하면 각 부성에서는 해당 부성 나름대로 구체적인 사정에 맞게 수정하여 사용하든지, 그렇지 않으면 그대로 그것을 사용할 수도 있다.

일반적으로 근무성적평정의 이용목적은 다음과 같다.

① 개인직무의 내용을 기록한다.

② 현재 일의 수행능력 및 그 효율을 지적한다.

③ 승진대상자를 결정한다.

④ 능률・품행・징계・면직・연수・전직에 관한 기초정보를 준다.

(2) 실시방법

근무성적평정은 매년 1회 실시하고 있으며, 대상 공무원은 과장보급 이하의 공무원이며, 평정자는 2등급 이하의 감독직에 있는 자가 되고, 그 상위자는 확인만 한다.

평정은 크게 2가지로 나누어 실시한다. 그 하나는 솔선력・정확성・대인관계・감독력・성실성・근무태도로 나누어 이를 A・B・C・D・E의 5등급으로 평정한다. 다른 하나는 승진의 적격성에 관한 것으로서 4등급으로 평정하고 있다.

〈표 4-13〉 **영국의 근무성적평정 요소**

평정요소	솔선력, 정확성, 대인관계, 감독력, 성실성
근무태도 등급	A・B・C・D・E

직무보고서는 서기 수준으로부터 하급자에게 적용되는 두 가지 양식이 있다. 후자는 전자보다 간략하게 되어 있다.

영국의 근무성적에 대한 평정은 미국과 달리 비공개주의를 취하였다. 다만, 최하등급의 평

점을 받았을 때에만 본인에게 이를 통고한다.[72)]

그러나 1978년에 근무성적평정의 공개협정이 합의되었다. 이 내용에 의하면 피평정자가 직무평가면접 또는 능력개발회의에서 직원보고서의 발표를 요구하였을 경우, 면접자는 직원보고서의 직무수행능력 및 가능성의 평가를 구두로 전달할 수 있다.

3) 경찰공무원의 근무성적평정

영국 경찰은 기본적으로 중앙의 감독을 받지 않는 일부 권한을 제외하고는 지방경찰이 독자적으로 인사에 관한 규칙들을 마련하여 시행하고 있다.

경찰공무원의 근무성적 평정제도도 앞서 언급한 근무성적평정의 규정들을 준용하고 있으며, 이를 기초로 하여 각 지방경찰들도 유사한 방식으로 근무성적 평정제도를 운영하고 있다.

그러나 경찰조직의 특성상 일반직 공무원의 경우와 다른 평정요소들도 있다. 이것은 자치경찰의 지역적 특성이나 정치적・문화적・사회적 상황에 따라 다르게 근무성적평정에 관한 요소들이 선정되었거나 중요시되고 있다. 이러한 경찰의 특성은 근무성적의 평정요소에서도 반영되고 있으며, 특히 국민에 대한 신뢰성과 대국민 이미지를 중요한 평정요소의 척도로서 간주되는 점은 일반직 공무원의 근무성적 평정요소와 다른 부분이라고 할 수 있다.

이것은 전통적으로 영국의 경찰이 국민에 대한 봉사를 강조하여 소위 '민중의 지팡이'라는 이미지가 강하고 작용하고 있는 것과도 관련이 된다. 경찰의 근무성적 평정요소로서 '국민에 대한 봉사,' '경찰의 대국민 이미지 개선'에의 기여를 강조하고 있음은 영국 경찰공무원 근무성적평정의 특성이다.

한편, 근무성적평정의 대상도 계급별로 구분하여 하위직에서 최고위직에 이르기까지 각각 다른 평정요소를 구성하여 평정되고 있다. 이것은 뉴욕시 경찰국의 사례에서 본 것처럼 계급별로 직무의 특성이 다르기 때문에 계급별로 다른 근무성적 평정요소를 갖추고 평가한다.

특히, 하위직의 경우 실적을 객관적인 수치로 나타낼 수 있는 요소들로서 평정항목에 포함시키고 있다. 그러나 고위직으로 갈수록 행태적인 요소에다 개인의 관리능력 등이 중시되고 있음은 일반직의 근무성적 평정제도와 유사하다.

72) E.N. Gladden, *Civil Service or Bureaucracy*, London: Staples Inc., 1976, p. 102.

04. 프랑스

1) 목적과 원칙

프랑스는 1946년 근무평정제를 창설하였다가 너무 복잡해 1952년 이를 간소화시키는 대대적인 수정이 이루어졌고, 그 후 몇 차례 수정을 거쳐 현재의 근무평정제도가 완비되었다. 1949년부터 근무성적 평정제도가 실시되었으며, 그 후 1952년에는 잡다한 제도를 정비, 간소화시켜 이를 오늘날까지 시행하고 있다.

근무성적 평정제도의 목적은 영국이나 미국과 큰 차이가 없으며, 승진자격 및 전직의 적격성을 판단하는 데 이용하고 있다.

근무성적 평정제도의 일반적인 원칙은 인사행정처가 고급공무원제도협의회(Concoilsperurade la Fanction Publique)의 의견을 들은 후에 결정한다. 이에 따라 관리의 책임자는 당해 기관의 장이 되며, 당해 부성의 인사관리협의회 및 행정관리협의회의 협조를 얻게 되어 있으며, 다음과 같은 직무를 수행하여야 한다.[73)]

① 제1차 평정자에 의하여 평가된 의견을 고려하여 각 평정요소에 대한 최종적 평가를 할 것.

② 가평정표를 산출할 것.

③ 인사관리위원회의 의견을 청취한 후 가평정점을 조정하며, 최종평정점을 결정할 것.

④ 행정관리위원회의 의견을 청취한 후 평정요소 및 점수를 결정할 것.

여기서 인사관리협의회나 행정관리협의회는 각각 기관별로 구성되어 있고, 협의회 구성원은 관리부와 직원부의 대표가 동수로 구성되어 있으며, 이들은 주관성이 많은 평정의 정실화를 방지하는 데 큰 역할을 하고 있다. 이는 프랑스에서 하급직원대표가 행정관리 전반에 얼마나 깊이 개입하고 있는가를 시사한다.

---

73) 矢倉一郎, 勤務評定, 東京: 日本地方行政學會, 1978, p. 49.

2) 평정요소

근무성적 평정요소는 신체적 특성 및 전문지식, 시간 엄수, 정리정돈, 응용력, 협조성, 봉사정신, 적극성, 업무의 신속성, 업무의 숙련도, 통찰력, 조직력, 지도감독력, 통제력 등을 포함하여 모두 14개로 되어 있으며, 이 중에서 6개 요소 이상을 기관별로 선택하도록 되어 있다.

그 밖에 몇 가지 평정요소를 행정관리위원회와 협의하여 첨가할 수 있으나 평정대상자의 정치적·철학적·언론적 의견 등은 평정하는 요소로 허용되지 않는다.

각 평정요소에는 중요성에 따라 비중을 둘 수 있으며, 또한 평정의 등급은 5등급으로 하여 각각 등급별로 배점한 점수로 표시한다.

평정의 결과는 평정표마다 평균치(가정평정수)를 계산하고 공무원간 평점의 표준화를 위하여 이를 조정함으로써 최종 평정 득점을 산출한다. 평정결과의 오류는 인사관리협의회에서 수정을 요구하도록 하고 있다.

이 외에 기관장의 자유재량에 의한 일반평가가 실시되고 있고, 평정득점의 결과는 당사자와 협의회에 통지하게 되어 있으며, 일반평가의 결과는 원칙적으로 협의회에만 통지하게 되어 있다.

〈표 4-14〉 **프랑스 근무성적평정의 등급별 배점점수**[74]

등급	1	2	3	4	5
배점	60	85	100	115	140

3) 평정결과

평정결과에 대하여 이의가 있는 직원은 인사관리협의회에 수정을 요청하면 협의회는 이를 평정권을 가진 기관장에게 수정요청을 하고, 기관장은 의견을 검토하여 재결정하도록 한다. 그러나 협의회의 성격이 자문기관에 불과하다는 점에서 미국의 소청심사와 달리 제도상으로 직원의 보호가 미흡하다.

---

74) 상게서, p. 49.

4) 경찰공무원의 근무성적평정

프랑스 경찰공무원의 근무성적에 대한 평정제도는 일반직 공무원에 대한 근무성적 평정제도에 기초하여 이를 경찰공무원의 업무 특성에 맞게 변용하여 운영되고 있다.

특히, 프랑스 경찰공무원 근무성적 평정제도의 특성은 평정결과에 대한 이의신청절차와 이를 협의·수정하는 체제가 잘 갖추어져 있다. 이것은 경찰조직의 민주적인 운영과도 관련되는 것으로서 공공조직에 대한 민주적인 운영정책과도 연관되어 있다.

계급제적 조직질서를 가지고 있는 경찰조직의 특성상 이와 같은 제도는 실질적으로 그 유용성에 의문의 여지가 있다. 형식적인 측면에서 공정하고 민주적인 절차로서 운영되도록 규정하고 있음은 주목할 만한 특성이다.

프랑스 경찰공무원의 근무성적 평정요소를 보면, 대체로 전 계급에 걸쳐서 공통적으로 해당되는 요소를 중심으로 하여 평정항목들이 구성되어 있다. 이것은 평정제도 자체가 미국이나 영국 등에 비하여 발전되어 있다고 하기에는 부족한 면이 있다. 대체로 계급별·직무분야별로 다른 근무성적 평정제도를 취하고 있는 것은 아니며, 2~3개의 근무성적 평정대상을 분류하여 평정이 이루어진다. 이것은 직무의 특성이나 계급적 특성을 고려한 근무성적 평정방식보다는 일반적인 능력을 위주로 평가가 이루어지는 체제이다.

05. 근무성적 평정제도 비교

각 국가별 근무성적 평정제도, 경찰공무원의 근무성적 평정체제를 비교하면 다음과 같다.

1) 이용목적과 관리

근무성적 평정제도는 대부분의 국가가 원칙적으로 상벌에의 이용과 인사관리에 반영시키고 있지만, 현재는 상벌에의 활용은 지양하고 있다. 그 대신 개인의 능력을 향상시키고 근무의 질을 높이기 위한 수단의 일환으로 사용되고 있다.

또한 대부분 국가가 분권주의 원칙에 입각하고 있으며, 미국과 일본의 경우 중앙인사기관에서 일반적인 원칙과 기준만을 제시하고 있지만, 영국와 프랑스 등은 표준평정표까지 작성하여 각 부성에서 하나의 모형(model)으로 사용한다.

개별 단위기관의 직무상의 특성을 일괄적으로 반영할 수 있는 근무성적평정체제는 어렵기 때문에 각 단위 부서별로 그 특성과 직무상항에 맞게 근무성적평정이 이루어지도록 한다.

2) 평정결과와 비중

결과를 점수로 환산하는 한국 · 뉴질랜드 · 프랑스 등도 있으나, 점수제를 폐지하고 등급제를 지향하는 미국 · 영국 등의 국가도 있다. 특히, 미국 뉴욕시경의 사례처럼 등급의 반영도 명시하여 그 한계를 밝혀 두고 있다.

근무성적 평정요소 간의 비중을 두는 한국 · 프랑스와 같은 국가가 있는 반면, 근무성적 평정요소의 선택을 통하여 목적을 달성하려는 국가도 있다.

다시 말하면 계급별로 평정요소를 다르게 선정하여 평정을 하는 뉴욕시경의 경우에서처럼 대체로 직무분야별 · 계급별 업무특성에 따라 근무성적평정의 체제도 다르게 하고 있다.

3) 공개와 이의 제기

결과를 공개원칙에 따라 당사자에게만 통지하는 것도 포함시킨다면 미국 · 영국 · 프랑스 등 대부분의 국가들이 공개하고 있으나 한국의 경우는 비공개을 원칙으로 하고 있다. 근무성적평정에 대한 공개와 개인에게의 열람 허용은 각국이 공통적으로 지향하고 있다.

근무성적 평정결과에 대하여 이의가 있을 때 소원(訴願)을 허용하지 않는 국가는 한국 · 일본을 들 수 있고, 미국은 완전히 준사법적 · 제도적 장치를 갖추고 있으며, 프랑스와 영국도 이의제기를 허용하고 있다.

4) 종합적 비교

각국 근무성적 평정제도의 특징을 몇 가지 비교변수, 즉 제도적 측면과 운영적 측면에서 우리나라 경찰공무원의 근무성적 평정제도와 비교해본다. 제도적 측면에서는 평정의 목적 · 용도 · 평정자 및 제도적 근거(평정관리) 등을 비교변수로 하고, 운영적 측면에서는 평정결과의 공개나 피평정자의 참여 등을 비교변수로 하여 각 국가별로 요약·비교하면 〈표 4-15〉와 같다.

〈표 4-15〉 **평정제도의 국가별 비교**

비교변수 / 국가별	제도적 측면				운영적 측면	
	평정의 목적	평정의 주 용도	평정의 제도적 근거	평정자	피평정자 참여	평정결과의 공개
미국	발전과 통제	피드백, 보수결정	일반규칙 제정, 기관자율	상급자 (부분적으로 동료)	법적·제도적 참여	공개
영국	발전과 통제	인사행정기준, 의사소통	노조의 협의에 의한 기관기준 통일	상급자	노조에 의한 참여	개별적 공개
프랑스	발전과 통제	인사행정기준, 의사소통	중앙기준 제시: 기관별 협의회결정	상급자	협의제에 의한 참여	개별적 공개
일본	통제 및 발전	인사행정기준, 의사소통	일반규칙 제정	상급자	법적·제도적 참여	개별적 공개
한국	통제	인사행정기준 (승진결정)	중앙집권적 관리	상급자	불인정	비공개

제4절

경찰공무원 근무성적 평정제도의 개선방안

현행 근무성적 평정제도의 개선방안을 제도 내적 요건과 제도 외적 요건으로 나누어 살펴본다. 제도 내적 요건은 근무성적 평정제도 그 자체에서 찾아야 하며, 제도적 측면이 모두 포함된다. 제도 외적 요건은 근무성적평정의 운영적 측면뿐만 아니라 근무성적 평정제도를 둘러싸고 있는 경찰인사관리체제 속에서 찾아야 한다.

01. 제도적 측면

1) 목적의 구체화

근무성적평정의 목적이 무엇인가에 대한 명확한 기본방향이 정립되어야 하고, 법령이나 시행세칙에 근무성적평정의 목적을 명확히 제시하여야 한다. 물론 현실적으로 승진후보자명부 작성에 사용할 자료를 만드는 데 목적을 두고 있지만, 이것은 '근무성적평정=승진후보자명부'라는 단선적 사고에 의해 변칙적 운영을 조장하는 것이다.

근무성적평정의 필요성이나 목적・용도를 경찰조직과 경찰공무원 개인의 실적관리 차원에서 명확히 그리고 구체적으로 설정하고 이를 밝힐 필요가 있다. 즉, 목적과 용도가 경찰공무원 개인의 실적 향상을 위한 도구로서 다양한 용도에 사용되어야 함을 밝혀야 한다.[75]

2) 용도의 다양화

근무성적 평정의 용도를 단선적으로 승진 후보자 명부에 기록하는 방식에서 벗어나, 다양한 용도로 확대해야 한다. 단일 용도는 평정이 승진 결정의 합리화 수단으로 변질되고, 이로 인해 비정상적인 운영이 발생할 수 있다. 다양한 용도로의 확대는 근무성적평정의 문제 제기와 합리적 운영의 필요성 인식을 높일 수 있으며, 이를 위해 평정방식과 내용도 적절히 개선되어야 한다.

근무성적평정의 용도를 다양화하는 방안에는 승급에의 결과 활용, 상여금 지급에의 결과 활용, 환류(feedback) 기능의 강화를 통한 구성원의 능력발전, 보직이나 배치전환 등에의 결과 활용 등을 들 수 있다.

3) 평정방식의 다원화

한 사람의 상관이 다수의 다양한 부하직원을 평가하는 방식에서 벗어나 다수의 다양한 평정자가 평가하는 방식을 취해야 한다. 현행 평가방식은 평정자나 확인자로 하여금 인간관계로부터 오는 심리적 압박감 혹은 온정주의적 동기로 인해 변칙적 운영을 선택하게 하는 유인이 되고 있다.

이처럼 평정에 대한 평정자의 부담을 경감하기 위해서는 다면평정방식을 채택하는 것이 필요하다. 평정자가 직원의 근무성적을 있는 그대로 평정하고 싶어도 비밀보장의 한계로 인해 뜻대로 하기 어렵게 된다. 직원의 승진에 절대적인 영향을 미치는 근무성적평정을 한 사람의 평정자와 두 사람의 확인자가 하는 현행 제도하에서는 이 문제가 해결될 수 없다.

또한 평정자와 확인자가 합리성을 크게 결하고 있는 경우에는 비밀보장의 문제를 떠나 많은 사람들이 납득할 수 있는 평가를 기대하기 어렵다. 이러한 문제점들을 해소하기 위한 대안으로서 다수가 평정에 참여하는 다면평가방식이 바람직하다.

---

75) Peter M. Blau & W. Richard Scott, *Formal Organization*, San Francisco: Chandler Publishing Co., 1984, pp. 127～130; 미국 연방정부의 근무성적평정에는 '목적'(purpose) 조항을 두어 "직원에 대한 근무성적평정체계는 기본적인 관리 및 감독책임을 집행하는 데 필요한 도구임을 다음으로써 분명히 한다"는 서술 아래 4가지를 명시하고 있다. 그것은 "① 기관의 목표와 목적(agency goals and objectives)을 명확히 하고, 이에 관해 의사소통을 한다, ② 조직목표와 목적의 달성을 위한 개인의 책무를 찾아낸다(identify), ③ 개인 및 조직의 실적을 평가하고 향상시킨다, ④ 근평의 결과를 기본급의 조정 및 실적포상・훈련・보상・보직변경・승진・강임・재임용・해임결정의 기초자료로 사용한다"는 것이다(US Code §430.201).

다면평가방식(multi-source assessment 또는 360° 평가)은 상급자 중심의 평정방식에 대한 대안으로 개발된 것으로 직원의 근무성적을 상하좌우의 다양한 사람들이 평가토록 하는 것이다. 이는 원래 환류(feedback)에 초점을 두고 근무성적평정을 실시해온 서구사회에서 피평정자에게 보다 다양한 환류정보를 제공하고자 하는 의도에서 개발되어 사용되고 있는 방법이다. 이에 따라 평가자집단도 피평정자를 잘 아는 사람들로 피평정자가 평정자와의 협의에 의해 선정하는 것이 원칙이다.

경찰공무원 근무성적평정의 경우 경찰조직이 지닌 특수성으로 인하여 다면평가방식을 채택하는 데 제약이 있을 수 있다. 따라서, 근무성적평정에 대한 참여의 폭을 확대하고, 개인의 인간적 부담을 덜어주는 동시에 보다 많은 사람이 수용할 수 있는 평가결과를 내는 방안이 되어야 한다.[76]

4) 평정의 자율성 부여

타당성 있고 합리적인 근무성적평정이 되기 위해서는 평정요소, 평정요소별 비중, 평정 절차, 평정자 등 평정의 방법이 계급별 · 직무 분야별 피평정자 집단의 특성에 합당해야 한다. 특성을 크게 고려하지 않는 획일적인 방법에서 벗어나야 평정이 보다 합리적으로 이루어질 수 있다.

따라서, 기관별 · 부서별로 평정방식에 최대한의 자율성을 부여할 필요가 있다. 그렇게 되면 직무의 특성이나 계급별 특성에 적합한 독창적인 방법을 개발하여 근무성적평정을 보다 합리적으로 운영하는 기관이 생겨날 수 있다.

획일적인 방법을 강요함으로써 모든 기관 · 부서가 근무평정을 비합리적으로 운영하는 것보다는 자율성을 인정함으로써 일부 기관 · 부서에서라도 합리적으로 운영하는 것이 바람직하다. 또한 어느 기관 · 부서에서 근무성적평정을 보다 합리적으로 운영하는 사례가 있다면, 다른 기관 · 부서에서도 이를 참고 내지 도입할 가능성이 있다. 그렇기 때문에 자율권은 최대한 인정하는 것이 필요하다.

근무성적평정에 대한 자율성 부여는 근무성적평정 방법에 관한 결정권의 과감한 위임, 즉 근무성적평정이 보다 합리적으로 이루어질 수 있도록 근무성적평정을 어떤 방법으로 실시할 것인가에 관한 구체적 내용을 각 기관 · 부서가 자율적으로 결정할 필요가 있다.

76) 하상묵, 공무원 근무성적 평정제도의 합리적 운영방안, 서울: 한국행정연구원, 1998, p. 75.

02. 운영적 측면

근무성적 평정제도를 더 합리적으로 만들기 위해 제도를 개선한다고 해도 그 효과가 크지 않을 수 있다. 그 이유는 평정 제도 내에서의 변화만으로는 평정자의 동기를 쉽게 바꾸기 어렵기 때문이다. 평정자가 자신의 평정결과에 대해 책임을 지거나 불이익을 받을 가능성이 없다면, 제도가 여전히 기존 방식에 머무르게 될 것이다.

따라서, 근무성적 평정제도를 제대로 운영하려면 제도 자체가 아닌 운영 방식을 개선하는 것이 더 중요하다. 그러면 근무성적 평정제도의 합리적 운영을 위한 제도 외적 개선방안을 살펴본다.

1) 공정한 근무성적 평정체제의 구축

근무성적평정이 공정하게 이루어지려면 객관적인 자료에 기반 한 평가가 필요하다. 경찰 업무의 특성상 모든 직무를 숫자로 정확히 측정하기는 어렵지만, 목표와 연결된 객관적인 자료는 만들어낼 수 있다. 경찰 전체의 목표가 설정되면, 각 경찰기관은 그 목표를 이루기 위한 전략을 세우고, 각 부서는 이를 바탕으로 부서별 목표와 전략을 수립한다. 이 전략은 경찰공무원 개개인의 목표로 이어지며, 개인은 자신의 목표를 이루기 위한 계획을 세우고 이를 실행하게 된다. 이렇게 개인, 부서, 기관의 업무가 경찰의 최상위 목표와 체계적으로 연결되는 것이다.

경찰의 목표 달성은 개개인의 성과에 달려 있으며, 직원의 성과는 관리자가 얼마나 효과적으로 관리하는지에 영향을 받는다. 관리자는 직원의 성과, 능력, 태도를 정기적으로 분석하고 평가하여 보상수준을 결정하고, 문제를 발견하면 적절한 조치를 취할 수 있는 자료를 제공해야 한다.

2) 성과 중심의 경찰인사관리체제의 구축

성과를 중시하는 경찰인사관리체계를 구축하기 위한 3가지 요소는 다음과 같다. 첫째, 능력 있는 사람을 확보하는 것이고 둘째, 능력을 향상시키는 것이며 셋째, 능력을 발휘할 여건을 제공하는 것이다.

그러므로 성과중심의 인사관리 체계는 경찰공무원에게 능력 발휘에 필요한 권한을 부여한다. 기관과 부서의 책임자 및 경찰공무원 개개인이 무슨 일을 어떤 조건하에서 어떻게 얼마만큼 수행할 것인가에 관해 명시하고 업무를 수행한 뒤, 그 결과를 인사관리에 반영한다. 이러한 방식의 인사관리는 객관성 있는 근무성적평정을 위한 전제조건이 된다.

제5절

성과 중심적 근무성적 평정제도

01. 필요성

성과 중심적 근무성적 평정제도는 평정의 실효성을 확보하고 경찰조직에 경쟁력을 불어 넣기 위한 것이다. 즉, 경찰조직 전 부문에 걸쳐서 나타나고 있는 비효율성 중 가장 큰 비중을 차지하고 있는 인사관리 부분의 비효율성을 제거하고, 경찰조직을 성과 중심적인 체제로 전환하는 것이다.

성과 중심적 근무성적 평정제도의 필요성을 살펴보면 다음과 같다.

1) 경찰인사관리의 개혁

2000년대 공공조직의 개혁은 전 세계적으로 강하게 추진되었으며, 한국 정부도 인사행정 분야에서 개방형 직위제도 등을 도입하여 개혁을 시도했다. 경찰인사관리 분야 또한 비합리적인 요소를 제거하고 새로운 경찰공무원의 근무성적 평정제도 모델을 도입할 필요가 있었다.

2) 경찰조직의 경쟁력 제고

21세기 국가 경쟁에서 실패는 단순한 정부의 실패를 넘어 국가의 실패로 이어질 수 있다. 경찰조직도 국가경쟁력 강화의 일환으로 경쟁력을 높이는 인사관리체제의 도입이 필요하다.

성과 중심 근무성적 평정제도는 경찰조직의 내부 및 외부 경쟁력을 높이는 데 중요한 역할을 한다.

3) 성과 중심적 경찰인사제도 확립

전통적인 경찰인사제도는 연공서열, 외부 압력, 대인관계 등에 의해 좌우되었다. 하지만 경쟁력을 중시하는 시대에 맞추어 경찰조직의 전문성과 성과 중심 인사행정을 강화할 필요가 있다. 이를 위해 성과를 중시하는 인사제도 도입으로 성과 중심 제도로의 전환이 필요하다.

4) 실효성 있는 평정제도의 운영

인사관리체제는 경찰공무원의 성과를 정확하게 측정할 수 있어야 하며, 평가결과의 절대성과 상대성을 모두 확보해야 한다. 기존 경찰인사관리 체제 또한 형식적이고 비효율적이며 경쟁 유발이 부족한 문제를 개선해야 한다. 이를 극복하기 위해서는 실질적으로 성과를 중심으로 한 근무성적 평정제도가 필요하다.

02. 기본 원칙

성과 중심적 근무성적 평정제도의 기본 원칙을 살펴보면 다음과 같다.

1) 경찰공무원의 능력 제고 수단

성과 중심 근무성적 평정제도는 경찰공무원의 성과를 정확히 평가하고, 그들의 능력과 생산성을 높이는 수단으로 활용되어야 한다. 기존의 평정제도는 주로 경력 중심으로 운영되어 경찰공무원의 능력 제고보다는 승진을 위한 보조자료로 사용되는 경향이 있었다. 이러한 경력 중심에서 벗어나 실적과 능력 중심의 평정수단으로 사용되어야 한다.

2) 평정의 객관성과 공정성 확보

성과 중심 평정제도의 가장 중요한 원칙은 '객관성'과 '공정성'을 확보하는 것이다. 경찰공무원의 능력과 성과를 정확하게 평가하고, 이를 바탕으로 차별화된 대우를 해야 한다. 그러나 경찰공무원들이 유사한 수준으로 평가받는 수평적 공평성이 지나치게 강조되고, 개개인을 다르게 평가하고 대우하는 수직적 공평성이 간과되고 있다. 평정제도는 이러한 문제를 해결하고 공정성을 강화하는 데 초점을 맞추어야 한다.

3) 성과 중심적 평가체제의 운영

평가의 대상은 '산출'(output)이 아닌 '성과'(outcome)가 되어야 한다. 성과는 정책이나 목표를 통해 달성하려는 궁극적인 결과이며, 산출은 성과를 도출하기 위해 필요한 활동이나 생산물을 의미한다.77)

성과 중심의 평가 체제는 '사람' 중심에서 '일' 중심으로 전환을 의미하며, 이를 위해 직무에 대한 명확한 정의가 선행되어야 한다. 직무분석이 철저히 수행될 경우 성과 중심 인사평정이 보다 용이하게 운영될 수 있다.

4) 경쟁촉진적 운영

성과 중심 평가제도의 중요한 목적 중 하나는 경찰공무원 간의 경쟁을 촉진하는 것이다. 공공조직은 경쟁이 부족한 무경쟁의 환경으로 인해 비효율성이 만연해왔으며, 이러한 무경쟁성을 제거하는 것이 필요하다.

평정제도는 평가의 공정성을 바탕으로 경찰공무원 간의 차별적 대우를 통해 긍정적인 경쟁을 유도해야 한다. 이는 단순한 승패 구분이 아닌, 조직 전체의 효과를 극대화하는 긍정적인 경쟁을 촉진하는 방향으로 이루어져야 한다.

---

77) 홍준현・윤태범, 공무원 근무실적 평가를 위한 점수제 인사평정제도 도입방안, 서울: 한국행정연구원, 1998, p. 10.

03. 평정방법의 유형

성과 중심 근무성적평정을 현실적으로 실현하기 위한 평정 방법들을 살펴본다.

1) 목표관리제에 의한 근무성적평정

(1) 의의

목표관리제(MBO: Management By Objective)에 의한 근무성적평정은 목표관리의 방법을 근무성적평정에 활용하는 것이다. 목표관리란 참여의 과정을 통해 조직 단위와 구성원들을 위하여 직무수행의 단기적 목표를 명확하고 체계 있게 설정하고, 그에 따라 직무활동을 수행하도록 하며, 활동의 결과를 평가・환류시키는 관리체제이다.

MBO는 명확한 목표설정과 책임한계의 규정, 참여와 상하 협조, 환류의 개선을 통한 관리계획의 개선, 직원의 동기유발, 직무수행 실적평가의 개선 등을 도모하고, 궁극적으로는 조직의 효율성을 증진시킨다. MBO의 기본적 과정은 조직의 여러 하위체제들과 모두 결부되기 때문에 MBO는 총체적 관리체제이다.78)

MBO의 기본적 과정을 구성하는 요소는 다음과 같다. 첫째, 목표의 명확한 설정 둘째, 참여 셋째, 환류로 요약된다.

MBO에 입각한 근무성적평정에서도 그러한 요소들이 강조된다. 또한 MBO 방식의 근무성적평정에서 강조되는 것은 직무수행성과를 원칙적인 평가대상으로 삼는다.

그러면 MBO방식 근무성적평정의 내용, 평정대상의 범위 그리고 운영절차 및 구성체계에 대하여 살펴본다.

(2) 운영방식

'목표관리제'는 조직구성원의 자율성과 권한의 위임, 그리고 상・하간의 합의성을 전제로

78) American Bar Association, *The Urban Police Function*, New York: American Bar Association, 1990, pp. 407~408.

할 때 그 유용성이 발휘될 수 있는 제도이다. MBO 운영방식은 다음과 같다.

가) 참여에 의한 목표설정(합의제적 운영)

목표관리제를 성공적으로 운영하기 위해서 경찰조직 내 상관과 부하직원이 협의를 통해 목표를 설정하는 것, 즉 참여에 의한 목표설정 방식이 중요하다. 이를 통해 설정된 목표는 실현 가능하고 타당하게 되며, 설정된 목표에 대한 상급자의 평가도 객관적으로 이루어질 수 있다. 또한, 참여를 통한 목표설정은 목표에 대한 수용을 촉진하고 직무만족도를 향상시키는 긍정적 효과가 있다.

그러나, 경찰조직은 전반적으로 상하 계층적 위계질서가 강한 계급제 구조를 가지고 있기 때문에, 목표관리제에서 요구하는 완전한 합의제 방식의 도입에는 한계가 있다. 따라서, 급격한 도입에 따른 부작용을 줄이기 위해 절충적 접근이 필요하다.

절충적 접근방식이란 기본적인 목표설정 방향과 평가기준은 하향식(top-down)으로 고위간부들이 주도하되, 세부적인 목표설정과 평가대상목표 선정 등은 상향식(bottom-up)으로 하급자가 건의하고, 상급자와의 합의를 통해 결정하는 방식이다.

요컨대, 경찰조직의 계급제적 성격을 고려하여 하향식과 상향식을 절충한 변형된 목표관리제 방식이 적절하다.

나) 조직구성원의 자율성과 권한의 위임

목표관리제는 '사람'이 아닌 '직무' 또는 '일' 중심의 경찰관리체계를 지향하며, 관리자들은 조직구성원들을 직접 관리하기보다는 직무의 관리와 평가를 통해 간접적으로 관리한다. 따라서, 목표를 직접 수행하는 담당경찰 공무원에게 상당한 수준의 권한이 위임되며, 관리자는 목표달성도를 중심으로 관리한다.

만약 자율성이 부여되지 않는다면, 계급제적 환경에서는 목표관리제가 효과적으로 작동하기 어렵다. 자율성이 보장되지 않으면, 목표의 달성과 평가 절차가 왜곡될 가능성이 높기 때문이다. 따라서, 목표관리제가 인사관리제도로 정착하기 위해서는 상위 관리직의 권한과 책임이 하부로 대폭 위임되어야 한다. 단순한 결재권을 넘어서 실질적인 권한과 책임이 부여되어야 한다.

자율성은 목표에 대한 합의를 바탕으로 제한된 범위 내에서 이루어져야 한다. 이러한 권한위임이 효과적으로 이루어질 때, 경찰공무원과 경찰행정 전반의 전문성이 향상될 수 있다.

다) 업무 중심적 사무분장

목표관리제의 시행을 위해서는 사람 중심적인 사무분장 방식을 업무 중심으로 조정해야 한다. 사무분장은 형식적으로는 조직 중심이지만, 실질적으로는 담당자 중심으로 운영되고 있다. 따라서, 업무 우선으로 인력과 자원을 배분하는 방식이 필요하다. 조직의 목표에 맞추어 자원을 할당하는 것이 인력에 맞추어 목표를 설정하는 것보다 더 효과적이기 때문이다.

그러나 경찰조직은 계급제 전통으로 인해 일반 행정가 중심으로 조직이 형성되어, 업무가 계급에 따라 분장되고 있다. 따라서, 목표관리제가 적용되기 위해서는 조직단위의 목표구성이 체계적으로 이루어져야 한다. 즉, 목표를 달성하기 위한 하위목표, 수단, 자원이 명확히 결정되어야 한다.

또한 평가는 개인이 아닌 목표를 중심으로 이루어져야 하며, 수행목표가 개인에게 부여되는 방식이어야 한다. 개인단위 평가 시 계량화의 어려움, 측정의 문제, 평정자와 피평정자 간의 관계에 의한 평가 왜곡 등의 문제가 발생할 수 있다.

따라서, 목표관리제의 시행을 위해서는 정확한 직무분석과 평가, 그리고 적정한 업무배분이 선행되어야 한다.

라) 보수결정의 준거

인사평정제도가 효과적이기 위해서는 평정결과가 인사관리나 보수결정에 직접적으로 반영되어야 한다. 그렇지 않으면 제도는 단지 형식에 그칠 뿐 실질적인 효과를 발휘하지 못한다. 기존의 근무성적 평정제도나 인사평정제도의 결과는 승진 등의 인사관리에서 기초 자료로서의 역할이 미약하고, 보수와의 연계성도 부족하여 공무원들에게 명확한 유인책(인센티브)을 제공하지 못하고 있다.

따라서, 목표관리제를 통해 공직자 간의 경쟁을 유도하고 행정생산성을 높이려면, 목표 달성도에 대한 평가결과가 보수(성과급)와 승진 등의 인센티브와 명확히 연계되도록 설계하고 운영해야 한다.

마) 환류과정의 중시

목표관리제는 환류(feedback)의 과정이 강조되어야 한다. 목표에 비추어 직무수행실적을 평가하고, 이를 피평정자에게 환류시켜야만 그의 직무수행능력을 향상시킬 수 있다. 환류의 방법으로 상호 지지적이고 우호적인 평가상담(appraisal interview)을 사용하는 것이 보통이다.[79]

역할기대가 무엇인지를 분명히 해주는 환류는 신뢰 분위기 조성과 능동적인 행동의 촉진에도 기여할 수 있다. 이것은 또한 평정결과의 공개를 전제로 하는 것이다.

(3) 평정대상의 적용범위

목표관리제를 모든 경찰 공무원을 대상으로 전면 도입하는 것은 현실적으로 어려움이 있다. 목표관리제는 계량화가 비교적 용이한 직무에 적합하며, 경찰 서비스의 경우 다른 행정서비스에 비해 적용 가능성이 높다. 목표관리제를 우선적으로 적용할 대상으로 과장급 이상의 중간관리직 이상이 적합하며, 책임자급에서 시작하는 것이 바람직하다. 경찰조직은 계급제적 운영으로 인해 직무분류체계의 다양성과 전문성이 부족하며, 주로 획일적으로 운영되고 있다. 직위분류제로의 전환과 정착이 이루어진다면, 목표관리제의 적용범위를 총경급 이하로도 확대할 수 있을 것이다.

경찰행정은 일반 행정에 비해 직무의 전문화가 분명해 목표관리제 도입 가능성이 높지만, 정확한 직무분석과 평가, 적정한 업무배분 등이 선행되어야 한다.

(4) 구성체계와 운영절차

가) 목표의 설정

목표의 정의 목표(objective 혹은 goal)란 "해당기관에서 일정기간 동안 추진(달성)하고자 하는 단위사업 · 일 · 가치 · 시책 등"을 의미한다.[80] 따라서, 목표는 임의로 결정되는 것이 아니라 해당 부서(개인)의 시책 혹은 정책으로 결정된다. 시책과 정책들은 예산의 배정과 연계되어 있기 때문에 기본적으로 회계년도 개시 전에 결정된다.

MBO에서 특정인 또는 특정 조직단위의 구체적인 목표를 설정한다는 것은 활동의 영역과 구체적인 성취의 수준을 밝히는 것이다. 목표설정은 또한 일정기간 내에 달성해야 할 일에 관한 상관과 부하의 기대를 문서화하는 것이다.

MBO의 목표설정은 최소한 개인별 및 조직단위별 업무의 주된 부분을 포괄할 수 있어야 한다. 그리고 MBO에서 설정한 목표는 목표설정에서 제외한 잔여 업무와 상충되지 않아야 하며, 목표의 성취가능성을 판단할 때에는 그러한 잔여업무를 고려해야 한다.[81]

---

79) J. Cramer, *The Worlds Police*, London: Cassel & Co., 1989, pp. 408~409.
80) 총무처, 공무원 인사실무, 서울: 중앙인쇄사, 1997, p. 105.
81) 오석홍, 인사행정론, 박영사, 2022. p. 235.

목표를 설정함에 있어서 평가의 용이성 때문에 평가 자체가 불필요한 것까지 단위목표로 설정해서는 안 된다. 왜냐하면 평가의 용이성과 목표의 중요성은 별개의 문제이며, 이러한 목표를 평가할 경우 목표에 따른 실적이 과대포장될 수 있기 때문이다. 평가대상 목표로서 적절하지 못한 것으로는 경찰공무원의 능력개입이 필요 없는 기계적인 업무나 일상적으로 수행되는 업무를 들 수 있다. 이 같은 업무들을 평가대상에서 제외하기 위해서 부서별 기본사무에 대해서는 평가항목에서 제외하고, 정기적(1년 단위)·규칙적으로 이루어지는 사무에 대해서는 일정 비율(예를 들어, 전체의 30% 이내)을 초과할 수 없도록 하여 항상 새로운 목표가 개발될 수 있도록 해야 한다.

부서의 특성상 정기적이고 규칙적인 업무가 대부분을 차지하는 경우가 있을 수 있다. 예를 들어, 경리·총무 등 내부관리부서의 경우가 이에 해당한다. 이 경우에는 이러한 기준의 적용에서 예외로 하되, 내부관리의 개선과 같은 목표를 설정하도록 한다. 즉, 업무의 표준화 및 문서관리체계의 단순화 등 내부관리의 개선과 관련된 목표를 설정하고, 이를 중심으로 평가대상을 선정하는 것이 가능하다.

목표설정은 부하의 업적을 평가·환류시키는 기준이 될 뿐만 아니라 개인별 및 조직단위별 활동을 조직 전반의 계획에 통합시킬 때의 기준이 된다.

평가대상 목표의 선정방법 및 절차 담당업무나 조직의 특성 등에 따라서 다양한 유형의 목표가 경찰공무원 개인별로 매우 불균등하게 선정될 수 있으므로 평정의 공정성을 기하기 위하여 평정대상 목표수를 일정수, 대략 5개 정도로 제한해야 한다.

[그림 4-4] **평정대상별 목표의 선정체계**

개인별 평정대상 목표의 선정은 하향식으로 이루어져야 한다. 예컨대, 경찰청의 경우 본청의 시책(정책)→국 또는 담당관실의 목표→과별 목표→개인별 목표의 순서로 선정된다.

시·도경찰청의 경우 시·도경찰청의 목표→부별 목표→과별 목표→개인별 목표의 순서로 선정된다([그림 4-4] 참조).

일선 경찰서의 경우 경찰서의 목표→과별 목표→개인별 목표의 순서로 선정되도록 한다.

구체적인 목표의 내용과 수행절차 등에 대해서는 상·하간의 합의로 결정하도록 한다. 이 경우 상위목표와 하위목표 간의 연계체계가 분명하도록 구성하여야 한다. 예를 들면, 어떤 과의 어떤 목표는 상위에 있는 어떤 국의 어떤 목표를 달성하기 위한 하위목표라는 것을 명기하여 다양한 수준의 다양한 목표들 간의 체계성을 구축하도록 한다.

평가대상 목표의 선정절차는 1차적으로 목표 설정자 스스로 자체 평가를 실시하여 이를 평정자에게 제출하고, 평정은 목표 설정자가 제시한 평가결과를 토대로 평정대상 목표의 적절성을 평가하도록 한다. 이 경우 평정자와 피평정자는 반드시 상호간의 의사소통을 통하여 이견을 조정하고, 목표의 재선정 등에 대하여 합의하도록 한다.

목표 간 형평성의 조정 및 가중치 부여 평정자와 피평정자 간에 평가대상 목표의 내용과 선정에 대한 합의가 이루어지면, 이를 토대로 2단계로서 평가대상으로 선정된 목표들 간의 중요도나 추진의 경중 등에 따른 가중치 부여를 합의하도록 한다.

이 경우 평정대상 목표의 선정절차와 동일한 절차를 활용하여 1차적으로 피평정자가 자체평가를 통하여 가중치를 부여하고, 평정자는 제출된 자료에 근거하여 피평정자와 협의를 통하여 최종적으로 평정대상 목표에 대한 가중치를 부여하도록 한다.

목표관리계획서(평정서)의 작성 목표관리계획서에는 평정기간 동안 추진될 모든 목표들을 기재하도록 하고, 이 중에서 평정대상으로 선정된 목표에 대해서는 다음의 사항을 자세히 기록하도록 한다.

① 해당목표 수행에 소요되는 자원(소요인력, 소요기간, 소요예산, 소요장비 등)

② 조직 내·외적 기여도

③ 목표 달성도의 평가기준

④ 서비스의 주요 고객(조직 내·외부)

⑤ 기타 평정시 고려사항

특히, 모든 서비스에는 조직 내·외부적 고객이 있으므로 개별목표별로 서비스의 대상이 누구인지에 대해서 그리고 그 대상에 대한 서비스 만족도의 확인방법 등을 제시하도록 한다.

나) 목표 달성도의 평가

<u>**목표 달성도의 평가기준 및 평가지표**</u> 목표 평가에서 모든 목표를 평가하는 것은 불가능하며 바람직하지 않다. 평가 시스템의 복잡성을 줄이기 위해 공통적으로 적용 가능한 지표를 사용하는 것이 더 효과적이다. 평가지표는 도구로서 연차적으로 구체화하고 보완할 수 있으며, 이를 통해 평가의 정확성을 높일 수 있다.

목표달성도를 측정하기 위해 〈표 4-16〉과 같이 세부기준에 따른 지표체계를 구성하며, 현실적으로 측정이 불가능한 경우에는 가능한 지표를 통합하여 측정한다.

〈표 4-16〉 **목표 달성도 평가지표의 구성**[82)]

구분	평가지표			
	산출지표(output)		성과지표(outcome)	
	산출지표 (output)	수요지표 (demand)	효율성지표 (efficiency)	효과성지표 (effectiveness)
내용	투입으로부터 직접 얻어지는 생산물, 즉 행정활동 자체를 나타내는 지표	주민의 행정수요변동을 나타내는 지표	이용 가능한 혹은 투입한 자원을 얼마나 낭비하지 않고 생산적으로 이용하는가의 정도	공공재를 소비자가 원하는 수준으로 공급하는가의 정도, 효율성의 질적 지표

목표 평가에서 중요한 것은 '성과'(outcome)와 '산출'(output)을 구분하여 평가하는 것이다. 성과는 궁극적인 정책결과(예: 범죄율 감소)이고, 산출은 제공된 서비스의 양(예: 경찰 1인당 예산, 순찰건수)이다. 따라서, 목표 달성도를 평가할 때는 산출평가와 성과평가를 통합하여, 부서의 계획 달성과 정책효과를 종합적으로 평가하는 것이 필요하다.[83)] 이를 통해 능률성과 효과성을 동시에 고려한 정확한 평가가 가능하다.

<u>**목표 달성도의 평가방법 및 절차**</u> 목표 달성도 측정은 가능한 범위 내에서 계량화하도록 하며, 계량화가 어려운 경우에도 목표의 전체 또는 일정 부분(또는 단계)이 달성되었는지 정도

---

82) 상게서, p. 29 참조.
83) 이계식·고영선 편, 아래로부터의 정부개혁, 서울: 박영사, 1997, pp. 214~216.

는 객관적으로 평가할 수 있어야 한다. 아울러 이와 같은 계량화의 한계를 극복하기 위한 방안으로 평정자에게 상당한 수준으로 평정에 대한 재량권을 부여하는 것이 바람직하다. 다만, 이 같은 경우에도 기본적으로 평정을 위한 근거자료가 충분히 구비되도록 하여야 한다. 피평정자와 평정자는 평정대상 기간이 종료된 후 각각의 목표에 대한 달성도를 평정함에 있어서 평정점수의 기록뿐 아니라 목표의 달성도와 관련하여 서술하도록 한다.

각 측정수단에 대해서는 근거자료를 제시하도록 한다. 예를 들어, 정책대상집단이 되는 주민들의 만족도 조사자료, 각종 보고자료, 상관의 주관적 평가자료, 동료에 의한 평가자료 등 다양한 경로를 통하여 산출된 자료들이 활용될 수 있다.

평정결과의 검토 및 환류　평정결과는 대상자에 대해서만 공개하도록 하는 것이 바람직하다. 그리고 평정대상자의 이의 신청을 처리한 후 최종적으로 확정한다. 즉, 피평정자는 평정자의 평정결과에 대한 의견을 기재하도록 하고, 평정자와의 협의과정을 거치도록 한다.

평정은 아무리 객관적으로 해도 현실적인 한계가 존재하기 때문에 평정자와 피평정자 간에 이견이 항상 존재할 수 있다. 평정자와 피평정자 간의 협의 과정은 평정결과에 대한 논의와 더불어 앞으로 근무성적을 향상시키기 위한 방안의 논의도 가능하게 해준다.

(5) 평정결과의 활용방안

목표관리제의 가장 중요한 기능은 평정결과에 대한 직접적인 인센티브의 제공이다. 인센티브가 제공되지 않는 목표관리제는 경쟁력이나 생산성을 제고할 수 없다. 따라서, 평정결과는 현실 여건을 고려하여 단기적으로는 성과급과 연계시키고, 보수체계를 재정비한 후에는 연봉제와 연계시켜야 한다. 경찰에 있어서 이와 같은 연봉제와의 연계는 경찰공무원의 사기진작에 커다란 도움이 될 것이다.

또한 목표관리제는 성과급의 지급만이 아니라 보직이나 직무재배치의 자료로서도 적극 활용하여야 한다. 목표관리제에 의한 평정에서 우수한 성과를 거둔 경찰공무원에 대해서 본인의 능력 · 적성 · 전문성에 부합되는 보직을 제공하고, 열등한 경찰공무원에 대해서는 직무훈련 등을 이수할 기회를 제공하도록 한다.

이 제도가 활용되기 위해서는 경찰공무원 교육훈련제도에 대한 전반적인 정비가 동시에 추진되어야 한다. 이외에도 최신 기자재의 제공, 연가일수의 연장 등과 같은 다양한 비급여적 인센티브를 개발하여 활용한다.

2) 승진적격성 인사평정

(1) 필요성

고위직에 대한 승진관리를 체계화하기 위한 방안으로 '승진적격성평정제도'(PA: Promotability Assessment)가 있다. 승진적격성평정제도는 경찰 고위직 인사의 체계화된 관리와 공정한 인사문화의 정착을 위한 핵심 제도로서, 경찰조직의 인사행정을 한 단계 도약시키는 제도적 기반을 제공한다. 특히, 고위 간부에 대한 승진평가의 제도화와 표준화를 통해 승진이 단순한 연공서열이나 주관적 평가에 의존하는 것을 방지하고, 역량 중심의 인재선발체계를 확립할 수 있다.

승진적격성 평정제도는 경찰공무원의 승진 과정에서 주관성과 불투명성을 극복하고, 고위직 인사의 체계적 운영과 역량 중심 인사관리의 실현을 목표로 하는 제도이다. 특히, 고위 간부의 승진에 대해 객관적이고 표준화된 평가기준을 도입함으로써, 공직인사의 신뢰성과 효율성을 동시에 제고한다.

(2) 내용

승진적격성 인사평정제도는 관리자로서 갖추어야 할 지도력과 관리능력 등을 중심으로 평가하도록 하는 것이다. 그래서 중간관리직 이상을 대상으로 운영하며, 그 대상은 주로 조직의 지도자로서 리더십을 적극적으로 발휘할 수 있는 보직을 가지고 있어야 한다.

가) 성과중심의 승진관리

근무실적에 대한 평정은 매우 추상적이어서 사실상 평정의 객관적인 자료로 활용하기가 어렵다. 추상적으로 구성되어 형식적으로 활용되고 있는 근무성적평정을 실적 중심의 '승진적격성 인사평정제도'를 도입·운영함으로써 고위직에 대한 인사관리의 체계화가 가능하다.

나) 승진관리의 체계화

경찰은 그 조직의 특성상 계급제로 인하여 상위직 대부분이 일반 행정가(generalist)로 구성되어 있기 때문에 상위직을 대상으로 실적에 따른 승진관리를 하기란 현실적으로 어렵다.

따라서, 고위직에 대한 승진관리는 목표관리제에 의한 평정결과와 관리자로서의 능력과 자질을 평정하는 승진적격성 인사평정제도를 통합하여 운영함으로써 체계적인 승진관리가 가능하다.

즉, 승진적격성 평정결과는 평정대상자의 목표관리 평정결과와 통합하여 활용함으로써 승진관리의 체계화를 구축한다. 조직의 고위관리자는 개인으로서의 실적과 관리자로서의 능력이라는 다면적 기준을 요구하므로, 승진 결정시에는 승진적격성 평정과 MBO방식에 의한 평정을 동일한 비중으로 통합하여 최종 승진평정순위를 결정하도록 한다.

다) 다면평정 제도의 실시

현행 경찰공무원 근무성적 평정제도하에서는 '다면평정'(multi-source assessment)을 제도상 도입하고 있지 않다. 근무성적평정이 실효성을 확보하지 못하고 관대화 경향으로 흘러 형식적으로 활용되고 있는 것은 결국 평정의 결과나 평정자에 대한 비밀보장이 충분하지 못하기 때문이다. 나아가서 보편적인 정서상 평정자가 피평정자를 엄정하고 객관적으로 평정한다는 것은 심리적 부담이 크기 때문에 이러한 부담을 지지 않기 위해서 관대한 평정을 하게 된다.

따라서, 이와 같은 부담을 경감할 수 있는 방안으로 다면평정방식을 적극적으로 활용할 필요가 있다.[84] 특히, 고위관리직의 경우 개인 차원에서의 실적도 중요하지만, 결국 조직과 구성원에 대한 관리 능력이 보다 더 중요한 자질로서 요구된다. 그래서 상위평정자나 승진심사위원회만이 아니라 동료·부하 등 다양한 관련자의 의견을 적극 반영하여야 한다.[85]

또한 승진적격성 평정에서는 관리자에게 요구되는 능력이 실적의 증진에 대한 것만이 아니라 조직을 원활하게 운영하고 지도할 수 있는 운영에 필요한 자질, 즉 지도능력과 관리능력 등도 복합적으로 요구되므로 다면평정방식을 적용하여 피평정자의 상급자만이 아니라 동료와 부하에 의해서도 이루어지도록 하는 것이 필요하다.

(3) 지표

고위관리직으로의 승진이 적격한 것인지를 평가하는 평가기준들은 어떤 것이 되어야 하는가가 중요하다. 승진적격성 평정은 고위관리직을 대상으로 한다. 이미 목표관리제에 의하여 실적 중심의 평가가 이루어졌기 때문에 승진적격성 평가에서는 실적보다는 고위관리자로서 갖추어야 할 기본적인 '지도력'과 '관리능력' 등을 중심으로 평가해야 한다.[86]

---

84) 하상묵, 전게서, pp. 74~75.

85) 자기평정과 동료평정방식의 필요성에 대하여 현직경찰공무원들은 긍정적인 반응을 보임. 최종술, "경찰공무원의 근무성적 평정제도에 관한 연구," 동국대학교 대학원 박사학위논문, 1999, pp. 109~177.

86) Foreign and Commonwealth Office, *Guide To Staff Appraisal in The Foreign & Commonwealth Office*, Lon-

승진적격성 평정지표는 다음과 같이 크게 3개 평가요소, 지도능력 · 관리능력 · 개인능력로 구성된다.[87)]

① 지도능력: 조직의 고위관리자로서 조직이 지향할 비전과 목표를 제시하고, 이를 책임감 있게 추진할 수 있는 능력

② 관리능력: 조직의 고위관리자로서 조직의 구성원을 발전시키고 조직을 효율적으로 이끌어 나갈 수 있는 능력

③ 개인능력: 조직의 고위관리자로서 누구보다 효율적으로 능력 있게 일을 추진하여 조직의 모범이 될 수 있는 능력

승진적격성 평정지표의 비중은 대체로 관리능력 · 지도능력 · 개인능력의 순으로 가중치를 두어 우선순위를 정하는 경우도 있으나, 지도능력 · 관리능력 · 개인능력의 평가지표들은 모두 동일한 중요성을 가지고 있기 때문에 동일한 비중으로 반영되어야 한다.[88)]

〈표 4-17〉 **승진적격성 평정지표의 비중**

평정지표	지도능력	관리능력	개인능력	계
비율	1/3	1/3	1/3	1.00

don: Personal Management Department, 1992, pp. 44~46; 영국 외무부의 경우 매년말 평정대상직원을 대상으로 승진적합성(promotability)에 대한 평가를 실시하고 있다. 크게 5가지 항목에 대하여 서술식 평정을 하고 있으며, 점수화하지는 않고 있다. 피평정자에 대해서 '승진후보자로 적극 추천함'에서부터 '승진후보자로서 전혀 적합하지 않음'에 이르기까지 4단계로 종합평정을 하고 있다고 한다.

87) *Ibid.*, pp. 49~51.

88) 홍준현 · 윤태범, 전게논문, p. 109; 지도능력 · 관리능력 · 개인능력에 대한 비중과 평가지표별 척도에 대하여 다음 표와 같이 제시하고 있다. 각 평가지표별 척도는 5점척도로 구성하며, 평정요소별 가중치는 각각 40%, 30%, 30%로 조정하여 전체적으로 지도능력의 비중을 우선하도록 해야 한다고 주장함.

[승진적격성 평가지표의 구성 및 내용]

구분	요소	내용
지도능력 (40)	• 목표제시능력 • 전략적 사고 및 기획 • 고객욕구 충족능력 • 책임의식	• 조직의 명확한 목표와 비전을 제시할 수 있는가? • 정확한 판단에 기초한 사고와 전략적 기획이 가능한가? • 조직 내외의 고객을 만족시킬 수 있는가? • 조직의 문제에 대한 전적인 책임의식이 있는가?
관리능력 (30)	• 인력개발 및 관리 • 의사소통 • 재정관리	• 조직의 목적에 적합한 인력을 개발할 수 있는가? • 반대의견자들을 설득하고 조정할 능력이 있는가? • 예산을 효율적으로 운영하여 절약할 수 있는가?
개인능력 (30)	• 개인적 능률성 • 지적 · 창조적 능력 • 전문가적 능력	• 정책을 효율적으로 추진할 능력이 있는가? • 문제해결을 위한 참신한 아이디어를 개발할 수 있는가? • 전문적인 지식을 바탕으로 문제를 해결하는가?

외국의 실례로서 영국 정부의 승진적격성 평가기준을 보면 〈표 4-18〉과 같다.[89]

〈표 4-18〉 **영국정부의 승진적격성 평가기준**

평가요소	척도	평가내용
책임성(acceptance of responsibility)	1~5	책임의 완수 정도
판단력(judgement)	1~5	상황에 대한 판단력 정도
창의력(ability to produce constructive ideas)	1~5	업무추진 아이디어의 풍부성
추진력 및 결단력(drive and determination)	1~5	업무의 추진력과 결단력
위기극복능력(reliability under pressure)	1~5	위기상황에 대한 극복능력
변화대응력(ability to handle change)	1~5	변화에 대한 능동적인 대응력

(4) 구성체계 및 운영절차

승진적격성 평정제도의 운영절차 및 구성체계는 [그림 4-5]와 같이 제시할 수 있다. [그림 4-5]에서 보는 바와 같이 다면평정방식을 활용하여 승진적격성평정을 하도록 하며, 이 결과는 목표관리제에 의한 평정과 통합하여 최종적으로 승진서열을 결정하는 자료로 활용한다.

승진적격성 평정은 다면평정방식을 적용하여 피평정자의 상급자만이 아니라, 동료와 부하에 의해서 다각적으로 평정이 이루어지도록 한다. 이는 고위관리자에게 요구되는 능력은 개인 실적의 증진에 대한 것만이 아니라, 조직과 조직구성원의 경력발전 및 구성원간의 원활한 조화 등 다양한 측면의 자질, 즉 지도능력・관리능력・개인능력이 요구되기 때문이다.

[그림 4-5] **승진적격성 평가절차**

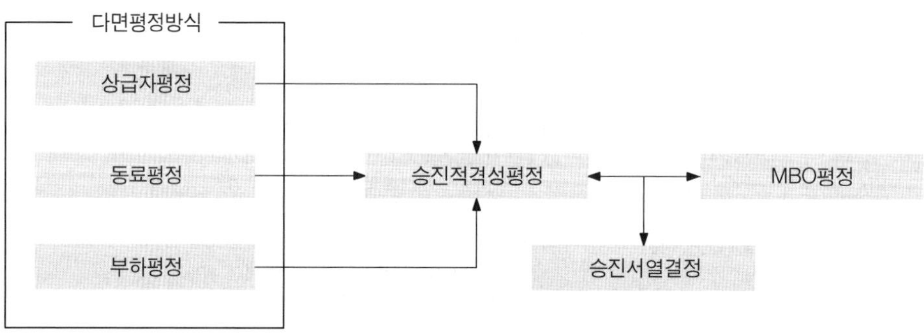

89) Foreign and Commonwealth Office, *op cit.*, p. 50.

다면평정집단의 구성은 평정대상자가 속한 조직의 전 구성원(평정대상자는 제외)을 대상으로 한다. 다만, 평정결과의 공정성을 확보하기 위하여 각 평정집단별로 최고점과 최저점을 제외하여 평균값을 산출하는 방식으로 운영하도록 한다.

평정자별 비중은 상급자에 의한 평정(50%)을 가장 우선시하도록 하는 것이 타당할 것이며, 그 다음으로는 동료평정(30%), 부하평정(20%)의 순으로 일정한 비중을 최종평정에 반영하도록 하며, 상대적으로 상급자의 비중을 많이 반영하는 것이 바람직하다.[90]

다면평정방식에서 상급자, 동료, 부하의 평가 점수가 모두 중요하므로 한 집단에서 현저히 낮은 점수를 받는 경우는 문제가 있다. 예를 들어, 한 집단에서의 점수가 50% 이하일 경우, 다른 집단에서 높은 평점을 받더라도 승진대상에서 제외하는 것이 적절하다. 이는 공개채용 시험에서 과목별 낙제점수를 설정하는 것과 유사하다.

〈표 4-19〉 **다면평정의 평정자별 비중**

평정자	상급자	동료	부하	계
비중(%)	50	30	20	100

요컨대, 승진적격성 평정결과와 목표관리 평정결과를 통합하여 활용한다. 즉, 승진 결정을 할 때 개인의 실적과 조직관리능력을 동시에 평가하여 최종 승진순위를 결정함으로써, 고위직 승진에 필요한 목표 달성과 조직관리능력을 갖추도록 한다.

3) 성과 중심 근무성적평정

(1) 필요성

가) 성과에 의한 평정의 객관화

근무성적평정의 객관성과 공정성의 한계,[91] 비계량적이고 추상적인 지표들로 인한 평정의

---

90) 윤태범, 전게논문, p. 110 참조; 평정자별 비중은 상급자에 의한 평정을 가장 우선시하도록 하고(60%), 동료평정과 부하평정은 각각 20%의 비중으로 최종평정에 반영하도록 하여 상대적으로 상급자의 비중을 많이 반영해야 한다고 함.

[승진적격성 평정의 평정자별 비중]

평정자	상급자	동료	부하	계
비중(%)	60	20	20	100

정확성 감소 등으로 인한 제도의 형식적 운영문제를 해결하기 위해 평정의 기본 방향을 성과 중심으로 전환하고 추상적인 평가기준을 구체화하여 객관성을 높여야 한다.

평정자의 재량이 남용하지 않도록 재량을 적절히 제한하는 것이 중요하다. 또한, 평정방법에 대한 교육과 평가결과에 대한 공개 및 이의제기 절차를 마련하여 평가의 객관성을 보장해야 한다.[92]

나) 계급별 · 직무분야별 평정기준의 다원화

경찰행정체계의 복잡성과 다양한 치안문제의 등장으로 인해 경찰조직과 개별 경찰공무원의 직무가 매우 다양해지고 있다. 따라서, 획일적인 평가기준을 적용하는 데에는 한계가 있다.[93] 현재의 평정체계는 경찰공무원의 계급이나 직무 특성을 충분히 반영하지 못하며, 지나치게 추상적이고 일반적인 성격을 가지고 있다.[94] 이를 해결하기 위해 직무분야별 · 계급별로 평정기준을 다원화하고 다양화하여 경찰조직의 특성에 맞는 평가체계를 운영할 필요가 있다.

다) 평정결과의 실효성 확보

경찰공무원에 대한 평정의 궁극적인 목적은 개인의 능력과 성과 측정보다 평정결과의 적극적 활용에 있다. 현재의 평정제도는 주로 승진을 위한 기초자료로만 사용되며, 성과급이나 인센티브 제공 수단으로는 기능하지 못하고 있다. 이는 평정과정과 내용의 실효성 부족에 기인한다.

따라서, 평정의 객관성과 다원화를 통해 공정성을 확보하고, 이를 기반으로 승진뿐만 아니라 보수, 전보, 교육훈련 등 다양한 인센티브를 제공하여 경찰의 생산성과 능률성을 높이는 유용한 수단으로 기능하도록 운영되어야 한다.

(2) 평정결과의 활용방안

경찰공무원의 근무성적평정결과는 주로 승진을 위한 자료로 활용되며, 전보, 특별승급, 특별상여금 등 다양한 인사 관리에도 사용된다. 평정결과를 경찰공무원의 생산성과 조직의 효율

---

91) A. Halachimi, "The Practice of Performance Appraisal," in J. Rabin(ed.), *Handbook of Public Personnel Administration*, New York: Marcel Dekker, 1995, pp. 322~325.

92) 하상묵, 전게서, pp. 63~64.

93) P. Greer, *Transforming Central Government: The Next Steps Initiative*, London: Open Univ. Press, 1994, p. 13.

94) 오성호, "공무원의 능력발전 진흥방안," 한국행정학보, 제31권, 제4호, 1997, pp. 37~55.

성을 높이는 수단으로 적극 활용하기 위해서는 평정결과에 따라 보수, 승진, 보직관리, 교육훈련 등으로 분류하고 이를 강제적으로 적용할 필요가 있다.

평정의 결과는 세 가지 요소를 통합한 최종평정결과에 따라 차별적인 인센티브가 제공되어야 한다. 개인별 평정결과는 보직관리나 교육훈련 등으로 활용하고, 최종 평정결과는 보수와 성과급 지급기준으로 삼아 이원화해야 한다.

04. 종합적 비교

지금까지 논의한 3가지 근무성적평정을 종합적으로 비교해보면 〈표 4-20〉과 같다.

〈표 4-20〉 **경찰공무원 근무성적 평정제도의 개선방안**

분야 내용	성과 중심 근무성적평정	목표관리제	승진적격성 인사평정
평가항목	객관적 평가, 주관적 평가	목표달성도	승진적격성 (지도능력, 관리능력, 개인능력)
평정자	제1차 평정자(상급자), 제2차 평정자(차상급자)	상급자, 차상급자, 고객	상급자, 동료, 부하
평정빈도	연 2회	연 1회 (mid-term review 포함)	연 1회
평정용도	승진 · 보수 · 교육훈련 등에의 실질적 반영	보수 · 승진	승진
적용기간	당해 계급 재직 전 기간의 누적	당해 계급 재직 전 기간의 누적	당해 계급 재직 전 기간의 누적

요컨대, 경찰공무원의 근무성적평정은 세 가지로 구분하여 평가되어야 하며, 각 계급의 특성에 맞게 적용되어야 한다. 평정결과는 승진 외에도 경찰공무원의 능력 개발과 근무수행능력 향상을 위한 다양한 용도로 활용되어야 한다.

또한, 장기적으로는 미국의 사례처럼 각 계급별 직무 특성에 맞춘 세분화된 평정제도로 다양화하는 것이 필요하다.

제6절

경찰공무원 경력평정제도

01. 의의

경찰공무원의 경력평정은 승진을 위한 평가절차로, 경찰공무원이 특정 계급에서 근무한 기간을 기준으로 경력을 평가하고, 그 결과를 승진대상자 명부에 반영하는 것을 말한다.

02. 주요 내용

1) 경력평정의 대상

승진을 위해 필요한 최저 근무연수가 지난 총경 이하의 경찰공무원이 대상이 된다. 단, 특정 조건 즉, 경감 이하의 경찰공무원 중 응시연령에 도달하지 않은 신규 채용자는 경정으로 승진할 때까지 근무성적 평정만으로 승진대상자 명부를 작성할 수 있다. 이 경우 대상에서 제외된다.

2) 경력평정의 기준

경력평정은 해당 경찰공무원의 인사기록을 기준으로 한다. 인사기록의 정확성을 보장하기 위해 필요할 때 인사기록을 조회하고 확인할 수 있다.

3) 경력평정의 구분

경력평정은 기본경력과 초과경력으로 나뉘며, 각 계급별로 해당하는 기간이 다르다.[95)]

(1) 기본경력

기본경력은 해당 계급에서 최근 몇 년간의 근무기간을 기준으로 평가한다. 총경, 경정, 경감은 평정기준일부터 최근 3년간, 경위, 경사는 평정 기준일부터 최근 2년간, 경장, 순경은 평정기준일부터 최근 1년 6개월간이다.

(2) 초과경력

초과경력은 기본경력 전 기간의 근무를 기준으로 추가 평가한다. 총경은 기본경력 전 1년간, 경정, 경감은 기본경력 전 4년간, 경위는 기본경력 전 3년간, 경사는 기본경력 전 1년간, 경장, 순경은 기본경력 전 6개월간이다.

4) 경력평정의 기간 계산

경찰공무원의 경력평정대상 기간 계산은 다음과 같다.

(1) 평정 제외기간

휴직, 정직, 직위해제 기간, 경찰대학 졸업자가 의무경찰대 대원으로 복무한 기간이다.

---

95) 경찰공무원 승진임용규정 제9조.

(2) 평정 포함기간

승진소요 최저근무연수에 산입되는 휴직 및 직위해제 기간, 퇴직 후 재임용된 경찰공무원의 퇴직 전 계급 이상으로 근무한 기간(재임용 기준일 전 10년 이내), 시보임용기간 및 승진소요연수에 산입되는 기간이다.

(3) 경력 계산방법

경력은 월 단위로 계산하며, 15일 이상은 1개월로, 15일 미만은 경력에 포함하지 않는다.

5) 경력평정의 평정자와 확인자

경력의 평정자는 평정대상자가 속한 소속기관 등의 인사담당 경찰공무원이 되고, 확인자는 평정자의 바로 위 감독자가 된다. 경력평정을 한 후에 평정 사실과 다른 사실이 발견되었을 때에는 다시 평정하여야 한다.

6) 경력평정의 방법

경찰공무원의 경력평정 방법은 총 35점을 만점으로 한다. 기본경력평정점은 최고 32점이며, 초과경력평정점은 최고 3점이다.

〈표 4-21〉 **기본경력평정점수표**

경찰공무원 승진임용 규정 시행규칙 [별표 1의2] 〈개정 2023. 8. 30.〉

기본경력평정점수표(제13조 1항 제1호 관련)

1. 총경 · 경정 · 경감

경력평정 대상기간	1년	2년	3년
점수(월 0.889점)	10.668점	21.336점	32점

2. 경위 · 경사

경력평정 대상기간	1년	2년
점수(월 1.333점)	15.996점	32점

3. 경장 · 순경

경력평정 대상기간	1년	1년 6개월
점수(월 1.778점)	21.336점	32점

〈표 4-22〉 **초과경력평정점수표**

경찰공무원 승진임용 규정 시행규칙 [별표 2] 〈개정 2023. 8. 30.〉

초과경력평정점수표(제13조 1항 제2호 관련)

1. 총경

경력평정대상 기간	1년
점수(월 0.25점)	3점

2. 경정 · 경감

경력평정 대상기간	1년	2년	3년	4년
점수(월 0.063점)	0.756점	1.512점	2.268점	3점

3. 경위

경력평정 대상기간	1년	2년	3년
점수(월 0.084점)	1.008점	2.016점	3점

4. 경사

경력평정 대상기간	1년
점수(월 0.25점)	3점

5. 경장 · 순경

경력평정 대상기간	6개월
점수(월 0.5점)	3점

제5장

경찰공무원의 성과평가제도

제1절

성과평가제도

01. 목적

성과평가는 평가대상이 되는 공무원들을 체계적이고 정기적으로 평가하여 그 결과를 다양한 인사관리의 기초자료로 활용하는 데 있다. 이를 통해 공무원 개개인의 업무성과를 정확히 파악하고, 적재적소에 인력을 배치하거나 승진・교육・보상 등의 인사결정을 내릴 수 있게 된다.

체계적인 성과평가는 조직 전체의 효율성을 높이고, 공무원들이 보다 적극적으로 업무에 임하도록 유도하는 효과도 있다.

02. 일반직 공무원 성과평가제도

1) 성과계약 등 평가

공무원의 성과를 체계적으로 평가하기 위해 시행되는 제도이다.

(1) 평가대상

고위공무원과 4급(상당) 이상 공무원, 그리고 5급(상당) 이하 공무원 중 성과계약 등의 평가가 적합하다고 인정되는 공무원이다.

(2) 평가시기

연초에 성과계약을 체결한 후 매년 말 기준으로 다음 해 초에 평가를 실시하며, 연 1회 시행된다.

(3) 평가기준

해당 기간 동안 평가대상 공무원이 수행한 소관업무의 성과목표 달성도 등을 감안하여 평가한다. 공무원의 성과를 공정하게 평가하고, 그 결과를 인사관리에 반영한다.

(4) 평가절차

평가절차는 [그림 5-1]과 같다.

[그림 5-1] **평가절차**

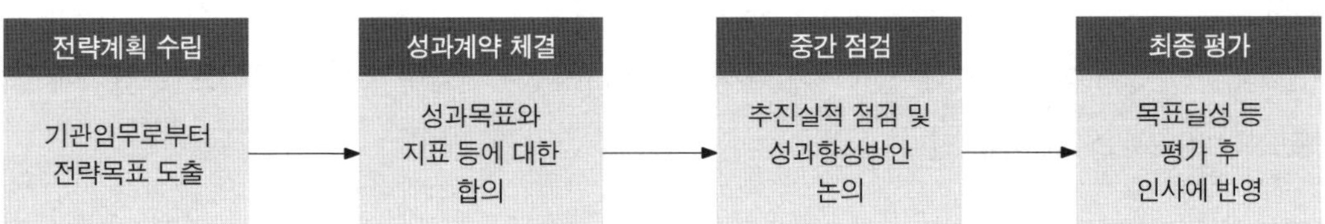

(5) 평가등급

평가등급은 공무원의 성과를 평가하기 위한 등급체계를 의미한다. 일반적으로 등급의 수는 3개 이상으로 설정되며, 각 등급별 인원비율은 부처의 자율에 따라 결정된다. 그러나 고위공무원단의 경우 등급은 5개로 나누며, 최상위 등급에 해당하는 인원비율은 20% 이하로 제한한다. 또한, 하위 2개 등급('미흡'과 '매우 미흡')의 인원은 전체의 10% 이상이 되도록 설정해야 한다.

(6) 평가결과의 활용

평가결과는 성과급 등급을 결정하는 데 사용되며, 결과는 성과관리카드에 수록되어 다양한 인사운영에 반영된다. 또한 고위공무원단의 적격심사에도 활용된다. 적격심사요건에 따르면, 다음의 경우 적격심사를 진행할 수 있다.[1]

첫째, 최하위 등급을 총 2년 이상 받은 경우

둘째, 정당한 사유 없이 1년 이상 직위를 부여받지 못한 경우

셋째, 최하위 등급을 1년 이상 받고, 정당한 사유 없이 6개월 이상 직위를 부여받지 못한 경우

2) 근무성적평가

(1) 평정대상

근무성적평가는 5급 이하 일반직 공무원(연구직, 지도직 포함)을 대상으로 실시된다.

(2) 평가시기

매년 6월 말과 12월 말에 두 번 진행되며, 필요시 6월 말 평가는 생략할 수 있다.

(3) 평가기준

기본적으로 근무실적과 직무수행능력을 평가하며, 추가적으로 직무수행태도와 부서단위 평가결과를 반영할 수 있다.

(4) 평가절차

평가절차에 따라 공무원의 근무성과와 능력을 체계적으로 평가하여 인사관리자료로 활용된다.

---

1) 국가공무원법 제70조의 2.

[그림 5-2] **평가절차**

(5) 평가등급

평가등급은 3개 이상의 등급으로 설정되며, 등급별 인원비율은 각 부처에서 자율적으로 결정한다. 최상위 등급은 20%, 최하위 등급은 10%의 비율로 분포해야 하며, 구체적인 등급 수와 비율은 조정 가능하다.

(6) 평가결과의 활용

승진 후보자 명부 작성, 성과급 지급, 및 인사관리에 반영된다.

제2절

경찰공무원의 성과평가제도

01. 성과평가체계

시행계획 관리과제의 평가결과를 경찰청 내부평가제도인 치안종합성과평가와 연계하여 본청의 조직(부서) 및 개인 평가에 반영하고 있다. 평가결과를 개인성과급 결정에 반영하고 있으며, 급수에 따라 반영비중을 차별화하고 있다.[2)]

02. 주요 내용

1) 중점 평가방향

첫째, 과학치안 R&D 협업부서 가점제도를 신설 운영하고 있다. 현재・미래의 치안현장 문제를 과학기술로 해결하기 위해서는 '과제 발굴'과 '연구결과 현장 실증'에 대한 전 부서의 관심과 지원이 필요하다. 그래서 과학치안 R&D 협업부서 대상 가점제도를 신설, 업무부담에 따른 보상과 동기부여로 기능 간 적극적 협력을 도모한다.

2) (사)한국행정학회, 해양경찰청 성과관리제도 발전방안 연구, 연구용역보고서, 해양경찰청, 2023 참조.

둘째, 평가결과의 환류 강화이다. 평가결과, 상위부서, 즉 상위 20%에 특별승급을 부여하는 인센티브 제도를 신설하여 업무성과 창출에 대한 동기부여 및 만족도를 제고하고 있다. 2020년에는 '2021년 평가등급 '우수' 이상 11개 부서에 특별 승급를 부여하였다.

셋째, 평가결과와 그와 관련된 치안종합 성과평가 결과를 예산 및 인사 등 관련 부서의 장에게 통보하여 평가결과에 따른 보상 등을 실시하였다. 평가결과가 우수한 소속 부서의 장은 해당 직원에 대하여 자체 포상 및 인사상 우대 등의 조치를 하여야 한다.

〈표 5-1〉 **2023년 경찰청 치안종합 성과평가[3] 개요**

구분		조직평가
관서 (시도청 · 경찰서)		• 성과과제(80%): 기능별 성과지표 • 치안만족도(10%): 치안고객만족도 5%, 체감안전도 5% • 인권수준 향상도(청 5%, 서 10%): 인권위 권고 수용도 · 인권교육 이수율 등 평가 • 청렴수준 향상도(청 5%): 반부패 추진 노력도 등 평가
부서	본청	• 정책과제(50%): 「성과관리 시행계획」 상 부서(과) 관리과제 • 기본업무(국 40%, 과 · 계 50%): 부서(계) 추진업무의 난이도 · 협업도 등을 정성평가 • 차장 · 국수본부장 평가(국 10%): 국 · 관의 업무성과 및 기여도 평가
	시도청 · 경찰서	• 성과과제(50%): 해당 부서 성과지표 • 기본업무(50%): 부서(계) 추진업무의 난이도 · 협업도 등을 정성평가

2) 추진평가체계

경찰청은 자체평가위원회를 운영하여 정책과제의 '설계 – 추진 – 평가 – 환류' 전 과정에 자체 평가위원이 참여, 정책의 일관성 확보 및 합리적 평가를 유도한다. 평가단의 구성은 폭넓은 내 · 외부 평가단으로 구성하여 평가의 공정성을 확보하도록 하였다.

외부 평가단은 자체평가 위원으로 구성, 국민의 시각을 평가에 반영하도록 한다. 내부평가단은 치안정책과제를 직접 추진하는 경찰청 과장 · 계장을 내부평가단으로 구성, 상호 견제와 균형을 유지한다. 평가자 소속국과 관의 과제는 평가대상에서 제외하여 공정한 평가를 유도한다.

3) 경찰청, 2023년 경찰청 치안종합성과평가 시행계획(2023) 참조.

3) 평가방법

먼저, 중간점검을 통해 정책과제의 이행사항을 점검하여 주요 정책의 차질 없는 추진을 독려하고, 부진과제에 대한 보완대책은 7월에 마련한다.

본 평가는 내·외부 평가단을 구성하여, 성과지표 설계의 적절성, 정책과제 수행노력, 목표달성도 등을 정성·정량적으로 평가한다.

과제별 최종점수는 외부평가단 50%와 내부평가단 50%로 반영한다. 과제별 평가점수는 평균(85)·표준편차(5)로 보정하고, 평가자·평가단에 따른 편차를 최소화하고, 평가결과의 합리성을 제고한다.

자체평가 결과는 치안종합성과평가의 본청 부서평가에 50%를 반영한다. 그리고 추가평가는 경찰청 정책과제 본평가 기간인 11월부터 10월, 그리고 자체평가 기간에 실시한다. 1월부터 12월까지의 불일치를 보정하기 위해 11월부터 12월에 추진실적 등을 평가한다.4)

4) 정성평가

시도청과 경찰서의 관서 평가는 성과과제 80%, 치안만족도 10%, 인권수준 향상도 시도청 5%, 경찰서 10% 그리고 청렴수준 향상도 시도청 5%로 평가하고 있다.

본청 부서의 조직 평가는 정책과제는 50%로 「성과관리 시행계획」 상 부서(과) 관리과제를 평가하고, 기본업무는 국 40%, 과·계 50%로 평가한다. 특히, 부서(계) 추진업무의 난이도·협업도 등을 정성평가하고 있다. 그리고 차장·국수본부장 평가 시 국 10%는 국·관의 업무성과 및 기여도를 평가한다.

시도청·경찰서의 부서 평가는 성과과제 50%로서 해당 부서 성과지표로 평가하고, 기본업무 50%는 부서(계) 추진업무의 난이도·협업도 등을 정성평가하고 있다.

요컨대, 경찰청의 정성평가 대상은 본청 부서의 조직평가에서 기본업무 평가 시 부서(계) 추진업무의 난이도·협업도 등을 정성 평가한다. 그리고 시도청·경찰서의 부서 평가에서 기본업무 평가 시 부서(계) 추진업무의 난이도·협업도 등을 정성평가하고 있다.

정성평가를 수행하는 평가단의 구성은 본청의 경우 정부업무평가의 자체평가위원회에서 평

---

4) (사)한국행정학회, 전게보고서 참조.

가를 실시하고 있다. 그러나 시도경찰청의 경우는 본청의 국장을 위원장으로 하여 외부위원 1/2과 내부위원 1/2로 구성된 정성평가위원회에서 평가를 실시하고 있다. 내부위원의 구성은 동일 기능의 총경과 경정급으로 구성하고 있다. 그리고, 경찰서의 경우는 시도경찰청의 총경급을 위원장으로 하고, 평가위원은 내부 위원 1/2과 외부위원 1/2로 구성한다. 정성평가위원회의 인원은 약 7명에서 9명이다.

내부위원은 시・도경찰청의 계장급인 경정과 경감으로 구성하는 바 평가대상의 기능별 특성을 고려하여 동일 기능에서 선발하여 구성하고 있다. 다만, 정성평가에 지휘관이 부여하는 가점 규정을 두어 지휘관의 가점이 평가결과에 중대한 영향을 미치는 것으로 알려져 있다.[5)]

5) 상게보고서.

제3절

성과관리의 방법

01. 방법의 유형

1) 목표관리법(MBO: Management by Objective)

목표관리법(MBO)란 조직 목표와 개인의 목표를 통합하여 조직원의 자주성을 중시하면서 조직이나 기업의 실적 향상을 지향하는 방법이다. 목표관리법의 특징은 목표와 결과가 명확하여 평가에 있어 조직 또는 기업과 조직원 모두 납득이 가능할 수 있기 때문에 많은 기업에서 인사평가기법으로 도입하여 오랫동안 활용되고 있다.

장점은 목표를 달성하기 위한 구체적인 계획을 수립하고, 목표 달성에 대한 객관적인 평가를 통해 조직의 성과를 개선할 수 있다. 또한 개인과 조직의 목표를 통합하고, 구성원들의 참여를 유도하여 동기부여를 통해 조직 효과성을 극대화한다. 아울러 목표와 결과가 명확하여 평가에 있어 기업과 조직원 모두 납득이 가능하다는 점이다.

2) 핵심성과지표법(KPI: Key Performance Indicator)

핵심성과지표(KPI)는 목표를 성공적으로 달성하기 위해 핵심적으로 관리해야 하는 요소들에 대한 성과지표를 말한다. 핵심성과지표법의 특징은 최종 목표를 달성하기 위해 불가결한

과정을 추려내어, 그 과정을 어느 정도의 상태로 통과될 수 있어야 최종 목표를 달성할 수 있는가, 그리고 확실히 완수할 수 있는가를 수치로 측정하는 것이다.

그 장점은 전략적 목표를 달성하기 위한 요소를 분명히 보여주고, 기업 전체, 조직, 개인 단위로 결정된 핵심성과지표(KPI)를 통해 조직의 전략적 목표이행 여부를 확인할 수 있다.

3) 목표핵심결과법(OKR: Objective and Key Results)

(1) 개념과 특징

목표핵심결과법(OKR)은 구체적이고 측정 가능한 행동들을 통해 특정 목표를 성취하는 방법에 대해 정의하고, 이를 실제로 어느 정도까지 달성하였는가를 평가하는 방법이다.

이 방법의 특징은 핵심결과(KR)는 0~100% 척도 또는 특정 수치 등으로 측정할 수 있어야 한다. 그리고 목표(O)는 목표를 달성하고 핵심 결과를 진전시키는 데 도움이 되는 주간 스프린트 미팅을 통해 주 단위로 수행되어야 한다.

예컨대, 핵심결과(KR)에 대한 목표 성취율을 70%로 설정하는 것은 팀, 개인이 더 도전적인 목표를 설정할 수 있도록 자극하기 위한 것이다. 만약 핵심결과(KR)의 성취율이 지속적으로 100%를 기록하고 있다면 해당 목표(O)나 핵심결과(KR)를 재평가하여 좀 더 도전적인 목표로 재설정해야 한다.

(2) 장점

이 방법의 장점은 조직의 목표를 설정하고 그 결과를 추적할 수 있도록 도와준다. 또 기존의 MBO보다는 원대한 전사 목표를 수립하고, 개별 사업부나 팀의 목표를 전사 목표와 정렬해 전체적인 목표 달성을 위해 조직이 몰입하고 집중하게 한다.

이 방법의 장점을 4가지 핵심 단어(Key Word)로 설명하면 다음과 같다.

첫째, 우선 투명한 조직환경(Transparency)이다. OKR의 가장 큰 장점은 기업 내에서 일어나는 모든 일은 투명한 공유에서부터 시작된다는 것이다. 회사의 미션, 비전, 전략을 명확하게 세워 전사에 공유할 뿐 아니라 누구든지 서로에 대한 업무위에 대한 집중(focus)이다. OKR은 다른 방법에 비해 피드백의 빈도가 잦다. 그만큼 OKR은 장기적으로 방향성을 잃지 않고, 가장 중요한 일에 집중할 수 있는 것이 장점이다.

둘째, 팀워크를 위한 정렬(alignment)이다. 조직이 원하는 것을 가장 빠르게 이루는 방법은 모두가 같은 방향을 바라보는 것이다. 또한 함께 이루어야 할 목적을 달성하기 위해 무엇을 할 수 있는지 고민하는 과정이 필요하다. 이 과정을 통해 업무의 만족감과 성취감을 동시에 높일 수 있다.

02. 도입 추세

국내에서 OKR에 대한 관심이 증가하면서 삼성과 한화 등의 대기업들과 레이니스트(뱅크샐러드)나 토스와 같은 유니콘 기업들이 OKR의 도입을 시도하고 있고, 이에 따라 중소기업 또한 이러한 트렌드를 따라가고 있다.

국내 스타트업과 외국기업, 중소기업으로 가인지캠퍼스 등 여러 컨설팅 회사를 중심으로 OKR을 도입이 확산되고 있다. 공기업으로 한국수자원공사의 퀀텀점프 비전이나 K-Water 플랫폼 프로젝트에서 OKR 방법론을 사용하여 다양한 시도를 하고 있다. 한화그룹의 경우도 3세 경영의 핵심 변화 엔진으로 OKR 방법론을 도입하였다.[6)]

03. 성과관리방법의 비교

1) MBO와 OKR의 비교

(1) 운영주기와 흐름(Flow)

MBO는 1년 단위로 운영하는 반면, OKR은 3개월 단위로 운영한다. MBO는 하향식(top-down) 흐름을, OKR은 상향식(bottom-up) 흐름을 보인다.

6) 상계보고서 참조.

(2) Feedback

MBO는 연 3회, 즉 목표 수립, 중간점검, 결과에 대한 피드백 일정을 가진다. OKR은 주 2회, 월 8회, 분기 24회, 연 100회 이상 훨씬 많은 피드백을 가진다.

(3) 목적

MBO는 목표달성 자체를 목적으로 하지만, OKR은 목표달성뿐만 아니라 달성과정에서의 성장을 목적으로 삼아 목표달성의 중요성이 MBO에 비해 낮은 편이다.

(4) 달성 가능성

MBO는 100% 달성을 기본 전제로 하고, 초과달성 시 추가보상을 받는다. 반면, OKR은 50~70% 달성률을 적정 수준으로 보며, 100% 달성은 쉬운 목표로 여긴다.

(5) 자세

MBO는 목표달성이 매우 중요하므로 달성하기 쉬운 목표를 설정하고, 구성원들이 소극적으로 행동하는 경향이 있다. 반면 OKR은 도전적인 자세로 원대한 목표를 갖는 것을 중요하게 생각한다. 이에 따라 어느 정도의 실패도 원칙에서 벗어나지 않는다면 용인해주고, 과정에서 얻은 성장을 중요하게 생각한다.

예컨대, 월드컵에 출전하는 우리 국가대표 축구팀의 목표를 4강으로 설정하지만, 실제로 16강 이상 달성하더라도 큰 성과를 성취한 것이다. OKR에서는 4강을 목표로 설정하고, MBO에서는 16강을 목표로 설정할 것이다.

(6) 목표의 성격

MBO는 양적 목표만 강조하는 반면, OKR은 질적 목표와 양적 목표 모두 포함하는 통합적 목표의 성격을 가진다.

(7) 목표의 개수

MBO는 보통 5~7개의 목표를 설정하며, 목표별로 1~3개의 KPI를 설정한다. 반면 OKR은 원대한 목표 1개와 그에 따른 핵심결과지표 3개를 설정한다.

(8) 보상과 연계

MBO는 보상과 직결되지만, OKR은 보상과의 연계보다는 성장과 도전적 과제를 더 중시한다.

2) MBO, KPI, OKR의 비교

MBO, KPI, OKR를 비교하면 〈표 5-2〉와 같다.[7] 종합해보면 성과관리제도의 현 트렌드는 분기별로 과정평가가 이루어지고 있으며, 이것이 현재의 트렌드임을 알 수 있다.

〈표 5-2〉 **MBO, KPI, OKR의 비교**

구분	MBO	KPI	OKR
목적	보수와 승진을 결정짓는 요소로 목표 달성이 최우선	프로젝트의 목표달성 목적으로 후차적인 보고용 지표 성향이 강함.	목표달성뿐만 아니라 달성과정을 통해 조직과 개인 모두 성장이 목적
운영주기	1년 또는 6개월	프로젝트별로 상이함.	분기별
피드백 빈도	1년 또는 6개월	매주 또는 매월 (프로젝트별로 상이함)	매주 (연 100회 이상의 많은 피드백 빈도)
공유범위	팀장과 팀원	프로젝트 일원	기업의 모든 직원(전사)
목표달성 가능 수준	100%	100%	60~70%

7) 상계보고서 참조.

제6장

경찰공무원의 승진제도

제1절

승진제도의 이론적 고찰

01. 개관

1) 의의

경찰공무원의 승진은 경찰조직의 결원 보충뿐 아니라, 경찰관의 직무동기 부여와 자기 발전을 촉진하는 중요한 수단이다. 승진은 보수 증가와 지위 및 권위의 향상으로 이어져 경찰관의 사기를 높이고 근무의욕을 증진시키는 원동력이 되며, 유능한 인재를 확보하고 조직의 효율성을 높이는 데 중요한 역할을 한다.

공정하고 합리적인 승진제도가 확립되면 경찰관은 자신의 노력에 따라 승진 가능성을 예측할 수 있으며, 이는 경찰공무원의 사기와 근무 의욕을 높인다. 반면, 승진제도의 불공정성과 비합리성은 경찰공무원의 사기를 저하시키고, 인사관리의 비효율성과 비민주화를 초래할 수 있다. 그러므로 공정하고 합리적인 승진제도의 확립은 경찰인사관리의 능률성과 민주성을 보장하는 핵심 요소이다.

2) 승진제도의 해결과제

일반적으로 현대 인사행정에서 승진은 다음과 같은 해결과제를 안고 있다.[1)]

첫째, 승진의 구조 또는 속도에 관한 문제로서 승진적체 현상과 고속승진 현상이다.

둘째, 승진의 공정성과 합리성의 문제로서 조직의 목표나 발전에 적합한 기준의 설정과 수용할 수 있는 기준의 설정이다.

셋째, 승진의 효율성 문제로서 승진의 담당조직이나 절차・시간・방법・비용 등이다.

3) 승진제도의 구성요소

경찰공무원의 승진제도는 다양한 구성요소로 이루어져 있다. 승진제도를 구성하는 4가지의 핵심적인 변수는 '승진후보자,' '승진방법,' '승진기준,' '승진대상자'[2]이다.

첫째, '승진후보자' 변수는 승진후보자가 어떻게 선정되는가에 관한 것이다.

둘째, '승진방법' 변수는 승진의 방법에는 어떤 형태가 있으며, 각 방법은 어떻게 이루어지는가이다.

셋째, '승진기준' 변수는 '승진은 어떠한 기준에 따라 심사가 이루어지는가'이다.

넷째, '승진대상자' 변수는 '최종적으로 승진대상자는 어떻게 결정되는가'이다.

종합해보면, 승진제도는 먼저 승진후보자가 선정되고, 그 다음으로 승진심사가 일정한 방법과 기준에 따라 이루어지며, 이러한 과정을 거쳐서 승진대상자가 결정되는 일련의 과정으로 구성된다.

이러한 맥락에서 경찰공무원 승진제도 구성을 그림으로 나타내면 [그림 6-1]과 같다.

[그림 6-1] **경찰공무원 승진제도의 구성**

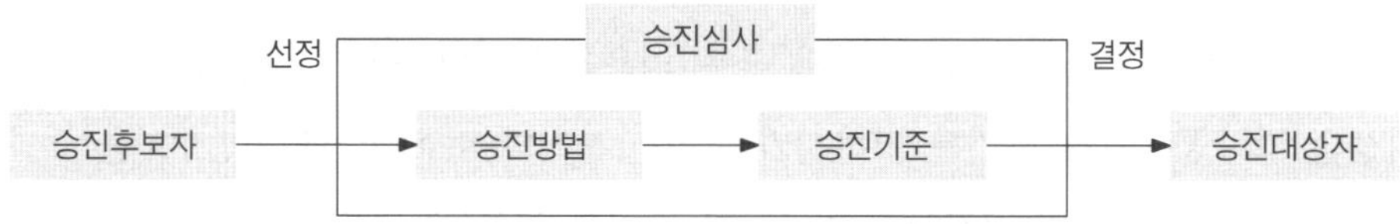

1) 김신복・하태권・민진, "전기통신분야 공기업 인사제도에 관한 연구," 전기통신학술연구과제, 1991, p. 51.

2) 승진제도에서 실제 중요한 변수를 '승진후보자'(선정)와 승진심사를 구성하는 '승진방법' 및 '승진기준'으로 보고, '승진대상자'는 앞의 3가지 요소로 결정되기 때문에 제외시킬 수도 있다. 그러나 '승진대상자'(결정)를 포함시킨 것은 '승진대상자의 결정'이 단순히 승진방법과 승진기준에만 의하여 결정되는 것이 아니라, 외적인 요인(예를 들면, 연줄・연공서열 등)도 승진대상자의 결정에 중요한 영향을 미치기 때문에 승진제도의 구성요소에 포함시킨다.

02. 이론적 배경

1) 승진의 의의

승진(promotion)은 하위직급이나 계급에서 상위직급 또는 계급으로 이동하는 것을 뜻한다.[3] 즉, 하위계급에서 직무의 책임도와 곤란도가 높은 상위계급으로, 또는 하위직위에서 상위직위로 수직적인 인사이동을 의미한다. 일반적으로 책임의 증대를 수반하며, 보수가 증가되고, 보다 큰 권한이나 지위를 가진다. 물론 보수의 증액이 수반되지만, 계급이 바뀌지 않고 동일한 계급 내에서 보수만 증액되는 승급(within-grade salary increase)과는 구별되는 제도이다.

경찰업무 상 승진은 보통 리더의 직위로 올라가는 것을 의미하며, 그것은 최대의 리더십을 발휘할 수 있는 잠재적 자질을 가진 사람을 선택하는 가장 중요한 일이다.[4]

경찰공무원의 승진은 조직구성원의 사기제고와 행정업무의 능률화를 위한 중요한 요소가 되므로 유능한 인재들의 확보・유치를 위하 수단이며,[5] 조직의 입장에서 볼 때 결원 보충의 불가결한 수단이다.

승진이 개인과 조직체에 주는 영향은 개인의 성공에 대한 기대를 충족시킴으로써 사기의 앙양을 기할 수 있고, 개인 능력 향상을 위한 유인(誘引)이 되며, 승진을 통하여 전보가 이루어지므로 인적자원을 효율적으로 이용하는 것이다.

인사관리에서 승진은 일정한 절차와 과정을 거쳐서 이루어지게 된다. 먼저, 일정한 규정에 따라 승진후보자를 선발하고, 승진심사의 대상자로 선정된다. 승진심사대상자들은 승진 심사기준에 따라 심사를 받게 되고, 최종적으로 적격자가 결정되는 과정을 거치게 된다. 승진과정에 있어서 가장 중요한 문제는 바로 승진심사의 기준이다. 이것은 승진적격자를 결정하는 기준이다.

---

3) George Eastman(ed.), *Municipal Ploice Administration*, Washington D.C.: International City Management Association, 1989, p. 188.

4) O.W. Wilson & Roy C. Mclaren, *Police Administration*, 4th ed., New York: McGraw-Hillbook Co., Inc., 1977, pp. 274~275.

5) 이황우 외 1인, 전게서, p. 261.

2) 승진기준

승진후보자를 선발하는 방법 또는 기준에는 근무성적, 선임 순위, 시험, 학력과 경력, 교육훈련 성적, 승진 예정직에서의 시험적 근무성적, 상벌의 기록 등이 있다. 임용권자의 자의적인 재량을 승진기준의 하나로 꼽는 경우도 있다.

또 승진기준을 주관적인 것과 객관적인 기준으로 구별할 때 전자는 면접시험·근무성적평정 등이 있으며, 후자는 필기시험·경력평정 등을 들 수 있다.

이와 같이 승진의 일반적 기준은 학자마다 다양하게 제시하고 있는데, 이것을 종합적으로 나타내면 〈표 6-1〉과 같다.

승진기준에 있어서 가장 중요한 문제는 선임권과 능력(seniority & competence)의 상대적 중요성이다. 즉, 경력이 위주가 되어야 할 것인가, 실적이 위주가 되어야 할 것인가 하는 문제이다.

〈표 6-1〉 **승진의 기준**6)

승진의 기준	내용
실적	근무성적평정
	시험성적
	교육훈련성적
	승진심사위원회의 결정
	상벌의 기록
	인사권자의 판단
경력	학력
	근속연수
	선임권(선임순위)
	연공 서열

6) 이황우, 전게서, p. 263; 백완기, 행정학, 서울: 박영사, 1996, pp. 664~666; 오석홍, 인사행정론, 서울: 박영사, 2022, pp. 281~287; 박연호, 인사행정론, 서울: 법문사, 1998, pp. 511~513; 박동서, 인사행정론, 서울: 법문사, 1995, p. 300; 장지호, 신인사행정론, 서울: 박영사, 1994, pp. 218~224; 유민봉, 인사행정론, 서울: 문영사, 1997, pp. 331~332 내용을 참고하여 정리함.

일반적으로 실적에 의한 승진은 공평할 뿐만 아니라 조직에 활력과 참신한 기풍을 부여한다. 그러나 문제는 특정한 경우 무엇을 실적이라고 하며, 그 실적을 측정할 구체적인 방법이 무엇이며, 그것이 승진대상자를 납득시킬 만한 것이냐 하는 데 있다.

승진의 기준으로서 실적과 경력 중 어느 것이 더 중요하다고 단정해서 단일한 기준을 사용하는 경우는 드물며, 여러 가지 기준을 배합하여 적용하는 것이 일반적이다.

합리적인 승진제도는 최적격자를 선정하는 목적을 지닌 동시에, 승진대상자들에게 공평하고 적절한 제도라는 인식과 영향을 주어야 한다.

그러면 승진의 기준들을 크게 실적 위주의 기준과 경력 위주의 기준으로 대별하여 각각 어떤 기준들을 들 수 있는지 살펴본다.

(1) 실적 위주의 승진기준

가) 개념

실적 위주의 승진기준은 주관적인 방법인 인사권자의 판단, 승진심사위원회의 결정, 근무성적평정 등의 방법에 의한 것과 객관적인 방법인 시험 등이 있다. 즉, 승진기준으로서의 실적은 결과로 나타난 직무수행 실적이나 시험성적을 말하기도 하고, 그러한 결과의 원인 역할을 하는 능력을 말하기도 한다.

실적 위주의 승진기준은 객관적 방법인 시험을 제외하고 일반적으로 인사권자의 주관적인 판단에 따르게 되어 정실 개입의 가능성이 강하므로 합리적인 운영이 요구되기도 한다.

반면 이 기준은 조직의 침체성을 방지하여 적극성을 유도하고, 적응력 · 근면성 · 협동성 · 충성심 등의 평가가 유용하다. 또한 실적을 승진의 기준으로 사용하게 되면 당연히 실적 내지 능력에 따른 경쟁의 원리가 적용되기 마련이다. 따라서, 경쟁원리의 도입은 성공적인 직무수행을 요구하는 조직의 이해와도 부합된다.

나) 특성

승진기준으로서의 실적은 다음과 같은 특성을 가진다.[7]

① 실적은 행정조직의 구성원으로서 행정조직의 목표달성에 공헌하는 직무수행능력이다.

② 실적은 실천을 결정하는 기초로서 업적과 밀접한 관계를 가지고 있다.

---

7) 신유근, 인사관리, 서울: 경문사, 1988, p. 291.

③ 실적은 행정환경의 급격한 변화로 인해서 계속 개발되지 못하면 퇴보할 수도 있는 유동적인 측면도 있다.

다) 한계

실적의 중시는 연공서열체제에 익숙한 행정문화 속에서 기득권층의 반발과 안정감의 상실 그리고 실적의 개념이 불분명하고, 정확한 측정이 곤란하다는 어려움이 있다. 또한 승진기준을 실적 위주로 할 경우, 현재 직무에서의 성과가 승진 후 수행할 고수준 직무의 성공 가능성을 예측하는 데 적절한 자료가 되지 않는다는 문제가 있다.

실적기준을 적용할 때 성패를 좌우하는 중요한 요소는 실적평가이다. 실적평가는 최종 성과물이나 성과에 기여한 개인의 능력과 태도를 측정하며, 타당성과 신뢰성 확보가 핵심 과제다. 그러나 실적평가는 주관성이 개입될 가능성으로 인하여 대부분의 조직은 연공서열과 실적을 모두 고려하여 업무 성격과 계급에 맞게 조화롭게 활용하고 있다.

(2) 경력(연공서열) 위주의 승진기준

가) 의의

경력 위주의 승진기준은 근무연한, 학력, 경험 등을 기준으로 하며, 계급과 직책에 따라 경력의 비중이 달라진다. 이 기준은 객관적이고 간단하며, 인사청탁 등의 개입 없이 기계적으로 승진을 결정할 수 있다. 또한, 조직의 질서와 안정이 유지되고 명령체계가 확립되어 단순 집행업무에서 능률성을 확보하는 데 유리하다.

나) 장 · 단점

연공서열주의는 승진 후보자 간 능력 차이가 없을 때 유용하며, 단순기능 업무를 수행하는 하위직에 적합하다. 근무연한에 따른 경험 축적이 직무수행의 중요한 척도가 된다. 그러나 개인능력을 무시하는 경우 유능한 인재의 의욕을 저하시키고, 근무성적보다는 근무연한이 중요하게 평가되어 조직의 하향평준화를 초래할 수 있다.

요컨대, 경력 위주의 기준은 고도의 객관성, 정실 배제, 행정의 안정성을 유지하는 장점이 있다. 반면, 경력은 짧지만 유능한 인재 등용이 어렵고, 행정이 침체되어 비능률적이며, 유능한 인재의 이직률이 높다는 단점도 있다.

(3) 승진기준의 배합

승진 결정에는 보통 단일기준보다는 여러 기준을 함께 적용하는 것이 일반적이다. 실적을 중시하고 경력을 경시하는 경우도 있지만, 경력에 더 비중을 두는 경우도 있다. 보통 후진국에서는 경력 위주의 승진이 일반적이고, 선진국에서는 실적 위주가 주를 이루고 있으며, 객관적 시험이 제한적으로 사용된다.

승진기준의 상대적 중요성은 조건에 따라 다르며, 어느 기준도 완벽하지 않기 때문에 다양한 기준을 함께 고려하는 것이 바람직하다.

[그림 6-2] **실적과 경력의 조합단계**

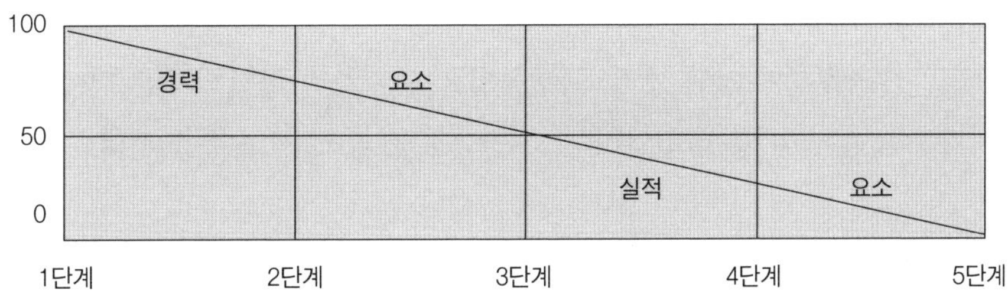

경력과 실적의 조합은 완전경력기준에서 완전실적기준까지 다양하게 설정할 수 있다. 승진기준과 배합비율을 정할 때는 각 기준의 성격과 용도를 충분히 검토하여 구체적인 상황에 맞는 결정을 내려야 한다. 이를 위해 다음 사항을 유의해야 한다.[8)]

첫째, 긍정적인 효과 상승이다. 각 기준의 긍정적인 효과가 상승할 수 있도록 배합을 추구한다.

둘째, 균형 잡힌 조화이다. 조직의 능률 향상, 안정성 유지, 재직자의 사기앙양을 균형 있게 조화시킨다.

셋째, 융통성 있는 정책이다. 대상 직위에 따라 승진기준의 배합이 달라질 수 있으므로 융통성 있는 정책을 수립한다.

넷째, 형식과 실질의 일치이다. 형식적으로 정해진 배합비율과 실제 운영이 일치하도록 하며, 기준의 운영실태를 반영하여 왜곡을 방지한다.

---

8) 오석홍, 전게서, pp. 287~288.

3) 승진의 범위

(1) 의의

승진의 범위란 첫째, 구성원이 승진할 수 있는 한계 둘째, 승진경쟁의 기관적 한계 등을 의미한다.

조직구성원이 승진할 수 있는 승진의 한계는 일정하지 않지만, 주로 각국의 직업공무원제도의 발전 정도, 채용 정책, 고급직의 능력, 민주통제의 수준과 전통 등에 기초한다.

일반적으로 승진의 한계가 높은 경우 조직구성원의 사기양양·행정능률 그리고 기술의 향상 등으로 직업공무원제 확립에 기여한다. 반면 민주통제가 어려워지면서 관료주의화할 우려가 있다.

대체로 일반직 공무원의 경우 영국·독일·일본 등은 승진 한계가 높은 편이며, 미국은 승진한계가 가장 낮은 국가 중의 하나이다. 우리나라, 프랑스는 그 중간 형태로 볼 수 있다.[9]

(2) 경찰공무원 승진의 한계

경찰공무원이 신규채용된 때부터 직업공무원으로서 승진할 수 있는 한도를 어디까지로 하느냐는 각국 직업공무원제도의 발전 정도와 경찰공무원에 대한 민주적 통제의 필요성에 따라 다르다. 직업공무원제를 확립하기 위해서는 가능하면 높은 직위나 계급까지도 직업공무원으로 하여금 승진 충원하는 것이 바람직하다.

왜냐하면 경찰공무원의 승진 한계가 높으면 높을수록 경찰공무원의 사기와 능률을 제고하고 기술을 향상시킬 수 있으며, 직업공무원제를 확립할 수 있기 때문이다.

승진의 범위는 국가가 채택하고 있는 공무원제도 여하에 따라 다를 수 있다. 즉, 개방형(open career)인가, 폐쇄형(closed career)인가 그리고 계급제(rank classification)인가, 직위분류제(position classification)인가에 따라 승진의 한계는 달라진다.

경찰공무원의 경우 총경 이상에 대해서 외부로부터 직접 임명하는 것을 금지하고, 공석이 생기면 아래로부터의 임명을 허용하는 폐쇄형 제도를 취하고 있다. 일반적으로 영국을 비롯한 서구와 남미제국은 폐쇄형을, 미국은 개방형을 채택하고 있다.[10] 결국 승진의 한계는 각

---

9) 유종해, 현대행정학, 서울: 박영사, 1995, p. 549.
10) 정진환, 비교경찰제도론, 서울: 학문사, 1996, p. 160.

국의 정치적 여건과 행정문화적 풍토 등 구체적인 사정과 제도 등을 고려하여 정해진다.

4) 승진과 신규채용의 관계

상위직위에 공석이 생겼을 때 충원을 외부로부터 신규채용에 의할 것인가 또는 내부로부터의 승진에 의할 것인가에 관한 문제이다. 내부임용(승진)에 치중하느냐, 외부임용에 치중하느냐는 각국 경찰공무원 제도의 여건과 전통에 따라 다르겠지만, 어느 한 쪽을 전혀 배제할 수 없을 것이며, 적당한 비례의 균형을 유지해야 한다.

따라서, 신규채용이냐 승진에 의한 충원이냐를 결정하는 데 고려할 사항은 다음과 같다.

첫째, 재직 경찰공무원의 사기문제로서 외부로부터 신규채용을 너무 많이 하면 그들의 사기를 저하시킬 것이고, 거의 전적으로 승진에 의해 공석을 채우면 그들의 사기는 앙양될 것이다.

둘째, 경찰공무원 자질의 문제로서 자질의 향상만을 위한다면 신규채용을 증가시키는 것이 요구되며, 반면에 신규채용을 적게 하면 재직자의 사기는 앙양될 것이나 자질이 저하될 우려가 있다.

따라서, 승진임용과 신규채용 간 적절한 균형을 유지하는 것이 중요하다. 일반적으로 직업공무원제를 채택하는 국가의 경우 직업공무원제를 유지하면서 이 제도가 초래하기 쉬운 상위직 공무원의 질저하(質低下) 및 동종번식의 문제를 해결할 수 있어야 한다. 즉, 동종번식(inbreeding)이란 같은 조직 안에서만 승진을 통해 인재를 키우다 보니, 다양한 배경이나 새로운 아이디어를 가진 외부 인재가 유입되지 않고, 조직이 점점 폐쇄적이고 획일화되는 현상을 말한다.

결국, 각 최하단계에서는 외부에 문호를 넓게 개방하여 우수하고 발전성 있는 사람을 대폭 채용하면서 유능한 하위직의 상위직위로의 승진을 부당히 막아서는 안 될 것이다.

또한, 각 상위직의 충원은 승진에 의하고, 신규채용은 원칙적으로 하지 않으면서 외부로부터의 새로운 충원이 꼭 필요한 경우, 예를 들면 특수한 분야에는 예외적으로 신규채용을 인정하여야 한다.

승진과 신규채용의 개략적인 인원비율을 정할 때에는 양제도의 일반적인 장・단점을 비교하여 구체적인 여건에 맞도록 결정해야 한다. 고려할 요인으로는 임용구조의 전반적인 성격, 승진의 직무분야별・기관별 범위, 재직자훈련의 상황, 인력체제의 안정 또는 변동에 관한 필요 등이다.[11)]

5) 승진경쟁의 기관적 한계

승진대상자의 기관적 범위를 정하는 방안들은 다음과 같다.

첫째, 특정한 상위직에 승진하기 위하여 경쟁할 수 있는 사람의 범위를 승진예정직위가 소속되어 있는 기관이나 조직에 한정하는 것이다.

둘째, 승진에 관한 기관별 장벽을 두지 않고 승진예정직과 같은 직렬의 바로 하위직에 종사하는 사람이면 소속기관에 의한 차별 없이 다 같이 경쟁에 나설 수 있게 하는 것이다.

요컨대, 이것은 승진대상 범위를 부처 간에 개방하는 교류형(program career system)과 부처 내로 좁게 국한시키는 비교류형(organization career system)의 문제이다.

승진의 기관적 한계에 관한 대안들은 각각 대조되는 장·단점을 가지고 있어서 구체적 상황에 따라 융통성 있게 결정해야 한다. 그러나 승진기회를 개방하는 제도가 실적주의 요청에 부합된다는 이유 때문에 개방주의가 더 환영을 받고 있다. 반면 인사행정의 실제에서는 저항이 적고 편리한 기관별 폐쇄주의가 더 환영받는 경향이 있다. 유럽이나 미국의 일반적인 경향도 재직자 간의 경쟁범위를 부처별로 한정하고 있다.[12]

우리 경찰은 경쟁의 범위가 거의 정해져 개방적으로 되어 있지 않다. 경찰조직은 계급제적 구조를 가지고 있어서 승진의 범위가 승진하고자 하는 하위계급의 경찰공무원들이 승진의 대상자로 범위가 한정된다. 직위분류제가 기초를 이루고 있는 조직과는 달리 경찰조직은 해당 계급으로 승진의 범위가 결정된다. 이것은 경과별 또는 특기별 필요성은 고려되지 않고 있다. 이러한 승진구조는 직무의 특성이 고려되지 않는 승진이 이루어진다는 것이다.

---

11) 오석홍, 전게서, p. 248.
12) 유훈, 전게서, p. 249.

제2절

경찰공무원의 승진제도

01. 개관

1) 승진임용의 유형

경찰공무원의 승진임용은 그 방식에 따라 네 가지 유형으로 구분된다.

첫째, 심사승진 임용은 승진심사에 따라 자격과 적격성을 평가받아 이루어지는 승진방식이다.

둘째, 시험승진 임용은 승진시험을 통해 선발된 자를 대상으로 하는 승진절차이다.

셋째, 특별승진 임용은 공로가 있거나 특별한 사유가 있는 경우 예외적으로 이루어지는 승진을 말한다.

넷째, 근속승진 임용은 일정한 기간 동안 성실히 근무한 경력을 바탕으로 자동 승진하는 제도이다.

2) 승진임용 예정인원 결정원칙

경찰청장은 승진임용 예정인원을 정할 때, 당시의 실제 결원과 해당 연도에 발생할 것으로 예상되는 결원을 고려하여 각 계급별로 승진임용 예정인원을 정한다.

또한, 필요한 경우에는 경과별로 나누거나 직무의 특수성을 감안하여 특수 분야별로도 승진임용 예정인원을 따로 정할 수 있다.

3) 고위직 승진임용인원 제한

경무관 및 총경 계급에 대해서는 승진임용 인원에 상한선이 설정되어 있다. 경무관의 경우에는 정원의 25% 이내, 총경의 경우에는 정원의 20% 이내로 승진임용 예정인원을 정해야 한다. 다만, 이 인원이 실제 결원과 예상결원을 합한 수보다 적은 경우에는 그 부족한 인원을 추가하여 승진임용 예정인원을 정할 수 있다.

4) 경정 이하 계급의 특별승진인원 제한

경정 이하 계급의 경우에는 특별승진임용 예정인원을 별도로 정할 수 있으며, 그 상한은 계급별로 다르게 정해져 있다.

경정 계급에 대해서는 해당 계급 승진임용 예정인원의 3% 이내, 경감 이하 계급에 대해서는 해당 계급 승진임용 예정인원의 30% 이내로 특별승진 인원을 정할 수 있다. 다만, 「경찰공무원법」 제37조에 따라 이 비율을 초과하여 특별승진인원을 정할 수 있다.[13)]

5) 심사승진과 시험승진의 병행 및 비율

경정 이하 경사 이상 계급의 승진은 심사승진과 시험승진을 병행할 수 있다. 이 경우 전체 승진임용 예정인원에서 특별승진 인원을 제외한 나머지 인원 중 70%는 심사승진, 30%는 시험승진으로 배분한다. 다만, 특수 분야에 한해서는 이 비율을 달리 정할 수 있다.[14)]

---

13) 「경찰공무원법」 제37조 제1항 제1호・제4호 및 제3항 제1호・제6호에 해당하는 경우 1) 직무유공자에 대한 특별승진(제37조 1항 제1호) 직무를 수행하면서 탁월한 공적을 세운 경찰공무원은 특별승진 대상이 될 수 있다. 예를 들어 범죄를 예방하거나 검거, 수사 등에서 뛰어난 성과를 거둔 경우에 해당한다. 2) 공무상 사망자에 대한 특별승진(제37조 1항 제4호) 공무 수행 중 사망한 경찰공무원에게는 특별승진이 인정된다. 이는 순직한 경찰관의 공로를 예우하고 유족을 위로하기 위한 제도이다. 3) 재해구호 및 구조활동 유공자에 대한 특별승진(제37조 3항 제1호) 재해나 재난 현장에서 구조 활동 등으로 공을 세운 경찰공무원도 특별승진의 대상이 될 수 있다. 이는 헌신적인 현장 활동을 높이 평가하기 위한 취지이다. 4) 특별경비부서 근무자에 대한 특별승진(제37조 3항 제6호) 특별경비부서에서 근무하며 우수한 성과를 낸 경우에도 특별승진이 가능하다. 여기에 해당하는 부서로는 서울청 101경비단, 경찰경호대, 국무총리공관 경비대 등이 포함된다.

14) 「경찰공무원 승진임용 규정」 제4조 4항 제1호.

또한, 승진시험을 실시한 결과 최종 합격자 수가 시험승진 예정인원보다 적을 경우, 그 부족한 인원은 심사승진인원에 포함하여 조정할 수 있다.

6) 기관별 승진임용 예정인원의 배정

경찰청장은 기준에 따라 결정된 승진임용 예정인원을 작성된 승진대상자 명부를 기준으로 하여 각 기관별로 배정한다.

기관별 인원배정은 원칙적으로 승진대상자 명부에 기록된 인원의 비율에 따라 이루어진다. 그러나 근속승진 예정자 수 등 기관별 승진 여건을 종합적으로 고려하여 그 배정인원을 조정할 수 있다.

〈표 6-2〉 **경찰공무원 승진임용제도 개관**[15)]

항목	내용
승진임용의 유형	심사승진, 시험승진, 특별승진, 근속승진
승진임용 예정인원 결정	결원과 예상결원을 고려하여 각 계급별 승진임용 인원 정함.
고위직 승진임용인원 제한	경무관 25%, 총경 20% 이내, 부족한 인원은 추가배정 가능
경정 이하 계급 특별승진	경정 3%, 경감 이하 30% 이내, 제37조에 따라 초과 가능
심사승진과 시험승진 병행	70% 심사승진, 30% 시험승진, 부족인원은 심사승진으로 조정
기관별 승진임용 인원 배정	승진대상자 명부 비율에 따른 배정, 승진 여건에 따라 조정 가능

02. 승진임용의 자격과 제한

1) 승진소요 최저근무연수

승진소요 최저근무연수 제도란 경찰관이 승진하기 위해서는 승진 전의 계급에서 일정 기간 이상을 근무하여야 승진의 자격이 주어지는 제도이다. 이러한 제도를 두는 것은 승진이 계급

15) 「경찰공무원 승진임용 규정」 제4조, 제5조, 제6조 참조.

만 한 단계 올라가는 것이 아니라 직위이동에 따른 권한과 책임도 증가하기 때문에 직전 계급에서 성실한 근무와 일정기간 동안의 경험이 필수적이다.[16)]

경찰공무원이 승진하기 위해서는 각 계급에 대해 다음과 같은 재직기간이 필요하다.[17)]

① 총경: 3년 이상

② 경정 및 경감: 2년 이상

③ 경위, 경사, 경장 및 순경: 1년 이상

④ 휴직, 직위해제, 징계처분 기간, 그리고 승진임용 제한기간은 이 재직 기간에 포함되지 않는다.

〈표 6-3〉 **계급별 승진소요 최저근무연수**

총경	경정	경감	경위	경사	경장	순경
3년	2년	2년	1년	1년	1년	1년

2) 승진임용의 제한

다음의 경우에 해당하는 경찰공무원은 승진 임용할 수 없다.

첫째, 징계, 직위해제, 휴직 또는 시보임용 기간 중인 사람이다. 특히, 공무상 질병이나 부상으로 인한 휴직은 제외된다.

둘째, 징계처분 후 일정 기간이 지나지 않은 사람이다. 즉, 강등・정직은 18개월, 감봉은 12개월, 견책은 6개월이며, 특정 징계, 즉 소극행정, 음주운전, 성폭력 등은 6개월 추가된다.

셋째, 경찰공무원으로 임용된 후 종전 신분에서 징계처분을 받고 집행이 끝난 날부터 일정기간이 지나지 않은 사람이다. 강등은 18개월, 근신・영창 등 유사 징계는 6개월이다.

넷째, 계급정년이 연장된 사람이다.

16) 경찰대학 편, 경찰경무론, 서울: 경찰대학 교재편찬위원회, 2003, pp. 185~186.

17) 경찰공무원승진임용규정[시행 2026.7.1.][대통령령 제33986호, 2023.12.19., 일부개정] 제5조.

03. 승진임용의 구분

1) 심사 승진

(1) 승진대상자의 명부작성

작성책임기관은 경정 이상 및 경찰청 소속 경위 이상은 경찰청장, 경감 이하는 경찰대학, 경찰인재개발원, 중앙경찰학교, 경찰수사연수원, 경찰병원 및 시 · 도경찰청의 장이며, 경사 이하는 경찰청 각 국장급 부서장, 경찰서장이다.

평정점 반영비율에서 근무성적 평정점은 65%, 경력평정점은 35%이다. 신규채용될 경정 이하 경찰공무원은 경정 승진 시까지 근무성적 평정만으로 명부를 작성할 수 있다.

승진대상자 명부는 승진대상자 명부 작성기준일부터 20일 이내에 서식에 따라 작성해야 한다. 총평정점은 100점을 만점으로 하며, 가점 평정이 있는 경우에는 최대 0.9점의 가산점을 포함한 점수를 총평정점으로 한다.

근무성적 평정점 산정에 있어서 총경의 경우는 최근 1년의 평정점×50%, 최근 1년 전 2년 이내의 평정점×30%, 최근 2년 전 3년 이내의 평정점×20%를 합산한 후 1.3배 한다.

경정, 경감, 경위, 경사의 경우는 최근 1년의 평정점×60%, 최근 1년 전 2년 이내의 평정점×40%를 합산한 후 1.3배 한다.

경장 및 순경의 경우는 최근 1년의 평정점×1.3배 한다.

[그림 6-3] **심사승진의 절차**

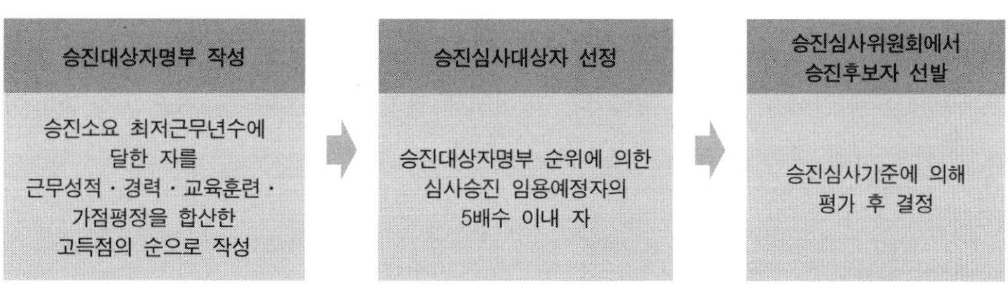

평정점이 없는 해에는 그 해의 전년도 평정점이나 전년도 및 다음 연도의 평균 평정점을 사용하며, 전년도 또는 다음 연도의 평정점이 없는 경우 37.5점을 기준으로 한다.

명부에서 삭제할 사유는 승진임용 제한사유에 해당되는 경우 시험승진후보자 명부에 등재된 경우이다.

〈표 6-4〉 **승진심사 대상자 명부**[18]

작성자 ㊞
조정자 ㊞

승진대상자 명부

<table>
<tr><th colspan="2">순위</th><th rowspan="2">소속</th><th rowspan="2">계급</th><th rowspan="2">성명</th><th colspan="5">평정점</th><th rowspan="2">비고</th></tr>
<tr><th>정기</th><th>조정</th><th colspan="3">근무성적</th><th>경력</th><th>계</th></tr>
<tr><td rowspan="3"></td><td rowspan="3"></td><td rowspan="3"></td><td rowspan="3"></td><td rowspan="3"></td><td colspan="3"></td><td rowspan="3"></td><td rowspan="3"></td><td rowspan="3"></td></tr>
<tr><td></td><td></td><td></td></tr>
<tr><td></td><td></td><td></td></tr>
<tr><td rowspan="3"></td><td rowspan="3"></td><td rowspan="3"></td><td rowspan="3"></td><td rowspan="3"></td><td colspan="3"></td><td rowspan="3"></td><td rowspan="3"></td><td rowspan="3"></td></tr>
<tr><td></td><td></td><td></td></tr>
<tr><td></td><td></td><td></td></tr>
<tr><td rowspan="3"></td><td rowspan="3"></td><td rowspan="3"></td><td rowspan="3"></td><td rowspan="3"></td><td colspan="3"></td><td rowspan="3"></td><td rowspan="3"></td><td rowspan="3"></td></tr>
<tr><td></td><td></td><td></td></tr>
<tr><td></td><td></td><td></td></tr>
<tr><td rowspan="3"></td><td rowspan="3"></td><td rowspan="3"></td><td rowspan="3"></td><td rowspan="3"></td><td colspan="3"></td><td rowspan="3"></td><td rowspan="3"></td><td rowspan="3"></td></tr>
<tr><td></td><td></td><td></td></tr>
<tr><td></td><td></td><td></td></tr>
</table>

(2) 승진심사

가) 승진심사위원회의 구성

중앙승진심사위원회는 총경 이상 계급의 승진을 심사하며, 위원장은 위원 중 최상위 계급이 된다. 중앙위원회는 5명 이상 7명 이하로 구성된다.

보통승진심사위원회는 경찰청, 소속기관, 경찰서에 설치되며, 위원 수는 5명 이상 7명 이하이다. 위원은 소속 경찰공무원 중 상위 계급이거나 추천받은 인사로 임명된다.

18) 경찰공무원 승진임용규정 시행규칙[별지 제4호서식] 〈개정 2024.1.19.〉.

〈표 6-5〉 **승진심사위원회 구성**

구분	설치	구성	대상계급
중앙승진심사위원회	경찰청	심사대상자보다 상위계급으로서 위원장 포함 5~7명	총경 이상에의 승진
보통승진심사위원회	소속기관 등	소속기관별 경감 이상으로서 위원장 포함 5~7명	경정 이하에의 승진

나) 승진심사기준

승진심사위원회는 승진심사대상자가 승진될 계급에서 직무의 수행능력을 평가하기 위하여 〈표 6-6〉의 사항을 심사한다.

〈표 6-6〉 **승진심사표**[19)]

승진심사표

심사위원 ㊞

순위	소속	계급	성명	평가성적							심사 결과	비고
				경험한 직책	승진 기록	근무 성적	상벌	지휘관 추천	적성	계		

다) 승진심사 절차 및 방법

승진심사는 3단계로 나누어 진행되며, 각 단계의 심사기준은 경찰청장이 정한다.[20)] 만약 정해진 기준이 적절하지 않을 경우 승진심사위원회는 기준을 조정할 수 있다.

제1단계 심사기준에 맞지 않는 사람을 제외한다.

제2단계 위원들이 근무성적 등을 평가하여 4등급으로 나눈 후, 상위 2배수 인원을 제3단계로 진입시킨다.

---

19) 경찰공무원 승진임용규정 시행규칙[별지 제6호서식]〈개정 2016.10.31.〉.
20) 훈령·예규·고시 등의 행정규칙으로 제정되어 내부공문 및 업무지침 등의 형식으로 운용 중임.

제3단계 위원 전원의 합의로 최종 승진대상자를 선발하며, 합의가 이루어지지 않을 경우 무기명 투표로 결정한다.

라) 객관적 심사기준

객관적 평가항목은 경험한 직책평가·승진기록·근무성적·상벌을 들 수 있다.

경험한 직책평가 이 평가항목은 현재까지 경험한 직책에 대한 평가로서 어느 부서에서 얼마나 근무했는지에 대하여 점수를 부여, 평가하는 것이다.

승진기록 평가 승진대상자가 현 계급에서 얼마나 근무했는가에 따라 평가하는 것이다. 즉, 현계급 근무연한을 규정된 분포에 따라 평가하는 것을 말한다.

근무성적 평가 근무성적평가는 근무성적평정을 대상으로 하여 평가점수를 반영하는 것이다.

상벌평가 상벌의 평가는 먼저 당해 계급에서 받은 상과 벌에 대한 +와 −의 점수를 서로 상계한 다음, 최종적인 점수를 등급화하여 평가하는 것이다. 각각의 상벌에 대한 점수는 별도로 규정되어 있다.

〈표 6-7〉 **승진심사 종합평가서**[21)]

승진심사 종합평가서

순위	소속	계급	성명	종합평가성적							심사 결과	비고
				경험한 직책	승진 기록	근무 성적	상벌	지휘관 추천	적성	계		

21) 경찰공무원 승진임용규정 시행규칙[별지 제7호서식]〈개정 2016.10.31.〉.

마) 주관적 심사기준

지휘관 추천 평가 승진대상자의 소속기관 장이 각각 등급을 매긴 것을 점수화하여 평가하는 것이다. 소속기관의 장은 승진대상자의 소속기관의 장으로서 주로 경찰서장·지방경찰청인 경우에는 과장급 등이 주는 점수이다.

적성평가 승진심사위원회의 심사위원들이 승진대상자의 '국가관,' '청렴도,' '적격성 및 발전성,' '인품' 등에 대하여 주관적으로 평가하는 것이다.

(3) 승진후보자 선발

승진심사위원회에서 승진심사가 완료되면 다음 각각의 서류, 즉 '승진심사의결서,' '승진심사종합평가서,' '승진임용예정명부'를 작성한다. 승진임용예정자로 선발된 자의 명부는 승진심사 종합평가성적이 우수한 자의 순으로 작성한다.

(4) 승진임용

승진임용 시 심사승진후보자와 시험승진후보자는 각각 70%, 30%로 구분하여 임용된다. 심사승진후보자는 명부에 따라 결원이 발생할 때 수시로 승진이 이루어진다.

〈표 6-8〉 **승진임용예정자명부**[22)]

승진임용예정자 명부

순위	소속	계급	경과	성명	비고

(5) 심사승진제도의 분석

심사승진제도는 승진대상자가 시험을 치르지 않고 평가기준에 따라 승진하는 방식으로, 시험승진이나 근속승진에 비해 상대적으로 부담이 적고 간편하다. 그러나 객관성 부족으로 공

22) 경찰공무원 승진임용규정 시행규칙[별지 제9호서식]〈개정 2016.10.31.〉.

정성에 대한 논란이 있으며, 제도 및 운영상 다양한 문제점이 있다.

가) 문제점

<u>주관적인 심사기준에 대한 불신</u> 승진심사에서 주관적인 기준으로는 '지휘관 추천'과 '적성' 평가가 있으며, 이들은 승진 결정에 큰 영향을 준다. 실제로 승진예정인원의 점수를 보면, 객관적 평가는 큰 차이가 없는 경우 승진의 중요한 결정요소는 주관적 평가인 '지휘관 추천'과 '적성평가'이다. 이들 주관적 요소는 평가자의 개인적 판단에 따라 달라지며, 공정성에 의문이 제기된다.

결과적으로, 주관적 평가가 승진후보자 선발에 결정적 영향을 미치면서 정실인사의 가능성을 높이고, 상관의 권위와 통제력을 강화시킨다. 이러한 현상은 상관과 부하 간의 왜곡된 인간관계와 부하의 과잉충성 등 부작용을 초래할 수 있으며, 심사승진에서 인간관계, 금력, 외부 청탁 등이 영향을 줄 수 있다. 이로 인해 승진을 대가로 하는 비리 문제로까지 확대될 수 있다.[23)]

<u>심사과정의 비공개</u> 경찰공무원의 승진심사는 비공개로 진행되며, 심사과정과 결과가 비공개된다. 이로 인해 승진대상자는 자신의 평가결과를 알 수 없고, 심사과정의 공정성을 확인할 방법이 없다.

또한, 승진대상자가 인사과정에 참여하거나 자신의 의사를 반영할 수 있는 공식적인 수단이 없기 때문에, 비공식적인 의사전달이나 청탁이 이루어질 수 있다. 이는 승진제도의 공정성을 해치고, 금품수수와 같은 비리를 초래할 위험이 있다.

비공식적인 승진과정은 승진에 대한 불신을 초래하며, 특히 소위 '힘없는 사람들'은 자신의 승진 가능성에 대해 불안감을 느끼며, 안정된 근무를 보장받기 어려울 수 있다. 승진 결정이 비공식적으로 이루어지면서 급작스러운 인사조치가 발생할 수 있으며, 이로 인해 경찰공무원은 자신의 직무수행에 어려움을 겪고, 결과에 대한 비교와 검토가 불가능해지는 문제가 발생할 수 있다.

<u>승진심사기준의 일관성 결여</u> 심사승진 평가항목에 관한 일반적인 규정은 경찰공무원승진임용규정 제22조에 명시되어 있다. 심사자료를 기초로 3단계 구분되어 이루어진다. 단계별 심사기준은 경찰공무원승진임용규정 시행세칙 제24조[24)]에 의거하여 경찰청장이 따로 정할 수

---

23) 최종술, 전게논문, 2000 참조.

있어 그 심사기준이 매년 달라질 수 있다. 즉, 심사승진의 각 기준에 관한 일관된 배점기준이 없다. 특히, 각 평가항목에 대한 배점은 일관성 있는 기준이 없이 임의적으로 부여될 수 있다. 즉, 매년 평가항목에 대한 배점이 달라질 수 있다. 이것은 승진을 목표로 하는 다수의 경찰관들에게는 일관된 심사기준의 확립이 필요하다.

따라서, 규정을 통하여 심사항목에 대한 일관성 있는 배점과 그 이유를 명시하여 누구나 알 수 있도록 했을 때 승진을 목표로 하는 경찰관들에게 직무수행과 행동지침을 제공할 수 있다.

나) 개선방안

<u>주관적 평가의 개선: '개인별 관찰기록표'의 활용</u> 심사승진의 평가 기준은 실제로 객관적 평가점수의 차이가 거의 없어 주관적 평가점수가 승진에 결정적인 영향을 미치고 있다. 주관적 평가점수를 공정하게 조정하기 위해, 평가기준을 명확히 하고 모든 승진대상자에게 만점을 부여한 후 감점기준에 따라 점수를 감하는 방식이 필요하다.

지휘관 추천과 적성평가와 같은 주관적 기준의 공정성을 높이기 위해 소속기관장이 부하직원의 직무수행을 관찰하고, 이를 기록하여 평가에 반영할 수 있다. 상관의 개인별 관찰기록표를 만들어 평소 관찰내용을 기록하도록 함으로써 심사승진평가에 유용하게 활용할 수 있다.

개인별 관찰기록표의 양식은 〈표 6-9〉와 같다.

〈표 6-9〉 **개인별 관찰기록표**

소속:
계급:
성명:

년도	월	일	중요한 사항	평가(소견)

승진심사 시 '지휘관추천'의 평가자는 '개인별 관찰기록표'의 기록을 근거로 하여 감점요인이 될 수 있는 사항을 파악하고, 이를 근거로 하여 지휘관 추천점수에서 감점한다. 덧붙여 감

24) 제24조(승진심사의 절차 및 방법) ① 승진심사위원회의 승진심사는 3단계로 구분하되, 각 단계별로 경찰청장이 정하는 심사기준에 따라 실시한다. 다만, 경찰청장이 정한 단계별 심사기준을 적용하는 것이 적절하지 아니하다고 인정될 때에는 승신심사위원회의 의결로 심사기준을 조정하여 적용할 수 있다.

점요인과 가점요인을 서로 상계하여 최종적인 감점점수를 결정하는 방법도 있다. 결국 이 문제는 평가자의 판단에 맡기는 것이 바람직할 것이다.

객관적 평가의 변별력 향상 객관적 평가기준의 변별력을 높이기 위해서 평가등급을 더 세분화하고 점수간격을 조정해야 한다. 현재 등급은 수, 우, 양, 가의 4개로 나누어지고, 각 등급 간 점수간격은 1점에서 4점까지 다양하다. 예를 들어, '경험한 직책' 항목은 각 등급 간 점수가 4점 차이가 나며, '지휘관추천' 항목은 2점의 차이를 보인다.

특히, 적성평가 항목은 배점이 8점이지만 등급 간 점수 차이가 2점으로 설정되어 있다. 따라서, 승진 결정에 더 큰 영향을 미치기 위해 객관적 평가항목의 등급 간 점수간격을 더욱 세분화하고 일관된 기준을 마련해야 한다. 모든 항목에서 등급 간격을 1점으로 설정하는 것이 적절할 것이다.

평가항목의 배점 개선 심사승진의 평가항목은 6개로 구성되어 있으며, 각 항목별로 배점이 다르게 설정되어 있다. 경위 이상의 경우 가장 중요한 평가는 근무성적평정이다. 근무성적평정은 객관적 평가와 주관적 평가로 나눈다. 객관적 평가는 '경찰업무발전에의 기여도,' '포상,'[25] '직장교육,' '근태,' 주관적 평가는 '근무실적,' '직무수행능력,' '직무수행태도'로 구성된다. 그러나 '포상' 항목은 심사승진의 상벌 평가항목에 포함되어 중복 문제가 있다.

경찰공무원의 근무성적평정은 제1차, 제2차, 제3차 평정자에 의해 이루어지는 3중평정제를 채택하고 있다. '지휘관 추천' 평가는 대체로 평정대상자의 지휘관이 담당하여 실제로는 동일한 상관에 의한 이중적 평가가 발생한다.

따라서, '지휘관 추천' 항목이 심사승진 기준에서 제외되거나 근무성적평정과 구별되는 객관적인 평가기준과 방법이 필요하다. 이를 위해 앞선 언급한 개인별 관찰기록표를 기반으로 감점 요인을 중심으로 평가하는 것이 바람직할 것이다.

다) 종합

경찰공무원의 심사승진제도는 주관적 심사기준이 공정성 문제를 일으킬 수 있으며, 청탁, 승진 압력, 뇌물수수 등 부정부패를 유발할 수 있다. 즉, 객관적인 기준만으로 승진을 결정하기에는 한계가 있어, 공정성과 신뢰성을 높이기 위한 제도적 장치가 필요하다. 주관적 평가를 객관화하기 위해 피평정자가 인정할 수 있는 관점에서 평가를 실시하고, 직관적으로 수집된

---

25) 상훈으로 인한 상점과 징계 등으로 인한 벌점을 상계한 점수를 의미한다.

관찰사항을 공개하여 공정성을 높여야 한다.

승진과정의 불공정성 문제를 해결하기 위해서 승진결정과정의 공개와 주관적 평가의 객관화가 필수적이다. 승진은 단순한 계급 상승을 넘어서 금전적 보상을 포함한 중요한 의미를 가지며, 공평한 승진기회는 경찰조직의 사기와 용기를 북돋우는 중요한 요소이다. 따라서, 승진기준을 공정하게 설정하고 적용하여 모든 구성원에게 동등한 기회를 보장해야 한다.

2) 시험승진

(1) 시험실시 원칙과 자격

승진시험은 계급별로 실시하며, 경찰청장이 필요하다고 인정할 경우 경과별 또는 특수분야별로 구분하여 실시할 수 있다. 이 경우 승진 후 2년 이상 5년 이하의 기간 동안 지정된 직무부서에서 근무해야 한다. 경찰청장은 경정 이하 계급으로의 시험을 소속기관의 장에게 위임할 수 있다.

응시자는 시험실시 해의 1월 1일 기준으로 승진소요 최저근무연수 이상을 해당 계급에서 재직해야 하며, 필요한 교육훈련을 이수하고, 승진임용 제한 사유에 해당하지 않아야 한다.

(2) 시험방법 및 절차

시험은 매년 1회 실시하며, 시험 일시, 장소 등 필요한 사항은 시험실시 15일 전까지 공고해야 한다.

제1차 시험은 선택형을 원칙으로 하되, 기입형도 포함될 수 있다. 경과별 또는 특수분야별로 실기시험도 가능하다.

제2차 시험은 논문형을 원칙으로 하되, 주관식 단답형을 포함할 수 있으며, 경과별 또는 특수분야별로 실기시험도 병행할 수 있다.

제3차 시험은 면접시험으로 직무수행능력과 적격성을 평가한다. 경찰청장이 필요하다고 인정할 때에는 제3차 시험을 생략할 수 있다.

(3) 시험과목 및 배점

제1차 시험과 제2차 시험 및 필기시험의 과목과 배점비율은 〈표 6-10〉,[26] 〈표 6-11〉[27]과 같다.

〈표 6-10〉 **시험승진 과목의 배점비율**

경찰공무원 승진시험 과목(제28조 관련)

(단위: 퍼센트)

<table>
<tr><th colspan="2">분야</th><th colspan="2">일반경찰
(수사경과 및
안보수사경과
포함)</th><th colspan="2">정보통신경찰</th><th colspan="2">항공경찰</th><th colspan="3">일반경찰
(교수요원)</th><th colspan="2">경비경찰
(전투경찰,
기동경찰)</th></tr>
<tr><th>계급</th><th>시험</th><th>과목</th><th>배점
비율</th><th>과목</th><th>배점
비율</th><th>과목</th><th>배점
비율</th><th colspan="2">과목</th><th>배점
비율</th><th>과목</th><th>배점
비율</th></tr>
<tr><td rowspan="2">경정</td><td>제1차
시험</td><td>헌법
경찰행정학</td><td>30
30</td><td>헌법
경찰행정학</td><td>30
30</td><td>형사소송법
경찰행정학</td><td>30
30</td><td colspan="2">경찰실무(종합)
경찰행정학</td><td>30
30</td><td>경찰실무(종합)
경찰행정학
형사소송법</td><td>30
30
40</td></tr>
<tr><td>제2차
시험</td><td>형사소송법</td><td>40</td><td>정보체계론</td><td>40</td><td>항공법</td><td>40</td><td colspan="2">형사소송법</td><td>40</td><td>체력검정
사격</td><td>70
30</td></tr>
<tr><td rowspan="2">경감</td><td>제1차
시험</td><td>경찰실무
(종합)
형법</td><td>30

30</td><td>경찰실무
(종합)
형법</td><td>30

30</td><td>경찰실무
(종합)
형법</td><td>30

30</td><td colspan="2">경찰실무
(종합)
형법</td><td>30

30</td><td>경찰실무(종합)
형법
경찰행정법</td><td>30
30
40</td></tr>
<tr><td>제2차
시험</td><td>경찰행정법</td><td>40</td><td>정보통신
시스템</td><td>40</td><td>항공법</td><td>40</td><td colspan="2">경찰행정법</td><td>40</td><td>체력검정
사격</td><td>70
30</td></tr>
<tr><td rowspan="2">경위</td><td>제1차
시험</td><td></td><td></td><td></td><td></td><td></td><td></td><td>필수</td><td>형법
형사소송법</td><td>35
35</td><td>형법
형사소송법
경찰실무(종합)</td><td>35
35
30</td></tr>
<tr><td>제2차
시험</td><td></td><td></td><td></td><td></td><td></td><td></td><td>선택</td><td>경찰실무(1)
경찰실무(2)
경찰실무(3)
중 택1</td><td>30</td><td>체력검정
사격</td><td>70
30</td></tr>
<tr><td rowspan="2">경사</td><td>제1차
시험</td><td></td><td></td><td></td><td></td><td></td><td></td><td colspan="2"></td><td></td><td>형법
형사소송법
경찰실무(1)</td><td>35
35
30</td></tr>
<tr><td>제2차
시험</td><td></td><td></td><td></td><td></td><td></td><td></td><td colspan="2"></td><td></td><td>체력검정
사격</td><td>70
30</td></tr>
<tr><td rowspan="2">경장</td><td>제1차
시험</td><td></td><td></td><td></td><td></td><td></td><td></td><td colspan="2"></td><td></td><td>형법
형사소송법
경찰실무(1)</td><td>35
35
30</td></tr>
<tr><td>제2차
시험</td><td></td><td></td><td></td><td></td><td></td><td></td><td colspan="2"></td><td></td><td>체력검정
사격</td><td>70
30</td></tr>
</table>

26) 경찰공무원 승진임용규정 시행규칙 [별표 6][시행 2024.7.1.][행정안전부령 제456호, 2024.1.19., 일부개정].
27) 상게 시행규칙[별표 7][시행 2024.7.1.][행정안전부령 제456호, 2024.1.19., 일부개정].

〈표 6-11〉 **경찰공무원 승진시험과목**(제28조 관련)

경찰공무원 승진시험 과목(제28조 관련)

(단위: 퍼센트)

분야		일반 (수사경과 및 안보수사경과 포함)		정보통신		항공	
계급	시험	과목	배점 비율	과목	배점 비율	과목	배점 비율
경위	필수	형법 형사소송법 실무종합	35 35 30	형법 형사소송법	35 35	형법 형사소송법	35 35
	선택			정보통신기기론 컴퓨터일반 중 택1	30	항공법 항공역학 중 택 1	30
경사	필수	형법 형사소송법 실무종합	35 35 30	형법 형사소송법	35 35	형법 형사소송법	35 35
	선택			정보통신기기론 컴퓨터일반 중 택1	30	항공기체 항공발동기 중 택 1	30
경장	필수	형법 형사소송법 실무종합	35 35 30	형법 형사소송법	35 35	형법 형사소송법	35 35
	선택			정보통신기기론 컴퓨터일반 중 택 1	30	항공기체 항공발동기 중 택 1	30

(4) 합격자 결정

제1차 시험과 제2차 시험에서는 각 과목 만점의 40% 이상을 득점한 사람 중 고득점자순으로 합격자를 결정한다.

제3차 시험에서는 합격 / 불합격만 결정하며, 최종 합격자는 제1차 시험(36%)과 제2차 시험(24%), 그리고 근무성적(40%)을 합산하여 결정된다.[28] 경감 이하 계급의 경우 필기시험과 면접시험으로 구분하여 실시하며, 면접시험을 생략할 수도 있다.

28) 경비경찰의 경우, 제1차 시험성적 30퍼센트, 제2차 시험성적은 30퍼센트로 합산; 경찰공무원 승진임용 규정[시행 2025.3.11.][대통령령 제35051호, 2024.12.10., 타법개정] 제33조.

경감 이하 계급의 시험은 필기시험과 면접시험으로 구분되며, 필기시험은 선택형을 원칙으로 하고 면접시험은 직무수행능력과 적격성을 검정한다. 필기시험에 합격해야 면접시험에 응시할 수 있다.

3) 특별승진

(1) 의의

특별승진은 경찰공무원으로서 전사 또는 순직한 자, 직무수행에 남달리 뛰어난 공적이 있는 자가 심사승진에 의하지 않고 1계급 또는 2계급(경위 이하에 한함) 승진되는 것을 말한다.[29]

(2) 대상

특별승진의 대상이 되는 일정한 사유에 해당하는 자는 승진제한 규정[30]에도 불구하고 1단계 특별승진시킬 수 있다. 특히, 경위 이하의 경찰관으로서 경찰의 귀감이 되는 공을 세우고 전사하거나 순직한 자에 대하여는 2계급 특별승진도 가능하다.

특별승진대상에 해당되는 경우를 살펴보면 다음과 같다.

① 우수 공무원이다. 다음의 조건 중 하나에 해당하는 경우 특별승진 임용 또는 일반 승진시험에 우선 응시할 수 있다.

ⓐ 청렴하고 봉사정신이 투철하여 공무집행의 공정성을 유지하고 깨끗한 공직사회를 구현하는 데 모범이 되는 경우

ⓑ 직무수행능력이 뛰어나 행정 발전에 큰 기여를 한 경우

ⓒ 제안의 채택과 시행을 통해 국가예산을 절감하는 등 행정운영의 발전에 뚜렷한 성과가 있는 경우

ⓓ 재직 중 특별한 공적을 남기고 명예퇴직 하는 경우

ⓔ 재직 중 특별한 공적을 남기고 공무로 사망한 경우

② 전사하거나 순직한 사람이다.

③ 직무수행 중 현저한 공적을 세운 사람이다.

29) 경찰대학 편, 전게서, p. 191.
30) 경찰공무원법 제11조.

(3) 특별유공자 등의 특별승진 대상자

특별승진대상자의 범주는 다음과 같다.

가) 포상 수상자

「공무원임용령」에 따른 포상을 받은 사람이다.

나) 직무수행 우수자

행정능률을 향상시키고 예산을 절감하는 등 경찰행정 발전에 기여한 사람이다.

다) 제안 우수자

「공무원 제안 규정」에 따른 창안 등급 동상 이상을 받은 사람으로, 경찰행정 발전에 뚜렷한 실적이 있는 사람이다.

라) 특별 공적 퇴직자

20년 이상 근속하고 정년 1년 전까지 자진 퇴직하는 사람으로, 재직 중 특별한 공적이 인정되는 사람이다.

마) 전투 및 대간첩작전 등에서 공을 세운 자

전투나 대간첩작전 등에서 현저한 공을 세우고 사망했거나 부상을 입어 사망한 사람, 또는 직무수행 중 모범적인 공을 세우고 사망했거나 부상을 입어 사망한 사람이다.

바) 헌신적 노력으로 공을 세운 자

간첩이나 무장공비를 사살하거나 검거한 사람, 국가안전을 해치는 중한 범죄의 주모자를 검거한 사람, 전시나 비상사태에서 헌신해 사태를 진압한 사람, 중한 범죄의 범인을 검거한 사람, 재난 발생 시 인명을 구조하거나 재산을 보호한 사람, 특별경비부서에서 헌신적으로 직무를 수행한 사람이다.

사) 포상 수상자 중 특별승진 임용

국무총리 표창 이상의 포상을 받은 사람은 계급별 정원을 초과하여 임용할 수 있으며, 임용

절차 등은 경찰청장이 정한다.

(4) 특별승진의 계급 범위

「경찰공무원 승진임용 규정」 제38조는 제37조에서 규정한 특별승진 대상자의 자격에 따라 승진 가능한 계급의 범위를 정하고 있다.

첫째, 「국가공무원법」 제40조의 4 제1항 제1호에 해당하여 「공무원임용령」 제35조의 2 제1항 제1호에 따른 포상을 받은 사람의 경우에는 특별승진이 경정 이하의 계급에 한정된다. 이는 국가적 포상을 통해 특별한 공적을 인정받은 사람을 대상으로 한다.

둘째, 「국가공무원법」 제40조의 4 제1항 제2호에 해당하는 사람으로, 행정능력 향상이나 예산절감 등 직무수행능력이 뛰어나 경찰행정 발전에 크게 기여한 경우, 또는 경찰청장이 정한 포상을 받았거나 관련 임용령상 포상을 받은 사람에 대해서는 경감 이하의 계급으로의 승진이 허용된다. 이들은 조직 내 직무성과나 제도적 포상을 통해 공적을 인정받은 경우이다.

셋째, 「국가공무원법」 제40조의 4 제1항 제3호에 따라 「공무원 제안 규정」상 창안등급 동상 이상을 수상하고, 경찰행정 발전에 실질적 기여가 뚜렷한 경우에도 경감 이하 계급으로의 특별승진이 가능하다. 이는 제도 개선이나 창의적 제안을 통해 경찰업무에 이바지한 자를 대상으로 한다.

넷째, 「국가공무원법」 제40조의 4 제1항 제4호 및 같은 조 제2항에 따라 20년 이상 근속하고 정년 1년 전까지 자진 퇴직하며, 재직 중 특별한 공적이 있다고 인정되는 경우에는 치안정감 이하 계급까지의 승진이 가능하다. 이는 장기근속과 자진 퇴직이라는 특수한 조건을 충족하는 경우에 해당하며, 비교적 높은 계급까지 승진할 수 있는 범주에 속한다.

다섯째, 제37조 제3항에서 규정한 경찰관서장 등의 추천에 따른 특별승진 대상자 중, 경찰행정에 기여한 실적이 있는 사람(제3항 제1호~제5호)은 경정 이하 계급까지 승진할 수 있다. 마지막으로 경찰청장 또는 소속청장 등이 경찰공무원의 생명이나 신체에 위해를 무릅쓴 직무수행 사실을 인정하여 추천한 경우(제3항 제6호)는 경위 이하의 계급으로 승진할 수 있도록 제한하고 있다.

(5) 특별승진심사 및 후보자명부의 작성

경찰공무원의 특별승진 절차는 다음과 같다.

첫째, 임용권자 또는 임용제청권자는 소속 경찰공무원을 특별승진시키고자 할 때 중앙승진심사위원회의 심사를 거쳐야 한다. 다만, 경장 이하의 경찰공무원은 보통승진심사위원회의 심사를 거쳐야 하거나 거칠 수 있다. 또한, 특별승진 대상자가 규정된 교육을 이수하지 않았을 경우 해당 교육을 이수한 후에 특별승진심사를 거쳐야 한다.

둘째, 임용권자나 임용제청권자는 소속 경찰공무원이 특별승진심사를 받게 할 때, 해당 경찰공무원의 공적조서와 인사기록카드를 관할 승진심사위원회가 설치된 기관의 장에게 제출해야 한다. 이 경우 승진심사위원회를 관할하는 기관의 장은 승진심사에 필요하다고 인정되는 공적의 내용을 현지에서 확인하게 하거나 그 공적을 증명할 수 있는 자료를 제출하도록 할 수 있다.

특별승진심사는 찬반 투표로 승진임용예정자를 결정하며, 심사가 완료되면 승진심사위원회는 '승진심사의결서,' '특별승진임용예정자명부 및 특별승진심사탈락자명부'를 경찰청장에게 보고해야 한다.

셋째, 심사가 끝나면 임용권자 또는 임용제청권자는 특별승진후보자명부를 작성해야 한다. 명부의 등재순위는 승진심사위원회의 특별승진 의결일자를 기준으로 하고, 의결일자가 같은 경우 근무성적평정점 순으로 작성한다. 특별승진임용은 특별한 경우를 제외하고 특별승진후보자명부의 등재 순위에 따라 이루어진다.

4) 근속승진

(1) 의의

근속승진제도는 승진비율이 낮아 승진경쟁이 과열되고 업무에 지장을 초래하는 문제를 해결하고, 오랜 기간 성실히 근무한 경찰관의 사기를 높이기 위해 도입된 제도이다.

이 제도는 경찰조직의 원활한 운영을 위해 구성원의 순환과 하위직급 인원의 균형을 고려하여 시행된다. 근속승진제도를 통해 승진기회를 부여함으로써 장기간 근무한 직원의 사기를 높이는 한편, 지나치게 오래 같은 직급에 머무르지 않도록 하여 조직의 신진대사를 촉진하고 하위직의 인원을 적절하게 유지하는 데 중점을 둔다. 이를 통해 경찰조직의 효율성과 역동성을 높이는 데 목적이 있다.[31]

---

31) 경찰대학(편), 전게서, p. 19. 참조.

2) 임용조건

경찰청장은 경찰공무원이 일정기간 동안 특정 계급에서 근속한 경우 해당 경찰공무원을 근속승진 임용할 수 있다. 이때 인사교류 경력이나 경찰행정 발전에 기여한 공이 큰 경우에는 근속기간을 단축할 수 있다.

근속승진 임용조건은 다음과 같다.

① 순경 → 경장: 4년 이상 근속

② 경장 → 경사: 5년 이상 근속

③ 경사 → 경위: 6년 6개월 이상 근속

④ 경위 → 경감: 8년 이상 근속

근속승진 한 경찰공무원이 근무하는 동안에는 해당 직급의 정원이 별도로 존재하는 것으로 간주하며, 종전 직급의 정원은 줄어든 것으로 본다.[32)]

근속승진제도는 경찰공무원의 승진을 위한 최소근무연수를 기준으로 하여 계산된다. 특정 조건을 만족하는 경우 근속승진기간을 단축할 수 있으며, 그 조건은 다음과 같다.

첫째, 인사교류기간 중에 있거나 인사교류 경력이 있는 경찰공무원은 해당 기간의 절반만큼 근속승진 기간을 단축한다.

둘째, 주요 업무수행실적이 우수하거나 적극적인 행정을 수행한 경찰공무원은 1년 단축한다.

또한, 경감으로의 근속승진 임용은 연도별로 해당 기관의 근속승진 대상자 중 50%를 초과할 수 없다. 임용권자는 근속승진 임용 20일 전까지 대상자 및 예정인원을 보고해야 하며, 필요 시 승진대상자 명부를 작성할 수 있다. 기타 근속승진 방법 및 인사운영에 필요한 사항은 경찰청장이 정한다.

(3) 근속승진대상자 명부

근속승진대상자 명부는 경위 이하 계급의 경찰관을 대상으로 작성되며, 승진에 필요한 요건을 갖춘 경찰관들의 근무성적과 경력점수를 기준으로 한다.

경장, 경사는 최근 2년간의 근무성적 평정점을 기준으로 작성한다. 경위는 최근 3년간의 근

32) 경찰공무원법[시행 2024.8.14.][법률 제20267호, 2024.2.13., 일부개정] 제16조.

무성적 평정점을 기준으로 작성한다. 경감은 근무성적 평정점(50%)과 경력평정점(50%)을 합산하여 작성하며, 각각의 평정점수는 최근 1년, 2년, 3년의 성적에 따라 가중치를 달리 부여해 계산된다.

명부작성 기준일은 경위 이하의 경우 매월 1일, 경감은 매년 12월 31일이다. 동점자의 경우, 근무성적, 경력 점수, 경위계급 근무기간을 기준으로 선순위를 결정한다.

(4) 승진임용 대상 및 시기

경장, 경사, 경위의 근속승진임용 대상자는 근속승진 대상자 명부에서 각각 최근 2년 및 3년간 근무성적 평정점 평균이 37.5점 이상인 사람으로 한다. 경감의 근속승진 인원은 관련 규정을 따르며,[33] 경찰청장은 소속기관별 상황에 따라 승진예정인원을 조정할 수 있다. 근속승진 임용시기는 경장, 경사, 경위는 매월 1일, 경감은 매년 1월 1일과 7월 1일로 한다.

---

33) 경찰공무원 승진임용규정 제26조(근속승진) ③ 제2항 2호에 따라 근속승진 기간을 단축하는 경찰공무원의 인원수는 인사혁신처장이 제한할 수 있다.

제3절

경찰공무원 승진제도의 문제점과 개선방안

01. 문제점

1) 일반적 문제점

(1) 승진의 어려움

경찰공무원의 사기는 물질적 보상, 복리후행, 근무시간, 승진제도, 신분보장 등 여러 요인에 의해 영향을 받는다. 이 중 승진은 대부분의 경찰부서에서 기회가 제한되어 있으며, 감독자와 상급자의 직위 수가 적어 하위계급 경찰관의 사기를 저하시킬 수 있다. 이러한 환경은 하위 계급 경찰관들이 위축되게 만들며, 결과적으로 사기에 부정적인 영향을 미친다.

승진의 어려움은 경찰관들의 사기 저하에 큰 영향을 미친다. 특히, 인사적체로 인한 승진의 어려움은 사기 저하의 주요 원인이다.

(2) 느린 승진속도

경찰공무원의 평균 승진소요연수는 일반직 공무원보다 길며, 승진 적체현상이 두드러진다. 특히, 순경에서 경장으로의 승진속도와 경감으로의 승진속도가 느린 것으로 나타났다.

고급 간부급 경찰공무원의 승진속도는 일반직 공무원보다 약간 빠르지만, 초급 간부와 비간부급 경찰공무원의 승진속도는 상대적으로 느리다. 이를 해결하기 위해 승진연한 단축과

〈표 6-12〉 **공무원별 평균 승진소요연수**[34)]

직급 간 이동	평균 재직연수(2021년 기준)
9급 → 8급	약 3년 0개월
8급 → 7급	약 5년 10개월
7급 → 6급	약 8년 0개월
6급 → 5급	약 9년 0개월
5급 → 4급	약 9년 3개월
4급 → 3급	약 10년 4개월
3급 → 고위공무원단	약 2년 11개월

〈표 6-13〉 **경찰공무원별 실제 평균 승진소요연수**[35)]

계급 구간	승진소요 최저 근무연수	실제 평균 승진 소요 연수
순경 → 경장	1년	약 5년(누적 시작)
경장 → 경사	1년	경사까지 누적 약 6.8년
경사 → 경위	2년	경위까지 누적 약 11.8년
경위 → 경감	3년	경감까지 누적 약 19.7년
경감 → 경정(5급)	3년	경정까지 누적 약 28.2년
경정 → 총경(4급)	3년	총경까지 누적 약 35.1년

승진심사권 위임 등의 개선조치가 시행되었으나, 여전히 승진속도 문제는 해결되지 않았다.

승진이 경찰공무원의 사기 저하에 큰 영향을 미치는 주된 원인은 승진과정이 불공정하고 비합리적으로 운영되며, 일반직 공무원에 비해 승진속도가 느리기 때문이다.

경찰공무원의 승진시기가 불규칙하거나 승진이 실시되지 않는 경우 구성원들은 계획적으로 행동하기 어렵고, 승진을 체념하게 만드는 요인으로 작용한다.

34) 인사혁신처, 2024년 국가공무원 인사통계(직전계급 재직연수) 참조.

35) 이종수, 경찰인력의 직급별 구성체계에 대한 관리적 합리성 분석, 治安論叢 第23輯, 치안정책연구소, 2007; 이상수, 경찰 계급별 인력구조의 중장기적 개선방안: 정원산정 진단기법 적용을 중심으로, 치안정책연구소, 2010 참조.

2) 승진심사기준의 문제점

먼저, 승진심사기준 중 가장 불합리하게 운영되는 것은 '지휘관 추천' 점수이다. '지휘관 추천' 항목은 승진후보자 소속기관의 장이 일정한 점수를 부여할 수 있도록 한 것이다. 이것은 객관적인 기준이 있는 것이 아니라 다분히 주관적인 것이므로 학연·지연 등 정실적인 요인으로 작용할 가능성이 많다는 것이다.

그 다음 문제점으로써 '경험한 직책'을 지적할 수 있다. 승진심사의 2단계에서 승진기준 가운데 경험한 직책에 대한 평가기준의 문제점은 다음과 같다.

첫째, 자신이 마음대로 원하는 보직을 맡을 수도 없는 현실에서 보직관리를 위한 잡음이 생길 가능성이 있다.

둘째, 보직의 효율적 관리를 위한 제도상의 보장수단이 결여되어 있다. 가령 순환보직의 원칙이 있으나 지켜지지 않고 인사권자의 자의적인 인사가 이루어질 수 있다. 이러한 변칙적 운영은 이를 통제하고 효율적인 관리를 보장하는 제도상의 뒷받침이 없기 때문이다. 또한 특정인에게 혜택을 주기 위한 정실 운용이 되는 경우도 있고, 징계의 비합법적인 수단으로써 승진에 불리한 부서에 전보시키는 경우도 있다.

다음은 '적성' 평가기준이다. '적성'의 평가는 국가관·청렴도·조직발전기여도·인품·능력 등이 평가의 내용이다. 과연 승진심사위원들이 승진후보자의 이러한 측면들을 객관적으로 평가할 수 있겠는가에 대하여 의문이 있다. 왜냐하면 승진 심사위원들이 승진대상자를 평소 잘 파악할 수 있는 기회가 적었기 때문이다. 따라서, 평가 자체가 형식적이고 정실적인 요소에 치우칠 수밖에 없을 것이다.

다음은 '근무성적'이다. 근무성적평정의 문제점은 공정성과 신뢰성을 상실하여 근무성적평정에 대하여 경찰관들은 신뢰성을 갖고 있지 않다. 그럼에도 불구하고 이 항목에 가장 많은 점수가 부여되어 있다. 이 문제는 근무성적 평정제도 자체로부터 비롯된 것이기 때문에 현행 근무성적 평정제도에 대한 검토가 필요하다.[36]

---

36) 최종술, 전게논문, 2000 참조.

3) 승진대상자 결정의 문제점

승진대상자의 결정은 승진방법과 승진기준에 의하여 이루어지지만, 실제로 승진대상자를 결정하는 외적인 요인들이 작용하고 있다. 승진과정이 공정해야 한다는 것은 조직의 최고 선으로 인식하고 있다. 그런데 승진대상자의 결정이 청탁・연고 등의 정실이나 실적과 관계없는 다른 요소에 의해 결정되는 것으로 인식되고 있다.

대부분의 승진 탈락자들은 그 결과에 승복하지 않으려 하며, 결과적으로 승진대상자 결정의 신뢰도는 크게 떨어지게 된다.

이와 같이 승진이 불공정하고 불합리하게 운영되는 이유와 실제로 승진을 결정하는 요인이 무엇인가에 대한 실증적인 연구조사 결과들을 보면,[37] 승진의 실제 결정요인으로서 금력이나 정실관계(학연・지연)가 가장 높은 비중을 차지하고 있다.

실제로 승진과정에서 금력이나 정실관계가 어느 정도 영향을 미치고 있는가를 파악하기는 불가능하다. 특히, 일정한 기준에 따라 영향력의 정도를 객관적으로 파악하는 것은 어려운 문제이다. 단지 개인적인 느낌이나 승진탈락자가 느끼는 다분히 감정적인 기분에 많이 좌우될 것이다. 다시 말하면 자신의 승진 자격이나 능력은 고려하지 않은 채, 승진의 탈락에 대한 실망감으로 말미암아 타당한 근거도 없이 심정적으로 불만을 토로하는 경우도 있을 것이며, 이러한 불만에는 승진이 불공정하다고 한다던가, 승진이 금력이나 정실에 좌우된다던가 하는 것으로 생각될 수 있다.

이와 같은 결과는 인사권이 공정하게 행사되지 않고 있다는 사실을 말하는 것이며, 또한 인사가 특정인에 대한 호의적인 결정을 하게 되면 적지 않은 반대급부 또는 상납이 이루어지는 것이라고 생각한다는 것이다. 물론 이것은 사실에 근거한 것이 아니라 막연히 심증만으로 느끼는 것일 수도 있다. 그러나 승진인사가 보다 공정하게 합리적으로 이루어졌다면 이러한 오해를 불식시킬 수 있었을 것이다.

---

37) 총무처, 민생치안지원을 위한 실태조사보고서, 1990; 한국생선성본부, 치안실태조사와 대책: 민생치안 확립방안 연구보고서, 1991; 한국개발연구원, 2000년대 경찰행정발전방안, 1992 참조.

02. 개선방안

1) 계급별 승진체계의 재정립

(1) 필요성

경찰공무원의 계급별 승진체계를 재정립하는 문제는 현재 경찰조직의 인력구조와 밀접한 관련이 있다. 경찰의 계급구조는 다른 정부 부처와 비교할 때 경위·경감 등 초급간부 계급과 중간관리자인 경정 계급이 상대적으로 부족한 불균형 구조를 보이고 있다. 이러한 구조는 조직 내 승진 적체와 인력 운용의 비효율성을 초래하며, 장기적으로는 조직 발전에도 부정적인 영향을 미칠 수 있다.

(2) 경찰인력구조의 문제점

경찰청 통계에 따르면, 경위 이하 계급이 전체 경찰인력의 약 88.8%를 차지하고 있으며, 이는 전형적인 피라미드형 구조를 보여준다. 이러한 구조는 하위직의 비중이 지나치게 높고, 중간 및 고위직으로의 승진이 매우 제한적이라는 점에서 승진적체 문제를 더욱 심화시키고 있다. 상위직 비율의 부족은 조직관리와 인력운용의 어려움을 초래하며, 우수인재의 확보와 유지에도 부정적인 영향을 미친다.[38)]

〈표 6-14〉 **경찰의 계급별 인력구성**

총계	치안총감	치안정감	치안감	경무관	총경	경정	경감	경위	경사	경장	순경
131,158	1	7	30	83	686	3,210	10,952	17,439	28,752	31,400	38,598

자료: 경찰청, 경찰통계자료, 2024.

38) 한국개발연구원, "경찰예산제도의 개선방안: 경찰예산규모의 적정화와 운용의 효율화," 1994, p. 89.

(3) 기본 방향

경찰의 승진제도는 단순한 직위 상승만이 아니라 조직의 목표 달성과 구성원의 성장욕구 충족, 지속적인 자기개발 및 동기부여와도 연계되어야 한다. 경정 이하 하위직 승진은 경찰관이 직업공무원으로서 자부심과 사명감을 가지고 업무에 임할 수 있도록 자기개발 중심의 체계를 갖추어야 한다. 반면, 총경 이상의 상위직 승진은 관리자 양성이라는 목적 하에 업무수행능력, 문제해결능력, 조직관리능력 등을 평가기준으로 삼아야 한다.

(4) 운영의 개선방안

하위직 승진은 점진적이고 체계적으로 이루어져야 하며, 공정하고 예측 가능한 인사제도를 통해 조직 분위기를 쇄신해야 한다. 특히, 상위직 승진은 인사청탁이나 불공정한 인사관행을 철폐하고, 능력과 자질을 갖춘 인재가 승진하는 조직문화가 정착되어야 한다. 이를 위해 전반적인 승진체계를 재정립하고, 승진관리의 합리성을 확보해야 한다.

(5) 계급별 승진체계의 개선방안

첫째, 현재의 계급 불균형을 해소하기 위해 경감과 경정 계급의 인력비율을 확대하는 방안이 필요하다. 경위·경감급 초급간부의 승진은 심사승진, 시험승진, 특별승진, 근속승진을 병행 적용하는 방식으로 체계를 재정립해야 한다. 한편, 경정과 총경으로의 승진은 심사승진과 시험승진을 통합한 복합형 승진 방식으로 운영하여 공정성과 효율성을 제고해야 한다. 이는 하위직 인사적체 해소에도 기여할 것이다.

둘째, 경감급 이하의 신분보장과 근속승진 확대이다. 경감급까지의 신분을 일정 부분 보장함으로써 승진 경쟁으로 인한 내부 갈등 등 불안감을 해소할 필요가 있다. 다만, 경감급 인력의 증가로 인한 인사적체 문제는 근속승진에 필요한 근무연수를 조정함으로써 해결할 수 있다. 또한 경사 이하 하위직에 대해서 사기진작, 공무원으로서의 신분보장, 타 공무원과의 형평성 확보를 위해 근속승진 확대가 필요하다. 다만, 상위직 계급의 과도한 확대는 또 다른 조직 불균형을 야기할 수 있으므로 신중한 접근이 요구된다.

2) 부서별 인력배분의 개선

경찰은 전반적으로 인력부족을 경험하고 있다. 특히, 인력부족의 상당부분은 형사, 수사, 교통, 지구대·파출소 등 민생치안 분야에서 발생하므로 이 분야의 경찰인력 증원이 요청된다. 더구나 경비·정보·보안 분야에 비해 형사·교통·수사·생활안전 분야의 인력이 부족하다는 것은 경찰조직 전체의 효율성이나 시대에 부응하는 경찰상의 장애가 된다.

이와 같이 특정 부서의 인력부족이 생겨나는 것은 부서별로 승진기회가 불공평하고, 부서별로 취급하는 업무량이 달라서 적정인력에 못 미치기 때문이다.

승진에서 공정한 대우를 받지 못할 경우 직무에 만족하지 않고 기피현상이 생겨날 수 있다. 따라서, 승진에 유리하거나 불리하다는 부서의 우려에 대한 인식을 불식시킬 수 있도록 승진에서 이러한 고려가 반영되어야 한다.

3) 근무성적평정의 다원화

평정을 보다 정확하게 하고 그 결과의 활용을 효율적으로 하려면 근무성적평정을 목적별·계급별·직무분야별로 평정방법과 평정요소 등을 다원화시켜 나가야 한다.

근무성적평정을 목적·계급·직무 분야별로 다양하게 하는 것이 어렵다면 차선책으로 평정요소에 대한 가중치라도 다르게 하여 점진적 개선을 도모하는 것도 바람직하다.

현행 경찰공무원 근무성적 평정제도는 경정 이하와 총경의 근무성적평정으로 구분되어 동일한 평정요소에 동일한 평가가 이루어지고, 경정 이하도 마찬가지로 직무분야의 특성이나 근무성적평정의 목적 등에 관계없이 획일적인 평가가 이루어진다.

근무성적평정의 용도를 다양화하여 그 목적별로 적절한 근무성적평정이 이루어져야 할 것이며, 또한 직무의 특성에 따라 평정요소가 달라야 하겠지만, 그것이 어렵다면 각 평정요소에 대해서 가중치를 두고 비중을 다르게 하여 평정하는 것이 바람직하다.[39]

또한 부서별로 평정요소를 차별화해야 한다. 우선 순환보직제를 공정하고 엄격하게 활용한 후 각각의 적성과 희망에 따른 부서를 선택하게 하고, 다른 부서와 승진 상의 균형을 도모해야 한다. 승진기회의 불공평은 경찰관의 전문화를 저해하는 원인이다. 따라서, 부서별로 균형

39) 최종술, 전게논문, pp. 172～177.

을 맞출 수 있는 평정요소를 개발하거나 그것이 복잡하면 민생치안부서에 대한 승진 상의 가중치를 두어야 한다.

4) 모의연습식 시험의 심사방법 도입

중간관리자 이상의 승진방법에 있어서 특별한 심사방법을 활용하는 것이 필요하다. 실제로 미국에서는 임상적 성향을 지닌 모의연습식 시험(assessment center)을 사용한다. 개인의 관리적인 잠재력을 필기시험이나 평정기록이 담긴 서류 또는 구두면접을 통해서 측정한다는 것은 불합리하기 때문에 많은 미국 경찰기관들은 승진대상을 선정하는 심사방법으로서 모의연습식 시험을 활용한다.[40]

이러한 심사방법의 실시는 경찰체제 내로 외부환경으로부터의 투입을 확대하는 방법이며, 승진 기준을 공정하고 민주적이며 합리적으로 운용할 수 있는 대안이기도 하다.

복합시험 또는 모의연습식 시험은 꾸며진 또는 의제된(simulated) 직무상황과 모의직무 상황에 대응하는 응시자의 능력을 평가하기 위해 여러 시험기법을 복합적으로 사용하는 시험절차로써 임상적 성향을 지닌 것이다. 미리 정한 행태적 국면들과 관련하여 일단의 응시자들을 평가하기 위해 복수의 관찰기법을 쓰는 절차라고 설명되기도 한다.

복합시험의 영어 명칭에 Center라는 말이 들어 있지만, Assessment Center라는 개념은 시험절차 또는 시험방법으로 정의된다. 이 방법이 출범할 때 사람들이 일정한 장소에 모여 이 시험을 치르게 했기 때문에 Center라는 말이 들어간 것이다.[41]

한편, 모의연습식 시험을 '시험' 또는 '심사의 절차'로 보는 것이 아니라 특정한 기구로 해석하여 '평가기구'로 보는 견해가 있다. 이러한 기구의 설치가 과거의 전통적인 체제 내의 단일요소에 의한 근무성적 평정방법이 가질 수 있는 자연발생적인 결점을 해소할 수 있다고 한다.[42]

경찰에서 모의연습식 시험에 의한 접근법은 각기 다른 유형의 모의 직무와 함께 심리학적 시험과 면접의 사용을 포함한 다양한 측정전략을 사용한다. 모의직무의 일반적인 형태는 관

---

40) Roy R. Roberg & Jack Kuykendall, *Police & Society*, California: Wadsworth Publishing Co., 1993, pp. 302~303.

41) 오석홍, 전게서, p. 219; Felix A. Nigro & Lloyd G. Nigro, *op cit.*, p. 151; Gilbert B. Siegel & Robert C. Myrtle, *op cit.*, p. 186.

42) 이황우, 전게서, 2003 참조.

리임무와 모의면접을 포함한다. 면접에는 집단토의와 사실 발견훈련 그리고 구두소개 등이 함께 한다.

승진후보자들의 행동은 훈련받은 평정자들에 의해 평가되며, 평정자들은 전반적인 평가에 대해서 합의를 도출한다. 이 방법의 주요장점[43]은 가상적인 환경 속에서 모든 후보자를 평가하는 데 있다. 그래서 그 절차는 직무와 연관되기도 하는 것이다.

우리나라 경찰의 경우 이러한 모의연습식 시험을 활용하는 것이 유용하게 쓰일 수도 있다. 특히, 중간관리자급에 해당하는 경정 이상의 계급에서 다각적인 승진방법이 필요하다. 이러한 시험방식은 비용이 많이 들고 시간도 오래 걸리는 방법으로 전 경찰간부에게 시행할 수는 없을 것이다.

우선적으로 특정 지역 또는 특정 기능별로 사전 실험을 실시하고, 점차적으로 확대하는 것이 바람직할 것이다. 만일 이러한 측정방법이 조직구성원 사이에 공정하고 합리적이라면 승진적체로 인한 사기저하보다는 스스로의 능력을 객관적으로 인정하게 되는 계기가 될 수 있다.

43) Roy R. Roberg & Jack Kuykendall, *op cit.*, pp. 302~303.

제7장

경찰공무원의 보직공모제도

제1절

보직공모제의 이론적 고찰

01. 보직공모제의 의의

'직위공모' 또는 '보직공모'[1]라 함은 소속장관이 특정 직위에 대하여 결원을 보충하거나 또는 보직을 부여함에 있어서 우수인재의 유입 등이 필요하다고 판단되는 경우에 당해 기관이나 다른 행정기관의 소속 공무원을 대상으로 해당직위의 직무수행요건 등에 맞는 적격자를 널리 공개 모집하여 충원하는 일련의 절차를 말한다.

보직공모제는 전문성·공정성이 특히 요구되는 직위에 대하여 사전에 직무수행요건 등을 설정하고, 적격자를 보직하기 위한 것이다. 이는 직무와 성과 중심의 인사제도를 시행함으로써 전문역량을 높이고, 책임성이 강화된다. 또한 적합한 인사운영을 통하여 능력과 실적이 우수한 공무원이 우대받는 인사 관행과 분위기를 조성하기 위한 것이다.

2003년 3월 경찰은 경찰청과 각 지방경찰청에서는 보직공모제를 도입하여 처음으로 시행하였다. 이 제도는 본청 및 시·도경찰청 단위에서 보직 이동이 이루어지는 형태로서, 특정 직위의 결원 충원 및 보직부여 시 공무원들에게 공개모집을 통해 적합한 인재를 선발하였다.

---

1) 보직공모제와 직위공모제는 용어상 구별되는 개념이다. 먼저, 경찰공무원의 분류 기준은 계급제와 경과이며, 일반공무원의 경우는 직위분류제로 분류되고 있다. 따라서, 경찰공무원의 경우 직위라는 용어보다는 보직이라는 용어가 타당하다. 반면 직위분류제를 기초로 하는 일반공무원의 경우는 보직이라는 용어보다는 직위라는 용어가 타당하다. 결론적으로 말하면 직위든 보직이든 직무를 수행하는 단위로서의 직책을 의미하지만, 분류기준이 계급제인 경우는 보직공모제이고, 직위분류제인 경우에는 직위공모제라는 용어를 사용해야 한다.

보직공모제는 직무수행 요건에 맞는 인재를 공개모집하고, 경과에 적합하게 보직을 배치하는 방식으로 진행된다. 이는 직위의 중요도와 소속 경찰공무원의 경력, 실적을 고려하여 보직을 결정하는 절차를 포함한다.

한편, 이와 유사한 인사제도로서 개방형 직위제도는 개방형 직위로 지정된 특정직위에 결원이 생길 경우 내부승진이나 전보를 통해 공직 내부의 공무원만이 해당 직위를 점하는 것이 아니라 공직 내외를 불문한 공개모집과 공개경쟁시험을 통해 해당 직위에 가장 적합한 인물을 채용하는 것을 의미한다.

02. 보직공모제의 목적과 내용

1) 목적

보직공모제를 실시하는 목적은 일반적으로 다음과 같다.[2)]

(1) 공정하고 투명한 인사행정 구현

보직공모제는 보직 발령을 함에 있어서 연공서열이나 정실인사를 배제하고 다면화된 객관적 역량평가 결과를 보직인사에 반영하고자 대상보직을 공모하여 적정절차에 따라 보직을 부여하는 제도이다. 따라서, 공정하고 투명한 인사관리를 그 목적으로 한다.

(2) 능력 위주의 적재적소 배치

공모보직에 대한 적합성 여부를 부하 · 동료 · 상급자 등에 의한 다면평가를 실시하여 그 적격성을 평가하고, 이것을 토대로 보직을 부여한다. 따라서, 능력에 대한 다각도의 평가를 통하여 능력위주의 적재적소 배치를 그 목적으로 한다.

2) P.D. Epstein, "Measuring the Performance of public Services," in M. Holzer(ed.), *Public Productivity Handbook*, New York: Dekker, 1992, pp. 67~89; 오성호, "공무원의 능력발전 진흥방안," 한국행정학보, 제31권, 제4호, 1997 참조.

(3) 전문성과 효율성 제고

공모보직에 대한 적격성을 평가함에 있어서 평가대상자의 전문성을 중요한 평가요소로 선정하고, 이를 기초로 임명에 대한 적격성을 판단하게 한다. 따라서, 경찰공무원의 전문성을 제고할 수 있으며, 조직 전체의 효율성을 향상시키는 데 그 목적이 있다.

(4) 조직경쟁력 강화

능력 위주의 평가 그리고 공개적인 보직공모제도는 조직구성원의 경쟁력을 강화하는 데 기여한다. 침체된 조직분위기를 쇄신하고, 조직에 활력을 불어 넣는 효과를 가져 온다.

2) 내용

(1) 공모직위 선정기준

공모직위의 선정은 직위 공모에 관한 방법・절차에 따라 임용이 이루어진다. 일반적으로 다음과 같은 기준에 따라 공모직위를 선정하도록 하고 있다.

첫째, 당해 직위의 직무수행요건 등이 다른 행정기관의 직위와 동일하거나 유사하여 다른 행정기관 소속 공무원으로도 당해업무를 수행할 수 있다고 판단되는 경우이다.

둘째, 업무를 수행함에 있어 다른 행정기관의 지속적인 협조나 장기적인 지원이 필요한 경우이다.

셋째, 다른 행정기관의 공무원과 인적 교류를 원활히 함으로써 인적자원의 수준을 높이기 위하여 필요한 경우이다.

넷째, 당해 직위로의 승진임용 시 후보자가 당해 기관 안에는 1인밖에 없는 경우이다.

다섯째, 기타 소속기관이 당해 직위에 직위 공모를 통하여 충원할 필요가 있다고 인정하는 경우이다.

(2) 적용범위 및 직위 공모 대상기관

적용범위와 직위 공모 대상기관은 직위 공모를 함에 있어서는 당해 직위의 업무성격・특성 등 관련성을 고려하여 일부 행정기관의 소속 공무원을 대상으로 하거나 또는 모든 행정기관의 소속 공무원을 대상으로 실시한다.

소속 장관이 필요하다고 인정하는 경우, 우선 당해 기관의 소속 공무원만을 대상으로 직위 공모를 실시할 수 있다. 경찰공무원의 보직공모제는 당해 경찰기관 내부의 소속 경찰공무원만을 대상으로 실시한다.

(3) 대상자 선발 및 임용

직위 공모에 지원한 공무원 중 적격자를 선발하기 위하여 전문지식과 경험이 풍부한 민간위원으로 선발심사위원회를 구성한다. 선발심사위원회의 구성・운영 등에 관하여 필요한 사항을 정하고, 승진심사위원회가 업무를 수행한다.

선발심사위원회는 직위 공모에 지원한 자 중에서 임용예정 직위별로 임용후보자를 선발하여 소속 장관에게 추천하고, 소속 장관은 불가피한 사유가 있는 경우를 제외하고 추천된 임용후보자 중에서 최종 적격자를 선정하여 임용 또는 임용 제청한다.

03. 우리나라 보직공모제의 절차와 구성요소

1) 절차

먼저, 보직공모제도는 보통 3단계 보직심사제의 절차로 이루어진다.

[그림 7-1] **공모절차**

1단계 공모직위 공고	2단계 응모(추천) 및 자격심사	3단계 선발심사위원회
• 대상직위 및 직무 수행요건 등 공고 • 공문 하달	• 자기내신 또는 제3자의 추천 • 응모・추천자 취합(인사계) • 응모자격 여부 확인 • 감찰의견 수렴 후 심사 회부	• 차장・총경급과장・서장 • 직무수행요건 및 공모평가표 점수 등을 고려하여 심사 후 최종 선발

(1) 1단계

먼저, 공모직위를 공고한다. 공고는 인터넷을 통하거나 공문으로서 하달된다. 공고내용은 공모직위의 주요 직무내용과 직무수행요건이며, 직무수행요건은 필수요건과 우대요건으로 구분된다.

직위 공모를 할 경우 다음 사항을 공고하거나 게시하여야 한다.

① 공모할 직위의 직무내용에 대한 구체적인 설명

② 직무수행에 필요한 능력 · 기술 및 경력 등 직무수행요건

③ 임용시기 등 임용에 필요한 사항

보다 많은 직원들이 보직공모에 참여할 수 있도록 임용요건만을 필수요건으로 하고, 경력 및 기타 내용은 우대요건으로 한다.

(2) 2단계

2단계는 응모(추천) 및 자격심사의 단계이다. 응모방법은 자기 내신 또는 제3자의 추천에 의한다. 즉, 본인이 직접 신청하거나 해당 기능의 상사 · 동료 · 직원 등 제3자의 추천에 의한 방법이 있다.

응모자 및 추천자에 대한 취합은 인사부서에서 한다. 자격심사인 제1차 심사는 서류심사이고, 서류심사 후 해당 기능부서에 통보하며, 해당 부서의 자체기준에 의한 심사가 이루어진다.

응모 자격심사 및 추천심사는 공모대상 보직별 직무수행요건 중 필수요건 심사는 인사과 또는 해당 기능부서에서 한다.[3] 심사 후 선발심사위원회에 최소 2배수 이상을 추천한다.

그러나 2단계에서 기능별 추천위원회를 구성하기도 한다. 즉, 기능별 추천위원회를 상사 · 동료 · 하급자로 편성하여 대상자 전원에 대한 면접을 실시한다. 해당 기능에 대한 적격성 여부를 심사하여 순위를 결정할 수 있다. 해당 기능부서의 구성원이 중심이 된 다면평가를 실시한다.

---

3) 경찰청 보직공모제의 경우 총경은 인사부서에서 심사하고, 경정은 해당국 · 관에서 심사한 후 선발심사위원회에서 최소 2배수 이상을 추천한다.

(3) 3단계

3단계는 최종 선발절차이다. 먼저, 선발심사위원회를 개최하는데, 주관부서는 인사과와 해당 기능부서에서 한다. 예를 들면, 경찰청 총경급 보직공모제의 경우 경찰청 차장이 위원장이 되고, 경정의 경우는 해당국·관이 된다.

심사방법은 심사기준에 따라 이루어진다. 심사기준으로서 업무수행능력과 전문성 및 업무계획의 창의성 등이 있다. 심사방법은 개인별 평가항목의 총득점 최상위자를 선발하는데, 대상자를 출석시켜 업무계획 등에 대하여 개인별 면접을 실시할 수 있다.

특히, 선발심사위원회의 위원장은 기존 보직자들과의 출신지역 및 임용구분 안배를 고려하여 선발하도록 하고, 기능에 따라 외부 전문인사를 참여하도록 하여 심사를 실시할 수 있다. 다만, 대상자를 해당국에서 선발할 경우 선발된 자의 후임은 차하위순위자로 선정할 수 있다. 인사발령은 보직이동 또는 상위직 승진 시 선발대상자를 발령한다.

2) 구성요소

이와 같은 보직공모제의 절차를 구성요소별로 구분하여 살펴보면 [그림 7-2]와 같다.

[그림 7-2] **보직공모제의 절차와 구성요소**

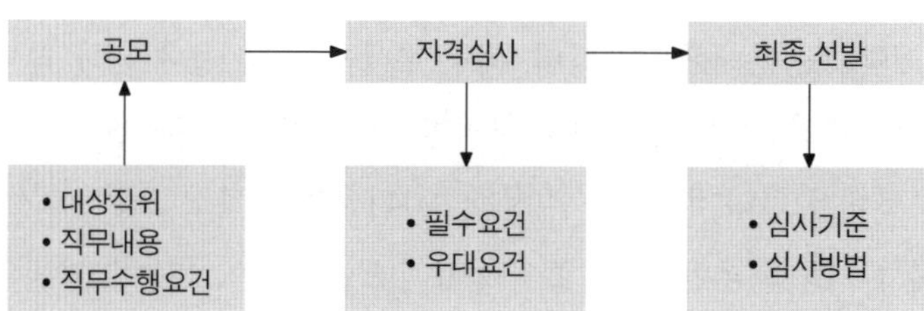

(1) 공모대상 직위

보직공모제의 대상직위는 경찰청(이하 본청)의 과장급·계장급 그리고 시·도경찰청의 과장급·계장급 보직을 대상으로 한다. 총경·경정·경감·경위급이 대상이다. 비간부급, 즉 경사·경장·순경계급에서는 보직공모제를 실시하지 않고 있다.

(2) 직무내용과 직무수행요건

직무내용은 보직공모직위의 직무내용을 말한다. 공모대상 직위가 무엇인가에 따라 직무내용이 다르다.

직무수행요건은 해당 직위의 직무를 수행하는 데 있어서 가장 적합한 조건을 말한다. 이 요건은 크게 필수요건과 우대요건으로 구분되어 있다. 필수요건은 반드시 충족되어야 하는 요건으로서 직위에 해당하는 계급이나 경력 등이 있고, 우대요건은 필수사항은 아니지만 심사과정에서 가산점이 부가되는 요건들이다.

(3) 자격심사

자격심사는 자기 내신 또는 제3자에 의한 추천을 통하여 응모한 지원자에 대한 자격요건을 심사하는 것이다. 자격심사는 주로 인사부서와 해당 기능부서에서 이루어진다. 자격심사는 직무수행요건에 대한 심사로서 필수요건과 우대요건으로 구분된다. 필수요건은 임용대상자로서의 자격요건이다. 예를 들면, 본청 과장급의 경우 임용조건이 총경급이며, 계장급의 경우는 경정급이다. 따라서, 필수요건은 일정한 보직의 임용기준에 따른 심사이다.

우대요건은 해당 기능부서에서 자체적으로 정하여진 자격요건이다. 즉, 해당 직위의 직무를 수행하는 데 보다 적합한 요건들을 제시한 것이다.

한편, 자격심사 시 해당 기능부서의 구성원으로 이루어진 다면평가단을 구성할 수 있다. 즉, 해당기능별 추천위원회를 구성하여 자격심사를 하는 것이다. 기능별 추천위원회 구성 및 평가절차는 해당 기능의 특성에 따라 결정되어야 한다.

(4) 심사기준

최종 선발을 위한 심사기준은 선발심사위원회에서 자격요건심사를 통하여 추천된 2배수의 선발자를 심사하기 위한 기준이다. 예를 들면, 본청의 심사기준으로서는 업무수행능력 · 전문성 · 개혁성 · 추진력 · 청렴도 및 업무계획의 창의성 등이 있다. 시 · 도경찰청의 경우는 개혁성 · 도덕성 · 책임성 · 신뢰성 · 기획력 · 추진력 · 상황대응능력 · 조직관리능력 · 창의력 · 전문능력 등이 있다.

(5) 심사방법

최종 선발을 위한 심사방법은 제시된 심사기준에 따라 심사가 이루어진다. 심사위원은 개인별 평가항목에 평가하고, 이를 개인별로 합산하여 총득점 최상위자를 선발한다.

심사과정에서 평가대상자를 출석시켜 업무계획 등에 대하여 개인별 면접을 실시하여 평가에 반영할 수 있다.

심사방법에 있어서 다면평가방식을 시행할 수 있다. 다면평가단의 구성방식은 여러 가지 형태로 구성될 수 있다. 그 구성은 크게 부하직원평가단 · 동료직원평가단 · 상급자평가단으로 분류된다.

먼저, 부하직원평가단은 평가대상자보다 하위직급에 속하는 직원으로서 평가대상자와 같이 근무한 경험이 있는 직원 또는 보직상 공모대상 직위의 부하직원으로 구성된다. 동료직원 평가단은 평가대상자와 동일한 계급에 속하는 직원이거나 동일한 계급으로 같이 근무한 경험이 있는 직원으로 구성된다. 상급자평가단은 평가대상자의 상급자였던 경험이 있거나 공모대상 보직의 상급직위에 있는 상급자로 구성된다.

따라서, 다면평가단의 구성형태는 부하직원평가단 · 동료직원평가단 · 상급자평가단이 적절하게 배분된 형태로 구성되어야 한다. 특히, 다면평가단의 구성인원과 보직심사위원회 구성은 해당 기능의 성격에 따라 검토되어야 한다.

[그림 7-3] **보직공모 및 다면평가의 체계도**

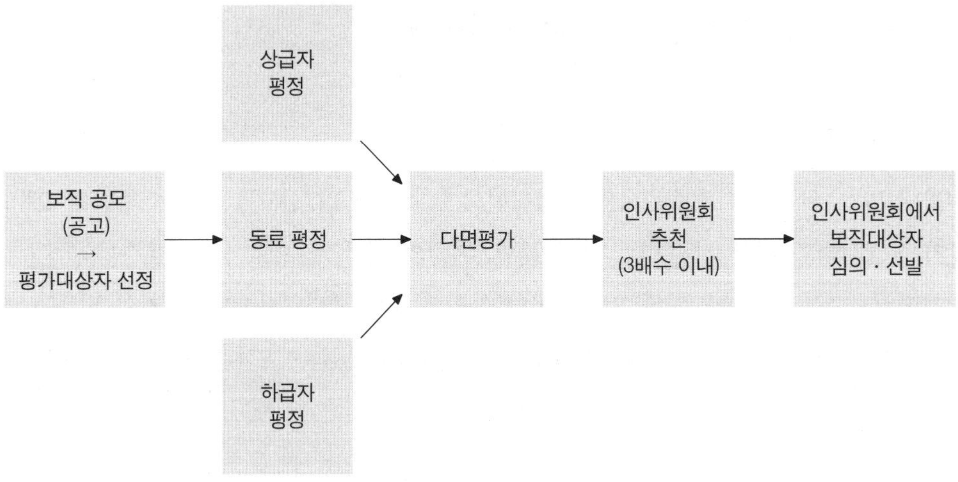

04. 외국의 제도

1) 미국의 SES제도

미국의 경우[4)] 정책결정기능을 강화하기 위해 1978년에 정무직 중 상원의 동의가 필요 없는 직위와 GS 16~18(실·국장급) 중 관리감독적 직위를 통합하여 고위공무원단(SES: Senior Executive Service)을 신설하였다. 1998년 12월 SES의 전체직위는 7,698개로서 크게 준사법적 업무와 교정·계약행정 등 정치적 중립성·공정성이 요구되어 경력직 공무원으로만 임명될 수 있는 경력필요 직위(career reserved position)와 그렇지 않은 일반적 직위(general position)로 나누어지며, 각각 50%씩 그 비율이 규정되었다.

SES 직위에 임명될 수 있는 공무원은 경력직 공무원, 비경력직 공무원, 임시직 공무원이 있는데, 비경력직과 임시직 공무원은 일반직위에만 임용 가능하며, 경력직 공무원의 경우 모든 SES 직위에 임용될 수 있다. 또한 SES 내 비경력직 공무원의 수는 전체 SES 공무원 수의 10%(기관별로는 25%), 임시직 공무원의 경우에는 5% 수준을 넘지 못하도록 하고 있다.

직군·직렬의 구분 없이 통합·관리되는 SES 공무원은 비경력직과 임시직의 경우 신분보장이 안 되며, 경력직의 경우에도 다른 일반직 공무원보다 신분보장이 약한 편이다. 이들은 근무성적평가결과 5년간 최하등급을 2회 받거나 3년간 하위 2개 등급을 2회 받을 경우 면직조치 된다.

SES 공무원의 보수는 기본적으로 매년 근무성적 평가결과를 기초로 하여 심사과정을 거쳐 6개 등급(ES Ⅰ~Ⅵ)에 따라 결정되며, 등급별로 동일한 기본급(basic pay)이 지급된다. 이와 함께 연간봉급액의 5~20%가 실적급(performance award)의 형태로 지급되고, 전체 SES 공무원의 1% 범위 내에서 2만 달러, 5% 범위 내에서 1만 달러씩 지급되는 상여금(presidential rank award)제도도 있다.

결론적으로 미국의 SES 공무원은 직위의 개방을 통하여 능력에 따라 언제든지 임명될 수 있는 여지를 두고 있으며, 많은 직위를 개방형 직위로 하고 있는 것이 특징이다. 따라서, 보직공모 지원의 자격을 경찰공무원에만 한정하고 있는 우리나라 경찰공무원 보직공모제와는 구별된다.

---

4) D. Farnham & S. Horton, *Managing People in the Public Services*, London: McMillan, 1992, pp. 129~138.

2) 영국의 SCS제도

영국 정부는 1996년 4월 SCS(Senior Civil Service)제도를 새롭게 도입하였다. 이는 SCS 공무원 상호간은 물론 정부 전체의 연계성·통합성·전문성을 제고하기 위한 것으로, 종전의 SOS(Senior Open Structure)를 확대하여 Grade 5 이상의 공무원(약 3,000명)의 직급을 폐지하고 하나의 관리계층집단으로 관리하는 제도이다.[5)]

공무원의 급여·근무조건 등 공무원 관리에 관한 전반적인 사항을 관장하는 공공 서비스실(OPS: Office of Public Service)은 직무특성 기준(core criteria)과 각 부처별 직무평가위원회가 산정한 직무평가요소(소속직원관리·책임성·판단력·영향력·전문성 등)를 기초로 개별직위에 대한 JESP(Job Evaluation for Senior Posts) 점수를 산출하고 있다.

JESP 점수는 SCS 직위를 선정하기 위한 기준으로 활용되며, SCS 직위가 되기 위해서는 JESP 총점이 최소한 7점 이상이어야 한다. 또한 OPS는 JESP 점수를 기준으로 고위관리직에 대한 근무평정을 실시하며, 급여수준도 결정하고 있다.[6)]

SCS 공무원의 임용절차는 공무원인사위원회의 채용규칙에 따라 각 부처별로 실시된다. 채용기간이 12개월 이내인 경우를 제외하고 반드시 공무원인사위원회의 승인을 거쳐야 하며, 각 부처는 SCS직위에 공석이 생길 경우 내부에서 임용할 것인지, 아니면 외부로부터 공개경쟁 방법에 의해 임용할 것인지 여부를 결정하고, 외부공개경쟁을 통해 임용할 경우에는 공무원인사위원회와 협의하여 참여방법 등 구체적인 선정방법을 정하게 된다.

SCS 공무원의 보수는 9개 등급(band)으로 나누어진 봉급표에 따라 지급된다. 각 직위별 등급은 JESP 점수에 따라 결정되며, 각 등급별 최고액과 최저액은 중첩되게 설계되어 보수지급의 유연성을 제고하고 있다. 또한 외부에서 채용할 경우 해당 직위의 등급최저액을 주는 것을 원칙으로 하되, 적격자 확보가 어려울 경우 등급의 최고액 범위 내에서 계약 당사자 간 합의에 의해 결정할 수 있다. 예외적으로 OPS의 승인을 얻으면 최고액 한도를 초과할 수 있도록 규정하고 있다.

결론적으로 영국의 SCS공무원 제도는 직위공모의 방식이 다양하다는 점에서 우리나라 경찰공무원의 보직공모제와는 구분된다. 즉, 공석이 된 직위를 공모하는 경우 지원자격이나 모집

---

5) R. Common, N. Flynn & E. Mellon., *Managing Public Services*, London: Butterworth, 1992, pp. 42~57.
6) *Ibid.*, pp. 57~68.

방식 등이 그 직위의 특성에 적합하게 이루어진다는 점이다. 지원자의 신분을 조직외부인 또는 조직 내부인으로 할 것인가, 공개채용으로 할 것인가, 아니면 제한경쟁으로 할 것인가는 그 직위의 특성에 따라 결정함으로써 융통성과 다양성을 지니고 있다. 이러한 측면에서 우리나라 경찰공무원의 보직 공모제도에 시사하는 바가 크다.

3) 호주의 SES제도

호주는 1984년에 고위공무원단(SES: Senior Executive Service)제도를 도입하였다. 고위공무원단은 고위급의 정책자문과 관리 및 전문적 책임을 수행하는 기존의 2급공무원집단(the public service second division)을 대체하는 것으로 좀 더 응집력 있는 고위관리층(a more unified and cohesive senior staff group)을 만들기 위한 목적에서 도입되었다.

또한 고위공무원단의 채용 방식에 있어서 기존에는 공직 내부에서의 승진·전보방식에 의해서만 충원하던 것을 수평임용(lateral appointments)이라 하여 채용공고를 통해 공직 외부에서도 전문가를 충원할 수 있도록 하였다. 결론적으로 호주의 SES 공무원제도는 미국의 것을 토대로 도입된 것이다.

4) 시사점

미국·영국·호주의 제도가 우리나라 경찰공무원 보직공모제도에 시사하는 바는 다음과 같다.

첫째, 직위공모의 방식이 다양하다. 획일적 공모방식이 아니라 직위의 성격과 직무의 특성에 따라 공개공모·특별공모·제한공모 등의 형태로 이루어진다. 또한 공모직위의 범위도 최대한 광범위하게 두고 있다.

둘째, 직위공모가 조직 내부에서만 이루어지는 것이 아니라 주로 조직의 외부로부터 채용에 기초하고 있다. 직무의 전문성을 보다 높이기 위해서 외부 전문가를 채용하는 것이 직위공모의 본래적 의미를 살리는 것이다. 그러나 조직 내부로부터의 채용으로 제한하는 것은 문제점으로 지적된다.

제2절

경찰공무원 보직공모제의 문제점과 개선방안

01. 문제점

1) 상급자의 결정권

보직 공모의 대상자를 선발하는 과정을 보면, 보통 3단계로 이루어지지만, 선정의 결정은 최종적으로 소속기관의 장 또는 직속기관의 상급자가 결정권을 가지고 있다. 동료 또는 하급자의 평가가 결정적으로 반영되는 것이 아니라, 단지 발령권자가 결정하는 과정에서 참고자료로서 활용되고 있다. 예를 들면, 하급자나 동료들은 어떤 지원자에게 지지와 찬성을 보이고 있지만, 상급자가 부정적인 입장을 보이게 되면 선정되지 못한다. 복수로 추천을 받는 경우 상급자가 최종적인 결정권자가 되고 있다.

따라서, 다면평가의 원래 취지를 살리고 직무수행능력을 분명히 검증하기 위해서 다면평가의 결과가 충분히 반영될 수 있도록 제도적 보완이 필요하다. 다면평가의 결과를 기초로 하고, 상급자는 평가과정의 공정성 등을 감독하는 역할이 되어야 한다. 그래서 선발과정의 객관성과 공정성을 확보할 수 있고, 결과에 대해서도 조직구성원의 지지를 받을 수 있다.

2) 동일한 지침의 미비

경찰공무원에 대한 보직공모제의 시행은 각 시·도경찰청별로 실시되었다. 그러나 각 시·도경찰청 단위로 각기 다른 규정과 지침이 마련되어 있다. 다면평가방식과 심사위원회의 구성 등에 있어서 차이가 있다. 또한 직무수행요건 등에 있어서 각 시·도경찰청별로 동일보직임에도 불구하고 자격요건이 다른 경우도 있다. 따라서, 자격요건과 절차 등에 관한 통일된 규정을 마련하여 보직공모의 선정과정을 투명화하고 제도를 체계화시키는 것이 필요하다.

3) 인기직위와 비인기직위의 서열화 현상

시·도경찰청별로 인사권자의 판단에 따라 대상직위를 선정하고 있다. 대상직위에 대한 응모자의 수가 현격한 차이가 있었다. 공모직위에 따른 응모자수의 격차는 주로 가장 선호하는 보직과 가장 회피하는 보직에 따른 차이이다.

소위 인기보직과 비인기보직이 구분되어 응모지원자의 경쟁률에 있어서 확연한 차이가 있다. 비인기보직의 경우는 응모지원자가 1명이거나 없는 경우도 있다.

보직공모제에 대한 경찰관들의 관심도는 낮다. 그 이유는 공모된 보직의 수가 적을 뿐만 아니라, 그나마 공모된 보직도 현직경찰관들이 그렇게 선호하고 있지 않은 보직이기 때문이다.[7)]

응모지원자의 수가 1명이거나 미달인 경우에는 보직공모 자체를 어렵게 만든다. 즉, 인기직위와 비인기직위의 서열화 현상은 보직공모제의 취지를 무색하게 한다. 특히, 승진에 유리한 직위에 대한 지원 경쟁율은 높은 반면, 그렇치않은 직위에 대한 지원경쟁률은 낮다. 따라서, 승진 시스템에 대한 보완과 개선이 필요하다.

한편, 응모자가 미달되는 경우는 직위의 서열화 현상뿐만 아니라 규모가 작은 시·도경찰청의 경우에도 나타나고 있다. 특히, 다른 시·도경찰청에 비하여 규모가 작은 경우 응모지원자의 수가 작거나 미달되는 경우가 있다.

이러한 경우 응모자격을 해당 시·도경찰청 소속의 경찰관뿐만 아니라 타 시·도경찰청

7) '가장 인기 있는 보직의 공모지원 경쟁률은 9 대 1의 경쟁률을 보였다. 특히, 경찰조직의 보직은 그 중요성에 따라 승진과 직결되는 보직이 있다. 그러나 공모된 보직들은 그러한 성격의 보직이 아닌 경우가 많았기 때문에 경찰관들의 관심은 적을 수밖에 없었다'; ○○경찰청의 인사담당자(인사계장)와 인터뷰를 통해 얻어진 내용임.

소속의 경찰관들도 응모지원이 가능하게 해야 한다. 따라서, 응모지원자의 지역적 제한을 없애고, 전국단위로 지원할 수 있도록 하여 시·도경찰청 간의 인적 교류가 가능하도록 해야 한다.

4) 주관적 요소의 자의적 평가

지원자 선발을 위한 평가방식은 주관적 평가와 객관적 평가로 나뉜다. 다면평가방식이 도입되면서 주관적 평가가 포함되는데, 이는 공모대상직위에 대해 응모지원자의 적격성을 판단하는 데 사용된다. 그러나 주관적 평가는 평가자가 자의적 기준에 따라 평가할 가능성이 높다.

다면평가에서 평가항목이 주관적이고 추상적인 경우가 많으며, 평가대상자와의 개인적 관계나 친밀도가 중요한 평가기준으로 작용할 수 있다. 이로 인해 직무수행능력보다는 개인적 관계와 같은 주관적 요소가 점수화되면서 공정성과 신뢰성 확보가 어려워지는 문제가 있다.

5) 지원자의 소속 및 지역적 제한

보직공모대상은 경찰공무원에 한정되어 있고, 시·도경찰청 단위로 실시함으로써 지역적 제한이 있다. 본래 보직공모제는 직렬간의 이동이 가능하도록 하고 있다.

따라서, 업무의 특수성이 요구되는 보직에 대해서 보직공모의 지원자격을 전 공무원으로 확대함으로써 우수한 외부인력을 수용하여 경찰행정의 효율성을 높여 나가야 한다.

02. 개선방안

1) 공모보직 예고제

인사관리의 안정성과 예측 가능성을 높이기 위해서 보직공모제를 실시하는 공모 보직이 미리 알려져야 한다. 해마다 자의적으로 인사권자의 판단에 따라 선정하여 실시하는 것은 업무의 계속성과 안정성을 해칠 수 있다. 따라서, 일정한 기준에 따라 직위를 선정하고, 그 직위에 따른 직무수행요건과 자격요건이 규정되어야 한다. 경찰공무원들은 예정된 자격요건과 직무수행요건에 따라 자신의 보직관리를 할 수 있게 되고, 사전에 준비를 할 수 있다.

특히, 공석이 아닌 보직 수행 중에 있는 직위인 경우 현보직자는 보직공모의 대상직위가 되면 보직이 이동되어 다른 보직으로 옮겨야 한다. 이러한 경우 업무수행에 차질이 생길 수 있고, 일정 기간의 임기가 보장되지 못함으로써 직무수행의 안정성을 해칠 수 있다.

따라서, 보직공모 대상직위에 대한 사전예고제를 확립하여 예측이 가능하도록 해야 한다. 또한 사전예고제는 대상공모직위에 대한 자격요건이나 우대요건을 사전에 미리 알림으로써 각 경찰공무원들은 스스로 보직관리를 할 수 있게 된다.

2) 공모대상자의 확대

경찰공무원의 보직공모제는 그 지원자격을 경찰공무원으로 한정하고 있다. 그러나 대상직위의 업무 성격에 따라 응모자격을 전체공무원으로 점차 확대하는 것도 필요하다.

인적자원의 직렬 간 교류를 통하여 보다 적합한 대상자를 선발할 수 있고, 직무능력도 향상시킬 수 있다. 물론 경찰업무의 특성상 경찰관이어야 하는 보직에 대해서는 응모자격을 경찰공무원으로 제한하는 것은 당연하겠지만, 전문성・기술성 등이 요구되는 보직에 대해서는 공모자격을 보다 확대해야 한다.

3) 비간부급에 대한 보직공모제

공모대상 계급은 주로 총경・경정・경감・경위로 제한되어 있고, 대상보직도 본청 과장급・계장급과 시・도경찰청 과장급・계장급으로 제한되어 있다.

이와 같은 제한으로 비간부급 경찰공무원은 보직공모제의 대상이 되지 않고 있다. 보직공모의 사전예고제를 통하여 자신의 보직관리를 하도록 하기 위해서는 비간부급에 대해서도 보직공모제가 실시되어야 한다. 따라서, 비간부급에 대해서는 근무부서별 보직 공모를 실시함으로써 보직관리가 이루어질 수 있도록 해야 한다.

4) 직위 공모의 범위 확대

보직공모직위의 대상은 경찰청과 시・도경찰청 단위의 과장 및 계장 직위로 한정되어 있다. 보직공모의 대상직위를 일선경찰서까지 확대하는 것이 필요하다. 특히, 일선 경찰서의 보직 중 특수성과 전문성이 요구되는 보직에 대해서 공모를 통하여 대상자를 선발하는 것이 필요하다.

또한 일선경찰서의 경우 경찰관들이 선호하는 보직에 대해서도 보직공모제를 통한 보직 부여가 필요하다. 그러기 위해서는 보직공모 대상직위에 대한 선정지침과 선정절차에 관한 통일된 규정이 마련되어야 한다.

제8장

경찰공무원의 징계 · 보수제도

제1절

경찰공무원의 징계제도

01. 징계의 의의와 형벌

1) 의의

징계란 공무원의 의무위반에 대하여 공무원 관계의 목적을 달성하기 위하여 국가나 지방자치단체가 그 사용자의 위치에서 과하는 행정상의 제재를 의미한다. 즉, 징계는 공무원의 법규위반・의무위반・직무태만・품위손상 등에 해당하는 행위를 예방하고 교정하기 위하여 가하는 제재이다.

징계는 개인의 행동에 대해서 행위자 자신에게 책임을 묻는 성격과 다른 사람들에게는 주의 환기 또는 그릇된 행동을 억제시키는 성격을 갖는다. 징계는 공무원의 복무규율을 확보하기 위한 강제적 수단이다.

2) 징계와 형벌의 구분

공무원의 비리나 부정부패를 억제하는 중요한 수단으로서 형벌도 있다. 그러나 형벌은 징계벌과 달리 그 권력적 기초・대상・목적 등이 다르다.

형벌과 징계벌은 동일한 행위에 대해서 병과할 수 있으며, 병과하더라도 일사부재리의 원칙에 저촉되지 않는다. 형벌과 징계벌은 그 권력적 기초가 다르다. 형벌은 일반통치권에 그 기반을 두고 있는 데 비해, 징계벌은 공무원과 그 사용자라고 할 수 있는 국가와의 관계에 그 기반을 두고 있다.

따라서, 형벌은 일반 국민의 지위에서 받는 제재이고, 공무원의 신분에 기초하여 받는 것이 아니기 때문에 그 형벌권이 시효소멸로 없어지지 않는 한 퇴직 후에라도 재직 중의 행위에 대하여 과해질 수 있다.

또한 형벌과 징계벌은 그 대상과 목적에 있어서 차이가 있다. 형벌은 반사회적인 법익침해에 대해 국가사회의 일반적 질서를 유지하기 위하여 과하는 제재인 데 반해, 징계벌은 공무원이 의무위반을 했을 때 공무원관계의 질서를 유지하기 위해 과하는 제재이다. 특히, 징계는 경찰관의 신분과 권한에 커다란 불이익을 주는 것이기 때문에 엄격한 요건을 정하고 있다. 근거 법규를 보면, 국가공무원법, 국가공무원징계령, 공무원징계양정 등에 관한 규칙(총리령) 등이 있다.

02. 경찰공무원의 의무

1) 공무원으로서의 의무

(1) 선서의무

공무원은 취임할 때에 소속기관장 앞에서 대통령령 등으로 정하는 바에 따라 선서(宣誓)하여야 한다.[1] 다만, 불가피한 사유가 있으면 취임 후에 선서하게 할 수 있다.

▮국가공무원 복무규정 [별표 1]〈개정 2010.7.15〉

선 서 문(제2조 제2항 관련)

나는 대한민국 공무원으로서 헌법과 법령을 준수하고, 국가를 수호하며, 국민에 대한 봉사자로서의 임무를 성실히 수행할 것을 엄숙히 선서합니다.

1) 국가공무원법 제55조; 국가공무원 복무규정[시행 2023.12.11.][대통령령 제33905호,2023.12.5., 일부개정.

(2) 성실의무

모든 공무원은 법령을 준수하며 성실히 직무를 수행하여야 한다.[2] 주권을 가진 국민 전체의 봉사자로서 공공의 이익을 위하여 성실하게 근무할 의무가 있다. 성실한 직무의 수행은 법규가 허용하는 범위 내에서 창의적 · 효과적으로 직무수행을 해야 한다.

2) 직무상 의무

(1) 법령준수의무

경찰공무원은 성실히 법령을 준수할 의무가 있다. 법령 위반은 위법, 불법 행위로서 무효, 취소의 원인, 손해배상, 처벌 등의 대상이 된다.

(2) 복종의무

공무원은 직무를 수행할 때 소속 상관의 직무상 명령에 복종하여야 한다.[3] 즉, 직무수행 시 소속 상관의 직무상 명령에 복종하여야 한다. 상명하복의 계층제적 경찰조직에서 복종의무는 중요하다. 복종의무의 형식적 요건은 직무상의 소속 상관이 발한 것, 부하의 직무범위 내에 속하는 것 그리고 직무상의 독립이 보장된 것이 아닌 것이다.

(3) 친절공정의무

공무원은 국민 전체의 봉사자로서 친절하고 공정하게 직무를 수행하여야 한다.[4] 국민 또는 주민에 대한 봉사자로서 공사를 분별하고, 인권을 존중하고, 친절하고 공정한 직무 의무가 있다.

(4) 종교 중립의 의무

공무원은 종교에 따른 차별 없이 직무를 수행하여야 한다. 공무원은 소속 상관이 종교 중립의 의무에 위배되는 직무상 명령을 한 경우에는 이에 따르지 아니할 수 있다.[5]

---

2) 국가공무원법 제55조[시행 2023.10.12.] [법률 제19341호, 2023.4.11., 일부개정].
3) 동법 제57조.
4) 동법 제59조.

3) 직무전념 의무

(1) 직장이탈금지

공무원은 소속 상관의 허가 또는 정당한 사유가 없으면 직장을 이탈하지 못한다.[6] 수사기관이 공무원을 구속하려면 그 소속기관의 장에게 미리 통보하여야 한다. 다만, 현행범은 그러하지 아니하다.

(2) 영리업무 및 겸직의 금지

공무원은 공무 외에 영리를 목적으로 하는 업무에 종사하지 못하며 소속기관장의 허가 없이 다른 직무를 겸할 수 없다.[7] 영리를 목적으로 하는 업무의 한계는 업무에 종사함으로써 공무원의 직무능률을 떨어뜨리거나, 공무에 대하여 부당한 영향을 끼치거나, 국가의 이익과 상반되는 이익을 취득하거나, 정부에 불명예스러운 영향을 끼칠 우려가 있는 경우에는 그 업무에 종사할 수 없다.

구체적인 범위는 다음과 같다.[8]

① 공무원이 상업, 공업, 금융업 또는 그 밖의 영리적인 업무를 스스로 경영하여 영리를 추구함이 뚜렷한 업무
② 공무원이 상업, 공업, 금융업 또는 그 밖에 영리를 목적으로 하는 사기업체(私企業體)의 이사 · 감사 업무를 집행하는 무한책임사원 · 지배인 · 발기인 또는 그 밖의 임원이 되는 것.
③ 공무원 본인의 직무와 관련 있는 타인의 기업에 대한 투자
④ 그 밖에 계속적으로 재산상 이득을 목적으로 하는 업무

---

5) 동법 제59조의 2.
6) 동법 제58조.
7) 동법 제64조.
8) 국가공무원 복무규정 제25조.

(3) 영예제한(榮譽制限)

공무원이 외국 정부로부터 영예나 증여를 받을 경우에는 대통령의 허가를 받아야 한다.[9] 대통령의 허가 없이 외국정부의 영예 또는 증여를 받지 못한다.

(4) 정치운동의 금지

공무원은 정당이나 그 밖의 정치단체의 결성에 관여하거나 이에 가입할 수 없다. 공무원은 선거에서 특정 정당 또는 특정인을 지지 또는 반대하기 위한 행위를 하여서는 아니 된다. 그 행위의 내용은 다음과 같다.[10]

① 투표를 하거나 하지 아니하도록 권유 운동을 하는 것.

② 서명운동을 기도(企圖)・주재(主宰)하거나 권유하는 것.

③ 문서나 도서를 공공시설 등에 게시하거나 게시하게 하는 것.

④ 기부금을 모집 또는 모집하게 하거나, 공공자금을 이용 또는 이용하게 하는 것.

⑤ 타인에게 정당이나 그 밖의 정치단체에 가입하게 하거나 가입하지 아니하도록 권유 운동을 하는 것.

⑥ 공무원은 다른 공무원에게 위배되는 행위를 하도록 요구하거나, 정치적 행위에 대한 보상 또는 보복으로서의 이익 또는 불이익을 약속하여서는 아니 된다.

☞ 〈국가공무원 복무규정〉의 정치적 행위의 금지에 관한 한계는 다음과 같다.

국가공무원 복무규정 [대통령령 제33905호, 2023. 12. 5.]

제27조(정치적 행위) ① 법 제65조의 정치적 행위는 다음 각 호의 어느 하나에 해당하는 정치적 목적을 가진 것을 말한다.

1. 정당의 조직, 조직의 확장, 그 밖에 그 목적 달성을 위한 것.
2. 특정 정당 또는 정치단체를 지지하거나 반대하는 것.
3. 법률에 따른 공직선거에서 특정 후보자를 당선하게 하거나 낙선하게 하기 위한 것.

② 제1항에 규정된 정치적 행위의 한계는 제1항에 따른 정치적 목적을 가지고 다음 각 호의 어느 하나에 해당하는 행위를 하는 것을 말한다.

---

9) 국가공무원법 제62조[시행 2023.10.12.][법률 제19341호, 2023.4.11. 일부개정].

10) 동법 제65조.

1. 시위운동을 기획・조직・지휘하거나 이에 참가하거나 원조하는 행위
2. 정당이나 그 밖의 정치단체의 기관지인 신문과 간행물을 발행・편집・배부하거나 이와 같은 행위를 원조하거나 방해하는 행위
3. 특정 정당 또는 정치단체를 지지 또는 반대하거나 공직선거에서 특정 후보자를 지지 또는 반대하는 의견을 집회나 그 밖에 여럿이 모인 장소에서 발표하거나 문서・도서・신문 또는 그 밖의 간행물에 싣는 행위
4. 정당이나 그 밖의 정치단체의 표지로 사용되는 기(旗)・완장・복식 등을 제작・배부・착용하거나 착용을 권유 또는 방해하는 행위
5. 그 밖에 어떠한 명목으로든 금전이나 물질로 특정 정당 또는 정치단체를 지지하거나 반대하는 행위

(5) 집단행동금지

공무원은 노동운동이나 그 밖에 공무 외의 일을 위한 집단행위를 하여서는 아니 된다.[11] 공무 이외에 노동 활동이나 다른 집단행동을 할 수 없다. 다만, 사실상 노무에 종사하는 공무원[12]은 예외로 한다.

4) 직무 내외를 불문하고 가지는 의무

(1) 비밀엄수의무

공무원은 재직 중은 물론 퇴직 후에도 직무상 알게 된 비밀을 엄수(嚴守)하여야 한다.[13] 재직 중, 퇴직 후 직무상 비밀엄수의무가 있다.

(2) 청렴의 의무

공무원은 직무와 관련하여 직접적이든 간접적이든 사례・증여 또는 향응을 주거나 받을 수 없다. 공무원은 직무상의 관계가 있든 없든 그 소속 상관에게 증여하거나 소속 공무원으로부터 증여를 받아서는 아니 된다.[14]

---

11) 동법 제66조.
12) 공무원복무규정 제28조 과학기술정보통신부 소속 현업기관의 작업현장에서 노무에 종사하는 우정직공무원(우정직공무원의 정원을 대체하여 임용된 일반 임기제공무원 및 시간선택제 일반 임기제공무원을 포함한다)이다.
13) 국가공무원법 제60조[시행 2023.10.12.][법률 제19341호, 2023.4.11., 일부개정].
14) 동법 제61조.

직무와 관련하여 직·간접 사례, 증여, 향응을 받을 수 없으며, 상관에게 뇌물을 공여하거나 부하로부터 뇌물을 받아서도 안 된다.

(3) 품위유지의무

공무원은 직무의 내외를 불문하고 그 품위가 손상되는 행위를 하여서는 아니 된다.[15] 직무의 내외를 막론하고 품위유지의무가 있다.

03. 징계사유와 대상

1) 징계사유

공무원의 징계사유는 「국가공무원법」에 규정되어 있다. 공무원이 이 법에 의한 명령을 위반하였을 때, 직무상의 의무(다른 법령에서 공무원의 신분으로 인하여 부과된 의무를 포함한다)에 위반하거나 직무를 태만한 때, 직무의 내외를 불문하고 그 체면 또는 위신을 손상하는 행위를 한 때 징계의결 요구를 하여야 하고, 징계의결의 결과에 따라 징계처분을 행한다.

징계의결 요구자는 소속 공무원에게 징계사유가 있을 때 징계의결을 요구하고, 징계의결의 결과에 따라 징계처분을 하여야 한다.

「국가공무원법」 제78조를 보면 다음과 같은 행위를 했을 때 징계처분을 받게 된다.

① 「국가공무원법」이나 이 법에 의한 명령에 위반한 때
② 직무상 의무에 위반하거나 직무를 태만히 한 때
③ 직무에 관련된 행위든, 직무와 관계없는 행위든 공무원으로서의 체면이나 위신을 손상하는 행위를 한 때

위와 같은 행위는 과실이 있으면 징계할 수 있고, 또한 행위자뿐만 아니라 감독자도 감독의무를 태만히 한 경우 징계책임을 진다.

---

15) 동법 제63조.

징계의 구체적인 사유를 살펴보면, 징계 종류별 의무위반의 정도, 고의의 유무, 과실 정도 등으로 그 경중이 다르다. 여기서 의무라고 함은 국가공무원법상의 의무를 말하는 것이며, 다른 법령에서 정하는 의무도 여기에 해당된다.

국가공무원법상 의무는 성실의무, 복종의무, 직장이탈금지, 친절공정의무, 비밀엄수의무, 청렴의무, 품위유지의무, 영리업무 및 겸직금지의무, 집단행위금지의무이다.

징계의 양정기준은 〈표 8-1〉과 같다. 징계의 사유를 9가지로 열거하고 각 유형별 과실의 경중에 따라 징계가 결정된다.

〈표 8-1〉 **공무원 징계양정기준**[16)]

유형	비위의 도가 중하고 고의가 있는 경우	비위의 도가 중하고 중과실이거나, 비위의 도가 경하고 고의가 있는 경우	비위의 도가 중하고 경과실이거나, 비위의 도가 경하고 중과실인 경우	비위의 도가 경하고 경과실인 경우
1. 성실의무위반 가. 직무태만 또는 회계질서문란 나. 기타	 파면 파면 - 해임	 해임 정직	 정직 - 감봉 감봉	 견책 견책
2. 복종의무위반	파면	해임	정직 - 감봉	견책
3. 직장이탈의무위반	파면 - 해임	정직	감봉	견책
4. 친절공정의무위반	파면 - 해임	정직	감봉	견책
5. 비밀엄수의무위반	파면	해임	정직	감봉 - 견책
6. 청렴의무위반	파면	해임	정직	감봉 - 견책
7. 품위유지의무위반	파면 - 해임	정직	감봉	견책
8. 영리의무 및 겸직금지의무위반	파면 - 해임	정직	감봉	견책
9. 집단행위금지위반	파면 - 해임	정직	감봉	견책

16) 공무원징계령 시행규칙[별표 1]〈개정 2023.10.12.〉 징계기준(제2조 1항 관련).

2) 징계대상

(1) 경력직 공무원

일반직 공무원(지방공무원 포함), 특정직 공무원(외무・경찰・소방・교육공무원)은 징계의 대상이 된다. 그러나 경찰공무원, 교육공무원, 소방공무원 등은 국가공무원법과 달리 징계의 종류와 절차를 규정하는 별도의 법령이 있다. 특히, 시보공무원의 징계에 있어서는 시보공무원의 행위가 징계사유에 해당될 경우 정규공무원과 동일하게 징계처분도 가능하며, 징계에 의한 정직 또는 감봉처분을 받은 기간은 시보임용기간에 산입되지 아니한다.

(2) 특수경력직 공무원

별정직 공무원의 경우는 징계사유가 발생하면 직권면직하는 것 외에 일반직 공무원 징계절차에 의하여 징계처분할 수 있다. 이전 고용직 공무원은 징계사유에 해당될 때 임용권자는 징계위원회의 의결을 거치지 아니하고 직권으로 파면 또는 감봉하였다. 그러나 정무직 공무원은 징계절차가 없으며, 전문직 공무원은 징계사유가 발생하면 채용계약 해지의 사유가 되는 것 이외에 별도의 징계절차가 없다.

04. 징계의 종류와 효력

1) 징계의 종류

징계의 종류는 크게 배제징계와 교정징계로 구분된다. 교정징계라 함은 공무원의 신분을 완전히 박탈하는 징계이다. 반면 배제징계라 함은 잘못된 행위를 고친다는 의미에서 신분적 이익의 일부에 제약을 가하는 징계이다. 파면・해임은 배제징계이며, 정직・감봉・견책 등은 교정징계이다. 「경찰공무원 징계령」[17]상 중징계는 파면, 해임, 강등 및 정직을 말하며, 경징

17) 경찰공무원 징계령[시행 2022.3.15.][대통령령 제32534호, 2022.3.15., 일부개정] 제2조.

계는 감봉 및 견책을 말한다.

한편, 징계부가금은 금품관련 비위에 대해 보다 실효성 있는 처벌을 위해 징계처분 외에 금품수수 금액 등의 5배 범위 내에서 부과하는 것이다.

징계위원회의 종류와 관할 사건은 〈표 8-2〉과 같다. 특히, 법관, 검사, 경찰, 소방, 교원, 군인, 감사원, 국가정보원의 직원 및 특수분야의 업무를 담당하는 공무원에 대해서는 별도 법률로 설치된 징계위원회를 구성・운영한다.

〈표 8-2〉 **징계위원회의 종류와 관할 사건**

중앙징계위원회	보통징계위원회
고위공무원단, 5급 이상 공무원 징계사건	6급 이하 공무원 등의 징계사건
중앙행정기관 본부 소속 6급 이하 공무원 중징계 사건	
공사급 이상 외무공무원, 경무관 이상 경찰공무원, 소방준감 이상 소방공무원 등의 징계사건	

2) 징계의 종류별 효력

(1) 중징계

가) 파면

파면이 결정되면 공무원관계로부터 배제되고, 향후 5년간 공무원임용결격사유가 된다. 5년 이상 근무자인 경우는 퇴직급여의 1/2이 지급되며, 5년 미만의 근무자는 퇴직급여액의 3/4이 지급된다.

나) 해임

해임이 결정되면 공무원 관계로부터 배제되고, 향후 3년간 공무원임용 결격사유가 된다. 그러나 퇴직급여는 전액 지급된다.

다) 강등

강등은 공무원의 현 직급에서 하위 직급으로 1계급 낮추는 징계 처분이다. 예를 들어, 5급 공무원이 강등되면 6급으로 임용되며, 이에 따라 보수도 하향 조정된다.

라) 정직

정직은 1개월 이상 3개월 이하의 기간으로 하고, 정직처분을 받은 자는 그 기간 중 공무원의 신분은 보유하나 직무에 종사하지 못하며, 보수의 3분의 2를 감한다. 또한 처분기간은 경력평정에서 제외된다.

(2) 경징계

가) 감봉

감봉은 1개월 이상 3개월 이하의 기간 동안 처해질 수 있는 징계처분이다. 감봉기간 동안에는 보수의 3분의 1이 감해지며, 감봉처분을 당하는 기간 동안은 승진의 대상이 되지 못한다.

나) 견책

견책은 전과에 대하여 훈계하고 회개하게 하는 처분으로서, 견책을 받은 경우 일정기간 동안 승진의 대상이 되지 못한다.

〈표 8-3〉 **징계의 종류별 효력**

종류	기간	신분	보수 · 퇴직급여
파면		• 공무원관계로부터 배제 • 5년간 공무원임용 결격사유	• 5년 이상 근무자: 퇴직급여액의 1/2 지급 • 5년 미만 근무자: 보수: 일할계산 • 기말수당은 불지급
해임		• 공무원관계로부터 배제 • 5년간 공무원임용 결격사유	• 퇴직급여 전액지급 • 보수: 일할 계산 • 기말수당은 불지급
강등		• 3개월간 직무에 종사하지 못하는 효력	• 그 기간 중 보수는 전액을 감하는 효력으로 한정함.
정직	1～3월	• 신분은 보유하나 직무에 종사하지 못함. • 18월+정직처분기간 승진제한 및 처분기간 경력평정에서 제외	• 18월+정직처분기간 승급제한 • 보수의 2/3 감 • 각종 수당지급제한(정근수당의 1/9 감, 장기근속수당 및 정려수당의 2/3 감)
감봉	1～3월	• 12월+감봉처분기간 승진제한	• 12월+감봉처분기간 승급제한 • 보수의 1/3 감 • 감봉 1월에 대해 정근수당의 1/18 감, 기간 중 장기근속
견책	6월	• 6월간 승급제한	

제2절

경찰공무원 보수제도

01. 보수의 의의

보수는 경찰공무원이 국민에게 근면하고 성실하게 공공 서비스를 제공한 데 대한 금전적 보상이다. 공무원보수규정 제4조에 의하면 봉급과 그 밖의 각종 수당을 합산한 금액을 말한다. 다만, 연봉제 적용대상 공무원은 연봉과 그 밖의 각종 수당을 합산한 금액을 말한다.

한편, 봉급이란 직무의 곤란성과 책임의 정도에 따라 직책별로 지급되는 기본급여 또는 직무의 곤란성과 책임의 정도 및 재직기간 등에 따라 계급별(직무등급이나 직위를 포함한다), 호봉별로 지급되는 기본급여를 말한다. 수당이란 직무여건 및 생활여건 등에 따라 지급되는 부가급여를 말한다.[18]

보수는 공무원 개인의 입장에서 보면, 공무원 자신과 가족의 생계를 유지하며 사회적 품위를 유지하는 요소가 된다. 그리고 정부의 입장에서 보면, 유능한 인재를 확보하고 유지하는 데 중요한 역할을 하는 요소이다. 결국, 보수는 공무원들의 근무의욕을 높이고 사기를 결정하는 가장 중요한 변수이다.

공무원에게 지급하는 여러 가지 보수의 종류를 어떻게 구성하느냐 하는 문제는 보수행정에서 가장 중요한 문제로서 보수산정의 근거와 관련된다. 공무원의 보수를 산정하는 근거는 직무의 곤란성 및 책임의 정도에 상응하도록 계급별로 정하고 있으며, 일반 국민의 생계비, 민간기업체들의 임금, 기타 국가의 재정능력 등을 고려하여 결정하고 있다.

18) 공무원보수규정[시행 2024.8.14.][대통령령 제34825호, 2024.8.13., 타법개정] 제4조.

[그림 8-1] **공무원의 보수체계**[19]

- 보수
  - 수당 등(18종)
    - 수당(14종)
      - 상여수당(3종)
        - ▶대우공무원수당(월봉급액의 4.1%)
        - ▶정근수당(월봉급액의 0~50%, 연 2회)
        - ▶정근수당가산금(월 3~13만 원)
        - ▶성과상여금(지급기준액의 0~172.5%, 연 1회 이상)
      - 가계보전수당(4종)
        - ▶가족수당(배우자 월 4만 원, 기타 부양가족 월 2만 원, 4인까지)
        - ▶자녀: 첫째(월 3만 원), 둘째(월 7만 원), 셋째 이후(월 11만 원)
        - ▶재외공무원 자녀학비보조수당(국외 유 · 초 · 중 · 고 취학 자녀의 학비)
        - ▶주택수당(하사 이상 중령 이하 군인 월 16만 원, 재외공무원 공관 소재 주택임차료)
        - ▶육아휴직수당(월봉급액의 80%, 상한 150~하한 70만 원)
        - ▶두 번째 육아휴직수당 첫 6개월은 월봉급액의 100% (상한 200~450만 원)
      - 특수지근무수당
        - ▶도서, 벽지, 접적지, 특수기관 근무자(월 3~6만 원) 등
      - 특수근무수당(4종)
        - ▶위험근무수당(위험직무 종사자, 월 4~6만 원)
        - ▶특수업무수당(특수업무 종사자)
        - ▶업무대행수당(육아휴직자 등 업무대행, 월 20만 원)
        - ▶군법무관수당(월봉급액의 35% 이하)
      - 초과근무수당 등(2종)
        - ▶초과근무수당(5급 이하 공무원 시간외근무, 야간근무, 휴일근무)
        - ▶관리업무수당(4급 이상 공무원, 월봉급액의 9%)
    - 실비변상 등(4종)
      - 정액급식비(월 14만 원)
      - 직급보조비(8 · 9급 17.5~1급 75만 원)
      - 명절휴가비(월봉급액의 60%, 설날 · 추석날)
      - 연가보상비(1급 이하, 연가보상일수는 20일 내)
  - 봉급(기본급)
    - 직종별 11개 봉급표
    - 일반직, 공안직, 연구직, 지도직, 일반직 우정직군 등, 전문경력관, 경찰 · 소방직, 초중고교원, 국립대학교원, 군인, 한법연구관

19) 인사혁신처 홈페이지(https://www.mpm.go.kr/mpm/info/resultPay/bizPay01/, 검색일 2024.08.30).

02. 공무원의 보수체계

경찰공무원의 보수체계란 보수지급항목 또는 보수종류의 구성을 말한다. 우리나라 공무원의 보수근거는 국가공무원법 제46조와 공무원보수규정 및 공무원수당규정에 의한다.

보수체계는 크게 봉급(기본급)과 수당으로 구성된다.

1) 봉급(기본급)

(1) 의의

봉급은 직무의 곤란성, 책임의 정도, 계급, 호봉 등의 요소로 정해지는 기본 급여이다. 현재 우리나라 공무원은 보수규정에 의거하여 직종별로 11개 봉급표로 체계화하고 있다. 11개 직종은 정무직, 일반직, 공안직, 연구직, 지도직, 일반직 우정직군 등 전문경력관, 경찰・소방직, 초중고교원, 국립대학교원, 군인, 헌법연구관이다. 공무원의 보수표는 직급과 호봉에 의해 직급과 호봉이 오르면 봉급도 올라가는 체제로 되어 있다.

(2) 공무원의 봉급제도

공무원의 봉급체계는 크게 호봉제와 연봉제로 구분되며, 연봉제는 고정급적 연봉제, 성과급적연봉제, 직무성과급연봉제로 구분된다.

가) 호봉제

호봉제는 호봉에 따라 봉급(기본급)이 지급되는 제도로서, 공무원의 경우 매년 정기승급을 통하여 호봉이 올라가는 연공급적 성격의 보수체계이다.

호봉체계에 따른 봉급표는 직종별로 다르게 설정되어 있으며, 봉급 외에 각종 수당이 지급된다. 특히, 공직사회의 경쟁력을 높이고 일하는 분위기를 조성하여 열심히 일하는 자를 우대하기 위한 취지에서 근무성적 기타 업무실적 등에 따라 차등 지급되는 성과급(실적급)인 성과상여금을 지급하고 있다.

나) 연봉제

과거 연공급을 근간으로 한 보수제도는 보상의 공정성 측면보다는 균등성을 지향함으로써 개인의 능력과 실적, 공헌도 및 조직의 성과를 제대로 반영할 수 없으며, 조직의 동기부여를 위한 인센티브 기능이 미흡하다는 단점이 있었다.

이에 따라 정부는 공무원의 보수체계를 연공급 중심에서 능력(실적)주의 중심의 보수체계로 전환하였다. 이는 공직사회의 경쟁력과 생산성을 높이고, 창의적이며 성실한 공직문화를 조성하기 위한 목적이다. 또한, 탄력적인 보수체계를 통해 민간 부문의 우수 전문인력을 공직으로 유치하고, 복잡한 보수체계를 단순화함으로써 보수제도의 투명성을 확보하고자 하였다. 이러한 배경 속에서 1999년부터 연봉제가 도입되었다.

우리나라 공무원연봉제는 고정급적 연봉제, 성과급적 연봉제, 직무성과급적 연봉제로 나뉜다.

고정급적 연봉제 직위별로 연봉이 고정되는 고정급적 연봉제는 차관급 이상 정무직 공무원 등을 대상으로 한다. 정무직 공무원은 일반직 공무원과 달리 성과측정이 극히 어렵기 때문에 개별직위마다 고정된 연봉을 책정하고 있다. 고정급적 연봉대상자는 공무원보수규정에서 정한 연봉 외에 가족수당, 직급보조비, 정액급식비 등을 보수 관련법령에 따라 지급받는다.

성과급적 연봉제 성과급적 연봉제는 일반직, 별정직 등 1~5급(상당) 공무원과 임기제 공무원을 대상으로 하며, 계급별 기본연봉과 업무실적에 따른 평가결과에 따라 차등 지급되는 성과연봉으로 구성된다.

연봉은 계급별로 설정된 연봉한계액 범위 내에서 정해진다. 연봉 외의 급여로는 가족수당, 시간외근무수당, 연가보상비, 직급보조비, 정액급식비, 특수근무수당, 특수지근무수당 등이 지급된다.

직무성과급적 연봉제 직무성과급적연봉제는 고위공무원단에 적용되며, 기본 골격은 성과급적 연봉제와 같다. 다만, 기본 연봉이 기준급과 직무급으로 구분되며, 성과급 비중이 더 높다는 점에서 성과급적 연봉제와 다르다.

〈표 8-4〉 **공무원의 봉급체계**[20]

구분		적용대상 공무원
호봉제		• 공무원보수규정 별표 3, 별표 3의2, 별표 4 내지 별표 6, 별표 8, 별표 10 내지 별표 14 적용공무원
연봉제	고정급적 연봉제	• 정무직 공무원
	성과급적 연봉제	• 1급 내지 5급(상당) 공무원 • 치안정감부터 경정까지에 해당하는 경찰공무원, 소방정감부터 소방령까지에 해당하는 소방공무원
		• 국립대학의 교원(국립대학의 장 제외)
		• 임기제 공무원(한시임기제 공무원 제외)
	직무성과급적 연봉제	• 고위공무원단에 속하는 공무원(연구직 공무원과 지도직 공무원 등 호봉제가 적용되는 공무원 제외)

2) 수당

(1) 의의

수당이란 공무원의 직책·능력·자격에 따라 일률적으로 지급하는 보수가 아니고, 근무여건이나 생활여건의 특수성에 따라 일부의 공무원들에게만 지급되는 부가급여이다. 수당은 직책과 직급 및 호봉에 따라 획일적으로 책정되는 봉급이 직원 간의 공정한 근무 보상을 하지 못하는 문제점을 보완하는 제도이다. 즉, 수당은 봉급의 획일성과 불공정성을 보완하여 근무여건에 탄력적으로 적응하고, 일한 만큼의 공정한 보상을 하는 기능도 한다.

(2) 수당체계

「공무원수당 등에 관한 규정」에 따라 5개 분야 14종으로 구분되며, 동 규정은 실비변상 4종도 함께 규정하고 있다. 동 규정은 국가공무원에게 적용되며, 지방공무원에게 지급되는 수당 및 실비변상은 「지방공무원수당 등에 관한 규정」에 따라 별도로 규정하고 있다.

각각의 수당 및 실비변상에 대해 살펴보면 다음과 같다.

20) 인사혁신처 홈페이지(https://www.mpm.go.kr/mpm/info/resultPay/bizPay01/, 검색일 2024.08.30.).

가) 상여수당

상여수당(3종)은 상위직급의 대우공무원으로 선발된 공무원에게 지급하는 대우공무원수당, 근무연수에 따라 지급되는 정근수당, 근무실적 등이 우수한 사람에게 지급하는 성과상여금이 있다.

〈표 8-5〉 **수당체계**[21)]

구분	수당명	지급대상
상여수당 (3종)	대우공무원수당	대우공무원으로 선발된 공무원
	정근수당 (정근수당가산금)	지급기준일(1.1. / 7.1.) 현재 공무원의 신분을 보유하고 봉급이 지급되는 공무원
	성과상여금	근무성적 및 업무실적 등이 우수한 공무원
가계보전수당 (4종)	가족수당	부양가족이 있는 공무원
	자녀학비보조수당	재외근무지 학교에 다니는 자녀를 둔 재외공무원
	주택수당	하사 이상 중령 이하 군인 및 재외공무원
	육아휴직수당	육아휴직 중인 공무원
	특수지근무수당	도서, 벽지, 접적지 및 특수기관 근무자
특수근무수당 (4종)	위험근무수당	위험직무종사자
	특수업무수당	특수업무종사자
	업무대행수당	병가, 출산휴가, 유산휴가, 사산휴가, 육아휴직, 공무상 질병 휴직자의 업무 및 시간제전환 공무원의 근무시간 외 업무를 대행하는 공무원
	군법무관수당	군법무관
초과근무수당 등 (2종)	초과근무수당	5급 이하 공무원
	관리업무수당	4급 이상 공무원
실비변상 등 (4종)	정액급식비	모든 공무원
	직급보조비	모든 공무원
	명절휴가비	명절일(설날, 추석날) 기준 재직 공무원
	연가보상비	1급 이하 공무원(20일 이내의 미사용 연가에 대해 지급)

21) 인사혁신처 홈페이지(https://www.mpm.go.kr/mpm/info/resultPay/bizPay01/, 검색일 2024.08.30.).

나) 가계보전수당

가계보전수당(4종)은 부양가족이 있는 공무원에게 지급하는 가족수당, 재외 근무지 학교에 다니는 자녀가 있는 재외공무원에게 지급하는 자녀학비보조수당, 군인 및 재외공무원에게 지급하는 주택수당, 육아휴직한 공무원에게 지급하는 육아휴직수당이 있다.

다) 특수지근무수당

특수지근무수당은 교통이 불편하고 문화・교육시설이 거의 없는 지역이나 근무환경이 특수한 기관에 근무하는 공무원에게 지급한다.

라) 특수근무수당

특수근무수당(4종)은 위험한 직무에 종사하는 공무원에게 지급하는 위험근무수당, 특수한 업무에 종사하는 공무원에게 지급하는 특수업무수당, 병가・출산휴가・유산휴가・사산휴가, 육아휴직 또는 공무상 질병휴직 중인 공무원의 업무 등을 대행하는 공무원에게 지급하는 업무대행수당, 군법무관에게 지급하는 군법무관수당이 있다.

마) 초과근무수당 등

초과근무수당 등(2종)은 5급 이하 공무원으로서 규정된 근무시간 외에 근무한 공무원에게 지급하는 초과근무수당과 4급 이상의 관리자에게 지급하는 관리업무수당이 있다.

바) 실비변상 등

실비변상 등(4종)은 정액급식비, 명절휴가비, 연가보상비, 직급보조비가 있다.

참고문헌

1. 국내문헌

1) 단행본

강성철 외 4인, 새인사행정론, 대영문화사, 1999.

강정대, 현대인사관리론, 세영사, 1986.

경찰대학 편, 경찰경무론, 경찰대학교재 편찬위원회, 2003.

경찰청, 2023년 경찰청 치안종합성과평가 시행계획, 2023.

______ 편, 경찰실무전서, 경찰청, 2002.

김규정, 행정학원론, 박영사, 2000.

김충남, 경찰학개론, 박영사, 2008.

박동서, 인사행정론, 법문사, 1995.

______, 한국행정론, 서울: 법문사, 1995.

박연호, 인사행정론, 법문사, 1988.

백완기, 행정학, 서울: 박영사, 1996.

(사)한국행정학회, 해양경찰청 성과관리제도 발전방안 연구, 연구용역보고서, 해양경찰청, 2023.

신유근, 인사관리, 서울: 경문사, 1988.

신현기, 경찰인사관리론, 법문사, 2016.

오석홍, 인사행정론, 박영사, 2022.

유민봉, 인사행정론, 서울: 문영사, 1997.

______, 한국 행정학, 박영사, 2021.

유종해, 현대행정학, 서울: 박영사, 1995.

이계식・고영선 편, 아래로부터의 정부개혁, 박영사, 1997.
이상원・남궁구 역, 현대경찰행정학, 진명출판사, 1992.
이황우 외 3인 공저, 경찰인사행정론, 법문사, 2022.
장지호, 신인사행정론, 박영사, 1994.
정경섭, 현대인사관리, 법문사, 1998.
정진환, 비교경찰제도론, 학문사, 1996.
홍준현・윤태범, 공무원 근무실적 평가를 위한 점수제 인사평정제도 도입방안, 한국행정연구원, 1998.

2) 논문

박상진, "경찰공무원 채용제도 인식 및 시사점 연구: 수험생을 중심으로," 한국경찰학회보, 22(1), 한국경찰학회, 2020.
배철수・박동균, "한국 경찰공무원 채용시험제도의 개선방안," 자치경찰연구, 5(1), 2012.
오성호, "공무원의 능력발전 진흥방안," 한국행정학보, 31(4), 1997.
이영호, "가정교육의 태도 측정을 위한 척도개발 시안," 한국가정관리학회지, 12(2), 1994.
이유준, "근무성적 평정요소의 선정에 관한 연구," 서울대학교 대학원 박사학위논문, 1992.
임창호, "경찰관 채용시험제도의 효과성 인식에 관한 연구," 경찰학논총, 9(3), 2014.
장기현, "한국 여자경찰의 직무역할 제고 및 확대방안에 관한 연구," 한국경찰연구학회・국가위기관리학회・한국치안행정학회・한국민간경비학회 공동학술대회 자료집, 2015.
최응렬・박상진・김연수, "경찰행정 경력경쟁채용제도개선에 관한 연구," 경찰청, 2017.
최종술, "경찰공무원의 근무성적 평정제도에 관한 연구," 동국대학교 대학원 박사학위논문, 1999.
하상묵, "공무원 근무성적 평정제도의 합리적 운영방안," 한국행정연구원, 1998.

2. 국외문헌

American Bar Association, *The Urban Police Function*, New York: American Bar Association, 1990,
Bernardin, John H., "Performance Appraisal System," in B.A. Berk(ed.), *Performance Assessment: Methods and Applications*, Boston: Prentice-Hall, Co., 1984.
Boyett, Joseph & Henry P. Conn, *Maximum Performance Management: How to Manage and Compensate People to Meet World Competition*, Malcomb: Glenbridge Publishing, Ltd., 1980.
Brown, Lee P., *Performance Evaluation Guide: Police Officer, Detective Specialist*, New York: The City of New York Police Department, 2000.

Cascio, Wayne F., *Managing Human Resource*, 2nd ed., New York: McGraw-Hill, 1989.

Common, R., N. Flynn & E. Mellon., *Managing Public Services*, London: Butterworth, 1992.

Cramer, J., Cramer, *The Worlds Police*, London: Cassel & Co., 1989.

DeMarco, John J. & Lloyd G. Nigro, *Public Personnel Management*, New York: McGraw-Hill, 1983.

Drenth, Pieter J., "Personnel Appraisal," in P.J.D. Drenth(eds.), *Handbook of Work and Organizational Psychology*, Vol. 1, 1990.

Drucker, Peter, *The Practice of Management*, New York: Harper & Brothers, 1984.

Eastman, George, *Municipal Police Administration*, Washington D.C.: International City Management Association, 1989.

Farnham, D. & S. Horton, *Managing People in the Public Services*, London: Mc-Millan, 1992.

Filix A. Nigro & Lioyd G. Nigro, *The New Public Personnel Administration*, Boston: Peacock Publishers, 1981,

Flippo, Edwin B., *Principles of Personnel Management*, New York: McGraw-Hill, 1981.

Foreign and Commonwealth Office, *Guide To Staff Appraisal in The Foreign & Commonwealth Office*, London: Personal Management Department, 1992.

Gladden, E.N., *Civil Service or Bureaucracy*, London: Staples Inc., 1976.

Glover, J.D., R.M. Hower & R. Tagiuri, *The Administrator: Cases on Human Aspects of Management*, Homewoock, Ill.: Irwin, 1973.

Graves, W. Blooke, *Public Administration in a Democratic Society*, Boston: Heath Company, 1981.

Greer, P., *Transforming Central Government: The Next Steps Initiative*, London: Open Univ. Press, 1994.

Halachimi, A., "The Practice of Performance Appraisal," in J. Rabin.(ed.), *Handbook of Public Personnel Administration*, New York: Marcel Dekker, 1995.

Iannone, Nathan F., *Supervision of Police Personnel*, 4th ed., Englewood Cliffs, New Jersey: Prentice-Hall, Inc., 1987.

Joe, Baker Jr., *Causes of Failure in Performance Appraisal and Supervision: A Guide to Analysis and Evolution for Human Resources Professionals*, New York: Quorum Books, 1987.

Kelly, Raymond W., *Managerial Performance Evaluation*, New York: Employee Management Division, City of New York Police Department, 2000.

Klingner, Donald E., *Public Personnel Management: Contexts and Strategies*, New Jersey: Prentice-Hall, Inc., 1992.

Landy, F.J. & J.L. Farr, *The Measurement of Work Performance: Method, Theory, and Applications*, New York: Academic Press, 1985.

Linda de Leon & Ann J. Ewen, "Multi-Source Performance Appraisals," *Review of Public Personnel Administration*, Vol. xvii, No. 1, Winter 1997.

McGregor, Douglas, "An Uneasy Look at Performance Appraisal," in Victor H. Vroom(ed.), *Manage People, Not Personnel: Motivation and Performance Appraisal*, New York: Harvard Business Review Book, 1990.

Mohrman, Resnic S. & Edward E. Lawler Ⅲ., *Designing Performance Appraisal System*, New York: Jossey-Bass Publishers, 1989.

More, Harry W. Jr., *Effective Police Administration*, San Jose, California: Justice System Development, Inc., 1975.

Nathan,, Barry R., Allan M. Morhrman, Jr., & John Milliman, "Interpersonal Relations as a Context for the Effect of Appraisal Interviews on Performance and Satisfaction: A Longitudinal Study," *Academy of Management Journal*, 34, 1991,

Nigro, A. Filix & Lioyd G. Nigro, *The New Public Personnel Administration*, Itaca, Ill.: Peacock, 1994.

Roberg, Roy R. & Jack Kuykendall, *Police Management*, Los Angeles, California: Roxbury Publishing Company, 1997.

Safir, Howard, *Performance Evaluation Guide for Detectives and Police Officers Assigned to Detective Track Commands*, New York: The City of New York Police Department, 2000.

Siegel, Gilbert B. & Robert C. Myrtle, *Public Personnel Administration: Concepts and Practices*, Boston: Houghton Mifflin Company, 1991.

Stahl, O. Glenn Stahl, *Public Personnel Administration*, New York: Harper & Row, 1976.

Swank, Calvin J. & James A. Conser, *The Police Personnel System*, New York: John Wiley & Sons, 1990.

The Hoover Commision Report, New York: McGraw-Hill, 1987.

Weston, Paul B., *Police Personnel Management*, Englewood Cliffs, N.J.: Prentice-Hall, Inc., 1980.

Wexley, Kenneth N. & Richard Klimoski, "Performance Appraisal: An Update," *Research in Personnel and Human Resources Management*, Vol. 2., 1984.

Wilson, O.W. & Roy Clinton McLaren, *Police Administration*, 4th ed., New York: McGrew-Hill Book, Co., 1977.

Wrobleski, Henry M. & Karen M. Hess, *Introduction to Law Enforcement and Criminal Justice*, 4th ed., St. Paul, Minneapolis: West Publishing Co., 1984.

Yodur, Dale, *Personnel Management and Industrial Relation*, 4th ed., New Jersey: Prentice-Hall, 1985.
矢倉一郎, 勤務評定, 東京: 日本地方行政學會, 1978.
日本警視廳長官官房, 警察法解說(全訂版), 東京: 警察圖書出版株式會社, 1971.
日本警察廳 警務課, 人事院例規全集 第3勤務評定(2000).
日本人事院規則, 10條 2項 勤務成績評定(공포 1972.04.19.).

3. 관련 인터넷 웹 사이트

경찰대학교 홈페이지(https://www.police.ac.kr, 검색일 2024.06.13.).
경찰수사연수원 홈페이지(https://www.kpia.go.kr/검색일 2024.08.31.).
경찰인재개발원 홈페이지(https://www.phrdi.go.kr, 검색일 2025.07.14.).
경찰청 인터넷 원서접수 홈페이지(https://public.jinhakapply.com, 검색일 2024.08.15.).
경찰청 홈페이지https://www.police.go.kr/index.do, 검색일 2024.06.01.).
나라일터 홈페이지(https://www.gojobs.go.kr/mainIndex.do, 검색일 2024.07.09.).
인사혁신처 홈페이지(https://www.mpm.go.kr/mpm, 검색일 2024.08.).
정보조직관리정보시스템 홈페이지(https://www.org.go.kr/psncpa/pbsvnt/analysisPage.do, 검색일 2024.08.21.).
중앙경찰학교 홈페이지(https://www.cpa.go.kr, 검색일 2024.08.24.).

4. 법령

경찰공무원 교육훈련규정[시행 2025.03.11.] [대통령령 제35051호, 2024.12.10., 전부개정].
경찰공무원 승진임용 규정 시행규칙[시행 2024.07.01.] [행정안전부령 제456호, 2024.01.19., 일부개정].
경찰공무원 승진임용 규정[시행 2025.03.11.] [대통령령 제35051호, 2024.12.10., 타법개정] 제33조.
경찰공무원 인사운영 규칙[시행 2024.07.11.] [경찰청예규 제632호, 2024.07.11., 일부개정].
경찰공무원 징계령[시행 2022.03.15.] [대통령령 제32534호, 2022.03.15., 일부개정].
경찰공무원 채용시험에 관한 규칙([시행 2024.08.014.] [경찰청예규 제626호, 2024.05.01., 일부개정].
경찰공무원법 제4조[시행 2025.01.07.] [법률 제20646호, 2025.01.07., 일부개정].
경찰공무원임용령 시행규칙[시행 2026.07.01.] [행정안전부령 제456호, 2024.01.19., 일부개정].
경찰공무원임용령 제3조[시행 2025.01.31.] [대통령령 제35236호, 2025.01.31., 일부개정].
경찰대학 설치법[시행 2021.01.01.] [법률 제17689호, 2020.12.22., 타법개정].

공무원보수규정[시행 2024.08.14.] [대통령령 제34825호, 2024.08.13., 타법개정].
국가공무원법[시행 2023.10.12.] [법률 제19341호, 2023.04.11., 일부개정].
지방공무원법[시행 2024.03.19.] [법률 제20377호, 2024.03.19., 일부개정].
2023년 제2차 경찰공무원(순경) 공개경쟁채용시험 공고(경찰청 공고 제2023-93호).
2025년 경찰공무원 채용시험 일정등 공고(경찰청, 2025.01.02.).
2025년도 제74기 경위 공개경쟁채용시험 공고(경찰대학 공고 제2024-20호).

저자소개

최종술 / 崔宗述, Choi, jong sool

[학력 및 주요 경력]

- 부산대학교(행정학 학사 · 석사)
- 동국대학교 대학원 경찰행정학과 졸업(법학 박사, 경찰학전공)
- 미국 John Jay College of Criminal Justice(in New York City) Visiting Scholarship(2007～2008)
- (대통령소속) 지방자치발전위원회 실무위원(2014～2016)
- 미국 University of West Georgia, Visiting Scholarship(2017～2018)
- 부산지방경찰청 인권위원회 위원장(2018～2019)
- (KCI 등록) 한국지방자치경찰학회 회장(2021～　)
- 현, 동의대학교 인문사회과학대학 경찰행정학과 교수
  동의대학교 인문사회과학대학 학장 겸 교육대학원 원장

[주요 저서]

- 자치경찰론, 박영사, 2024
- 사이버 범죄론, 박영사, 2024
- 현대행정의 이해(4인 공저), 도서출판 지누, 2016
- 한국경찰의 역사와 국민생활, 도서출판 다찬, 2013 외 다수

저자와의 협의에 의하여 인지를 생략합니다.

경찰인사관리의 이해

초판 1쇄 인쇄 2025년 9월 1일
초판 1쇄 발행 2025년 9월 5일

저자 최종술 | **발행인** 박성진 | **발행처** 대 왕 사
등록 1976년 11월 30일 제5～54호
주소 서울시 동대문구 외대역동로 133-1
물류 경기도 파주시 소라지로 176-25(송촌동 414-12)
전화 (031)947-5471(代) | **팩스** (031)947-5470
홈페이지 http://www.daewangsa.net | **이메일** dws74@hanmail.net
값 20,000원

ISBN 978-89-456-9325-9 93350